知识产权判理

ZHISHICHANQUAN PANLI

……法官生涯十二案回顾 最得意 最难忘 最成功 最遗憾

献最好的作品——判决解读

路审判心路历程——审理心得

采深度专业剖析——析案释疑

袁秀挺 著

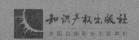

知识产权出版社

全国百佳图书出版单位

图书在版编目(CIP)数据

知识产权判理 / 袁秀挺著. —北京:知识产权出版社,2018.2

ISBN 978 - 7 - 5130 - 5360 - 0

Ⅰ.①知… Ⅱ.①袁… Ⅲ.①知识产权法—判例—中国 Ⅳ.①D923.405

中国版本图书馆 CIP 数据核字(2017)第 319416 号

责任编辑:李学军　　　　　　　　责任校对:谷　洋

封面设计:刘　伟　　　　　　　　责任印制:刘译文

知识产权判理

袁秀挺　著

出版发行:**知识产权出版社** 有限责任公司	网　　址:http://www.ipph.cn
社　　址:北京市海淀区气象路 50 号院	邮　　编:100081
责编电话:010 - 82000860 转 8559	责编邮箱:752606025@qq.com
发行电话:010 - 82000860 转 8101/8102	发行传真:010 - 82000893/82005070/82000270
印　　刷:三河市国英印务有限公司	经　　销:各大网上书店、新华书店及相关专业书店
开　　本:787mm×1092mm　1/16	印　　张:15.25
版　　次:2018 年 2 月第 1 版	印　　次:2018 年 2 月第 1 次印刷
字　　数:230 千字	定　　价:58.00 元

ISBN 978 - 7 - 5130 - 5360 - 0

序言
Preface

　　听闻我的博士同窗袁秀挺完成了《知识产权判理》的书稿，真为他高兴！秀挺在求学时，其聪慧、豁达与干练就有口皆碑，这本力作，又体现了他多年研究与思考的耐心与定力。

　　读完此书，感到其特点有三：一是作者的身份特别，写作所使用的素材特别。作者作为法学博士，曾任知识产权法官多年，现在高校从事教学科研工作，有丰富的实践经验和精深的学养。当前已出版的知识产权案例类书籍很多，但本书的体裁具有自己的特色。作者精心选取了自己审理的12个案件，逐一进行全面、深入解析，并以此反映自身的审判理念和对知识产权司法保护的认知。这12个案例或许并不都经典或很知名，但均是作者亲自审理并撰写判决书的。可以说，对于本书选取的案例，作者的认识最清楚、把握最准确、挖掘最深刻，没有人比他更有发言权了。理论上讲，我国的知识产权案件基本上都是由合议庭审理的，但每一个案件都有承办（主审）法官和裁判文书的直接撰写者。可能是出于合议庭负责制的原则，一般的案件较少突出法官个人。因而也鲜见带有法官鲜明个人色彩的著作尤其是案例著作。前不久，最高人民法院退休法官蔡小雪撰写了一本《审判业务专家是如何炼成的》，选取了其审理的12个行政案例。现在，原袁法官在知识产权审判领域进行了类似尝试，这是我们所乐见的，也期待有更多的后来者，开创案例书籍写作的新天地。

　　二是本书体现了实务性与学理性的充分结合。案例类著作因其用途的不同，大致可分为案例读本（教材）和案例研究类。前者着重于以案说法，通过典型案例的分析，解读法律的适用，帮助读者正确理解法律。由此，这类案例著作多带有记录性质，也比较适合在教学中使用。而研究类的案例书，则反映了应用法学研究的前沿动态，有时还不限于所涉案例本身，并且常带有质疑、反思的色彩。当然，两类案例著作的分野不是绝对的，往往会有交叉、重合的情形。本书的定位似可介于二者之间。一方面，作者利用自身所处的特殊地位，对每个案例都进行了细致分析和解读。使读者不仅能知其然，还能知其所以然。另一方面，作者显然也欲通过本书体现其学术旨趣和学术志向。我们可以看到，作者的关注点不止限于个案，更在于探索知识产权审判实务中所应遵循的规律和路径。"知识产权判理"，此其然也！所以，全书不是12个案件的简单堆列，而是由问题出发，分为六大类，构成一个完整的体系，反映出作者的整体思路和研究取向。应该说，在知识产权案例著作中，既能在个案研究上有所推进，又能在学理建构方面有所贡献者，尚不多见。

三是本书在体例形式上的创新令人眼前一亮，值得肯定。书中的案例没有简单沿用通常的"案情—裁判—评析"的模式，而是先呈现判决书原文（这也应了作者"法官最好的作品是判决书"的观点），再以"审理心得"的形式披露作者的总结和感想，最后才是传统的分析文章。在判决书部分，令人印象深刻的是，作者不是简单地附上判决全文，而是进行适当剪裁和技术处理，并适时加以点评，使读者无论对文书内容还是争议焦点都有更清楚的认识。许多地方，虽寥寥数语，却实有画龙点睛之功。审理心得部分更足见作者用心。这里既有作者对案中法律问题的解答，也有对司法体制机制以及法官思维等问题的宏观思考，作者文风平实，没有使人不知所云的玄论，这样的小作更耐读，更吸引人。析案释疑部分则回到了个案本身，对案件的疑难法律问题展开分析。这部分的多数内容都是作者以往发表过的文章，相对独立成文，为读者节约时间，尽快掌握案例精华提供了一种选择。

最后，饶有趣味的是，作者附上了几段法官生涯的工作日志。虽然作者谦称"非典型法官",但这样对法官生态再真实不过的客观展现,可能是许多现任法官想做但又略有迟疑的吧。因此,我想代表读者再次感谢原袁法官,感谢他的坦诚,让这部著作透出了人性的质朴,为人们了解法官真实的工作、生活状态打开了一扇窗。

衷心祝愿秀挺在今后的教学科研工作中取得更大的成就!

是为序。

华东政法大学教授　王　迁

知识产权法官是如何思考的？

（代序）

2017 年国庆前，我接到了一个特殊的电话，电话那头是同济大学法学院的袁秀挺教授。原来，他耗时四年的著作即将付梓，想请我给书写个序言。这份热情的邀请却让我感到非常意外：以袁教授的学术造诣和社会影响，我出的书请他来写序还差不多，我给他的书写序，这合适吗？

我不禁回想起 2010 年，我刚入职上海市第二中级人民法院知识产权庭，第一次见到袁秀挺教授，他那时还是法官。袁教授既是我的学长（我们同为北大校友），又是我的前辈，还是我的老师，在知识产权实践和学术中给了我很多的帮助和指导。

仿佛想到了我的顾虑，袁教授在电话里解释，他找我写序是经过深思熟虑的。他的这本书，是面向广大的知识产权从业者和法律工作者的读物，而我，正是一个典型的知识产权基层法律工作者，所以，由我来写读书体会，会非常有代表性和说服力。

听完这番话，我释然了。很快，我收到了书稿。在国庆期间，我认真地研读了这本书，看完后的体会可以用四个字概括：眼前一亮。

在我以往阅读的各类法学书籍中，要么过于偏于学术缺乏实践指导，要么过于偏于实务而缺乏理论分析，而这本书，却在二者之中找到了平衡，既以作者亲自审理的典型案件为基础，又兼顾学术的深度和广度。更为难得的是，与以往的书籍不同，这本书在理论分析的同时，还向读者诚恳地展示了法官的审判心理和思维路径，坦诚说明了在知识产权诉讼中，"法官是如何思考的"。显然，这和作者本人的经历是分不开的。袁教授在进入高校前已经是上海知识产权界的知名法官，作为华东地区法官向知名学者成功转型的第一人，他的特殊经历决定了这本书的写作风格和思维模式自然独具一格，兼具理论性和可操作性。

首先，这本书在内容上并没有采用传统的按照知识产权门类（版权、商标、专利等）的章节回目结构，而是采用"司法政策""考量因素""事实查明"等作为分章划节的基础，具有典型的实务色彩，令人耳目一新。

其次，这本书也颠覆了案例分析那种典型的"案例介绍"加"法理分析"的传统模式，而是在判决中加入了个性化解读，在行文中加入了审判心路历程，在分析中加入了实务对策，因此全书在以专业性为基础的同时体现出很强的务实性、互动性和发散性。

再次，这本书的行文可读性很强，而且作者在阐述法理和剖明心路时并没有高高在上故作高深，而是如同朋友谈真心话一样侃侃道来诚意沟通。例如，法官如何掌握"自由裁量权"呢？本书并没有大谈"法律的生命不在于逻辑而在于经验"这样的大道理，而是用"心里话"的形式娓娓道来。在"海明威案"中，以"证明标准"为例，本书告诉了我们在"看似结论明确的案件"中，法官如何进行思考，节录如下：

> 证据法在实践中的问题有很多，如证明标准、证明责任等。本案中我体会较深的是证明标准的问题。……盖然性实际上就是一种概率，那么，民事诉讼中，一方所证事实需要其所举证据达到多大的可能性（概率）才能成立？司法解释规定的"明显大于"及"高度可能性"又该如何理解？

其实实践中关于高度盖然性的认识本身可以说也是模糊的，难以简单量化和评判。据笔者观察，知识产权案件中，法官对于证据盖然性的要求似乎是偏高的。如果以百分比来表示，个人感觉至少在70%以上。这一标准是否经得起检验姑且不论，但在实践中的确是"合理的"。私以为，七三开的分野显然符合"明显大于"的要求，但是否构成底线的"标准"，却有探究的余地。另一方面，如果按照"高度可能性"的要求，则可能70%的概率都不够，有法官就将其量化为"75%以上"。当然，本案审理时"史上最长司法解释"尚未出台，故按证据规定的要求，把握70%的标准应该是足够了。

　　显然，从上述文字，我们不但能看到法官的法律适用，更能看到法官对法律运用的思维路径。又如，知识产权法官是否一定要懂专利技术？本书在"启翔案"中给出了这样的看法：

　　　一直以来，还存在一种似是而非的观点，认为从事专利审判或者研究专利法者，最好有理工科背景。而在法院的知识产权庭，也倾向于选拔有复合学科背景的法官。在我任知识产权法官期间，前后同事中有理工科学历的，大约占30%。这与美国负责审理专利案件的联邦巡回上诉法院（Court 简称CAFC）的情形大致相当，比例并不特别高。而且据我观察，有无理工背景与专利案件的办案质量并无相关性。反而是丰富的生活经验起的作用可能更大。我本人即是理工本科出身（化学工程专业），但并没有感觉到在审理专利案件时有什么优势。碰到医药专利案件时同样头疼，分子式都看不明白。相对而言，有时机械或电子类的专利技术还好懂一些。所以，与专利代理人或专利工程师不同，我不觉得专利法官也需具备专业技术知识。审理案件时，只要法官认真、细致调查，充分发挥当事人两造的作用，对个案中的技术问题一般还是能理解的。

看完书稿，国庆黄金周也接近尾声。与其说在是在读书，不如说是在和作者进行了七天的心灵交流。我想，作为法律人，要成为共同体，首先要熟悉彼此考虑问题的方式和路径。因此，让更多的 IP 法律工作者明白"法官如何思考"，是非常必要的。最后，以一句法谚结尾：

"倘要说服别人，首先要让别人能听进你的话。"（昆体利安）

上海市第二中级人民法院　袁　博

2017 年 10 月 7 日夜于沪北馨园

前言
Foreword

　　曾经读过一篇文章，印象非常深刻。具体内容是什么不记得了，但题目记忆犹新：《法学是一门社会科学吗？》。① 文章提出的问题在相当长的时间内使我困惑，伴随着我的身份从法律实务工作者向法学教育者的转变。这里，我刻意区分了"法律"与"法学"。在我看来，两者的分野并非无中生有或者可有可无。

　　我在法律方面的第一份职业是博士毕业后到法院工作，从那时起，充斥耳边的就是司法实践、解决问题、经验等词汇。周围环境不是不重视理论，而是无论多高明的理论，最终都要回到案件的处理，而且要以让人懂的方式得到阐述。在这样的背景下，作为一名旁人眼中的"研究型法官"，我逐渐形成了自己的研究理念和学术风格。简而言之，"法律"是要拿来"用"的，理论最终是为了解决实际问题。因此，那些高高在上、玄而又玄、卖弄辞藻的论著为我所不喜。当然，这纯粹是一个选择问题。并不是说抽象的思辨、论理就不重要，只不过体现了"法律"和"法学"（或许更准确的应是"应用法学"与"理论法学"）两种进路的差别。令人遗憾的是，很多貌似高深的言论，却常常让人不知所云。有时我甚至怀疑作者是不是在"以己昏昏，使人昭昭"，在忽悠读者的同时，把自己也绕进去了。相比之下，司法实践的问题却有明确的导向，也即要恰当解决争议。因此，为回应实践而进行

---

　　① 郑戈："法学是一门社会科学吗？——试论'法律科学'的属性及其研究方法"，载《北大法律评论》第 1 卷第 1 辑（1998）。

的研究，除了需具备针对性以外，往往还要求清晰、明白，为大众所接受，即所谓"接地气"。而相对"务虚"的研究，自然曲高和寡，在话语上显得晦涩一些也属正常。只是在我看来，这类研究中有价值者不会也不应太多。

差不多6年前，我下定决心要转型，后来也较顺利地实现了角色的转换（很多人都问过我为什么要从法院到学院，此事说来一言难尽，最直指人心的答案就是"遵从内在的自我认知"）。到同济法学院之后，我给自己的定位是从"研究型法官"到"实践型学者"。在研究风格上，其实与以往并无多大改变，努力做到的，就是"围绕真问题，讲清楚道理"十个字而已。当然，为迎合学术圈的要求，在文本形式方面也需要一定的包装。

本书以《知识产权判理》为题，很大程度上就体现了我关于学术和研究的上述认识。因地位使然，法官要得出裁判结论是容易的，但是否能公平正义地解决纠纷则未必。法官对个案的证据、事实认定和法律推理、适用过程，只有通过判决书才能得到外化，因此判决书必须讲道理，需要论证，这样不仅能使当事人服判息讼，也能使旁人客观地了解案件并评价法院的审判。每一个判决都需要说理，此即"判理"的第一层含义。

但在个案之外，研究者还应关注更多。有人说，正如世界上没有完全相同的两片树叶，世界上也没有完全相同的两个案件。通常意义上的"同案同判"，实际上是在对若干要素进行抽象提炼的基础上所为。值得注意的是"同案"或"类案"中那些共同的特质。判决书在提供个案解决方案的同时，更大的价值就在于能对类似问题的处理提供指引。从研究的角度而言，典型案例之所以具有价值，就在于其中包含的"经典"且"类型化"的实体问题及程序问题。本书更试图通过对案件不同面向的呈现，来揭示案件审理中内在的统一的机理，比如法官的审理步骤、考量因素等。其实称之为裁判思维或方法也无不可，此为"判理"的第二层含义。

进一步说，"判理"一词似乎为我生造。在上下文语境下，臆造词并非不可理解，但就违反阅读习惯带来的不便，还是要向读者致歉。况且，私意

"判理"还与"审理""判例"等词相通，这就更不足为外人道了。

关于本书的内容，在此也略作交待。本书的研究对象是12个案例，都是我本人主审（共11件，可理解为直接撰写判决书）或参审（1件）的。选取这些案件，首先当然因为它们都具有代表性，对其进行研究足以反映本书的主题；更重要的原因则是我对案件都非常熟悉，从案情到审理到之后的调研，有足够的发言权，所以在研究上有近水楼台之便。不可否认，这些案件的审理已过去相当时日，在热点转换如此之快的当下，单纯案件本身已很难吸引眼球，但案件背后的"理"却难谓过时。另一方面，恰恰因为已经"沉淀"下来，我可以更全面客观地对待案件中的问题。或许还可以功利地说，经过这么长时间，案件无疑已成"铁案"，我也甚少顾虑而可直言无讳了。

本书的体例沿袭的是理论著作的传统做法，从问题出发，将案例组合后分为若干章，很难说各章内容之间有必然的逻辑联系，但整体上反映了我对知识产权司法实践的系统思考。所以本书不以完整性取胜，唯求读者开卷有益，能感受到作者的诚意，并有所启发。

具体到每个案例，基本上又分为三个板块。其中"判决解读"意在以相对新颖的形式，使读者能更便利地了解案件全貌，同时也是作者与读者的一个沟通过程。当然，以我个人的阅读经验，判决书通常是枯燥、琐细的，很难有人有耐心读完。本书虽然对所选案例的判决作了一定剪裁和整理，希望能减轻阅读者负担，但该部分仍然占据了相当篇幅，除了备查以外，多数读者的确没有必要全文阅读。只是对我个人而言，这些判决书毋宁是我法官职业生涯的真实记录，也是我心血的结晶，汇编结集于我有特殊的意义。所以希望亲爱的读者予以谅解（所幸本书总体篇幅不大，我也会尽量与出版社沟通控制书价）。

"析案释疑"是针对个案的分析，主要来自过去完成的文章，因而可单独成文。读者如对本书中案件涉及的具体法律问题有兴趣，可通过这部分来了解。需要说明的是，相关作品虽然发表于数年前，但在我看来，其中的观点并未过时。只是随着法律的修改（主要指商标法、反不正当竞争法），其中引用的法律条文序号可能有变。本书中选用的判决书中也存在这个问题，在此一并说明。

本书中最能体现个性，可读性也最强的，可能在于"审理心得"部分了。既然是"心得"，我并没有特别限定，都是案件审理前后的一些所思所想，也算是坦露心迹吧。不揣冒昧，呈现于此，贻笑大方了。

总之，套用一句俗语，丑媳妇总要见公婆。就请读者诸君揭开本书的面纱吧。

目录

Contents

第一章

看似结论明确的案件，
如何正确进行法律适用

海明威案

判决解读

译文出版社一审起诉称①（以时间为序，从一审起诉着笔，较易让人理解）：1994 年 6 月 1 日、2004 年 12 月 23 日，译文出版社分别两次与案外人海明威海外版权托管会签订独家版权授权合同，授权译文出版社享有在全球范围内将许可合同所列全部海明威作品翻译成中文简体字并出版的独家权利，授权许可期限至 2011 年 12 月 31 日终止。（原告权利来源）根据授权，译文出版社相继出版了《永别了，武器》《老人与海》等海明威作品。2008 年 8 月 19 日，译文出版社在新华传媒公司的经营地上海书城发现由天津人民出版社（以下简称天津出版社）出版的侵权作品《永别了，武器》。译文出版社向天津出版社发送律师函，要求停止侵权行为并赔偿损失，但双方未能达成一致意见。（原告主张的侵权过程）故译文出版社以两被告侵犯其专有出版权为由（原告的请求权），请求判令：1. 天津出版社停止侵权行为，在《中国新闻出版报》中缝以外版面公开赔礼道歉、消除影响；2. 天津出版社赔偿原告经济损失人民币 5 万元、律师代理费 1 万元、翻译费 850 元；3. 新华传媒公司停止销售侵权书籍。

天津出版社一审答辩称：首先，译文出版社不是本案适格的诉讼主体。译文出版社权利来源存在重大瑕疵，没有相应证据证明与其签订专有出版合同的授权人海明威海外版权托管会的主体资格、合同是否在国外形成、授权范围是否合法有效、合同目前的效力状况及合同约定的终止条件是否成就，

---

① 中华人民共和国上海市第二中级人民法院（2009）沪二中民五（知）终字第 12 号民事判决书、中华人民共和国上海市黄浦区人民法院（2009）黄民三（知）初字第 31 号民事判决书。

因此，译文出版社不享有海明威作品《永别了，武器》的专有出版权，不具有适格的诉讼主体资格；（认为原告非权利人）其次，天津出版社出版的中文简体图书《永别了，武器》作为学生课外图书立项，针对学生特点，在对英文版原著独立翻译的基础上进行了删减改编，与译文出版社出版的同名图书没有关系，申请对双方当事人所出版图书的同一性进行鉴定。（即主张被告的版本不同，未侵权）综上，天津出版社未侵犯译文出版社的专有出版权，请求驳回译文出版社的诉讼请求。

新华传媒公司在一审中未作答辩。

一审法院审理查明：（本案事实争议主要集中在原作许可情况，以下摘选判决书中相关部分）

1994 年，译文出版社与案外人海明威海外版权托管会签订许可合同，其上载明：出版许可证起用日为 1994 年 6 月 1 日，书名见附件 A 中有书号的英文版，所列的书包括本许可证项下许可出版的所有海明威作品，作品作者为欧内斯特·海明威，出版商为译文出版社，版权所有者为海明威海外版权托管会，许可语种为中文简体字，发行范围为全球，出版许可证失效日为 2004 年 5 月 31 日，许可专有权为专有，出版商权利转让必须取得海明威海外版权托管会书面同意等。海明威海外版权托管会、译文出版社分别于 1994 年 6 月 1 日、7 月 23 日签署上述许可合同。该许可合同附件 A 中共有海明威作品 14 部，其中序号 4 的作品为《永别了，武器》（A Farewell to Arms）。

1994 年 11 月 30 日，海明威海外版权托管会向译文出版社发函，称：海明威海外版权托管会是许可译文出版社把这些作品翻译成中文简体字并出版的权利的唯一所有者。

2004 年，译文出版社与海明威海外版权托管会续签出版许可合同，其上载明：出版许可证于 2004 年 6 月 1 日启用，于 2011 年 12 月 31 日终止，许可书名见附件 A，许可语种、发行范围、专有权情况与 1994 年出版许可合同的约定相同。

2004 年、2006 年译文出版社分别出版了由美国海明威著、林某译的中文简体版《永别了，武器》，图书著作权合同登记号均为 09 – 1997 – 99。

2008 年 8 月 19 日，译文出版社在新华传媒公司上海书城（位于上海市福州路某号）购买了由天津出版社出版的图书《永别了，武器》。该图书版权页载明：书名《永别了，武器》，原著［美国］海明威，编写汤某某，美国现代长篇小说缩写本，2008 年 1 月第 1 版，定价：12.80 元。该书在全国范围内销售。

一审法院认为：

译文出版社提供的权属证据相互印证，足以确认译文出版社提供的证明权属的证据真实，对上述证据所显示的事实应予认定。（先确认权属，具体论证从略）对于译文出版社所享有专有出版权的具体内容，应当尊重权利拥有者和被授予者之间的约定。根据涉案两份版权许可合同约定及信函的内容，该院（指一审法院）确认，自 2004 年 6 月 1 日至 2011 年 12 月 31 日期间，译文出版社享有美国作家海明威文学作品《永别了，武器》中文简体版在全球范围内的专有出版权。

本案中，译文出版社明确仅就专有出版权提起侵权之诉，即本案实质是谁享有海明威英文原著中文简体字译文的专有出版权，至于双方出版的图书译文是否具有同一性，是否专有出版权之外的翻译权或许可翻译权的问题，不是本案处理的范围，故对天津人民出版社请求对双方图书同一性进行鉴定的申请不予准许。（一审判决此段论述似有画蛇添足之嫌，而且其观点恰恰不为二审接受）

本案中，客观上天津出版社于 2008 年在国内出版了根据美国作家海明威作品翻译并改编的中文简体图书《永别了，武器》，其出版的源作品、时间、语种、发行范围与译文出版社享有的专有出版权相冲突。而天津出版社涉案出版行为是否构成侵犯译文出版社专有出版权的关键，在于其主观上是否尽到了合理注意义务。一审法院认为，本案中，天津出版社在以下三个方面存在未尽到合理注意义务（注意义务的审查主要应在确定责任承担时有意义）的表现：第一，从行业管理的角度而言，天津出版社的营业执照并无经营进口出版物的经营范围，天津出版社也未举证证明其具有经营进口出版物的资质，更未举证证明其出版进口作品是否经有关部门备案登记，故违反了《出版管理条例》的相关规定。第二，依照《中华人民共和国著作权法》的规定，出版改编、翻译已有作品而产生的作品，应当取得原作品的著作权人许可，并支付报酬。但天津出版社从未有相应的抗辩和举证。第三，作为专业出版单位，天津出版社也应当可以通过通常途径获知译文出版社已在国内市场上在先出版、发行了中文简体版图书《永别了，武器》。鉴于上述考虑，该院推定天津出版社在出版、发行《永别了，武器》过程中故意违反行业规定，未尽合理注意义务，主观上存在过错，应当认定其行为侵犯了译文出版社对海明威作品《永别了，武器》中文简体版的专有出版权。

一审法院认为，天津出版社侵犯了译文出版社的专有出版权，依法应当承担侵权民事责任。译文出版社请求判令天津出版社停止侵权，应予支持。鉴于译文出版社的实际损失及天津出版社的违法所得均不能确定，应综合考虑天津出版社实施侵权行为的情节、主观过错程度、译文出版社因侵权所受到的损害以及为调查侵权行为而支出的合理费用等因素，酌情确定天津出版社应当承担的赔偿金额。鉴于海明威是蜚声世界文坛的美国现代著名小说家，曾经获得诺贝尔文学奖，涉案《永别了，武器》是 1929 年问世的世界名著，具有很大的市场价值，天津出版社在全国范围内的出版、发行行为无疑减少了译文出版社的市场占有份额，对其造成经济损失，且天津出版社主观上明显有过错，该院综合考虑认为，天津出版社应赔偿译文出版社经济损失人民币 5 万元（包括合理费用在内）。（法定赔偿考量因素）至于译文出版社要求天津出版社在《中国新闻出版报》上赔礼道歉、消除影响，该院认为，专有出版权的性质为著作财产权，且译文出版社未提供证据证明因天津出版社的侵权行为对其造成的影响，故对于此项诉讼请求难以支持。（一般认为，赔礼道歉的民事责任仅针对侵犯著作人身权的行为）另外，新华传媒公司作为图书销售商在主观上虽然不存在侵犯译文出版社专有出版权的过错，但客观上销售了侵权的天津版《永别了，武器》，故译文出版社请求判令新华传媒公司停止销售侵权图书，应予支持。

综上，一审法院根据……《中华人民共和国著作权法》第 30 条、第 34 条、第 47 条第 1 款第 2 项（一审适用的关于专有出版权的条款未被二审接纳）……判决：一、被告天津人民出版社立即停止对原告上海世纪出版股份有限公司译文出版社享有的海明威作品《永别了，武器》中文简体专有出版权的侵害；二、被告上海新华传媒连锁有限公司立即停止销售被告天津人民出版社出版的图书《永别了，武器》；三、被告天津人民出版社应于本判决生效之日起十日内向原告上海世纪出版股份有限公司译文出版社赔偿经济损失（包括合理费用在内）人民币 5 万元。

一审判决后，天津出版社不服，向本院提起上诉，请求撤销一审判决，驳回译文出版社的全部诉讼请求。其主要上诉理由为：一审判决认定事实不清、证据不足。已有的证据不能充分证明海明威版权授权文件本身的法律效力、授权主体的资格、授权关系仍然有效等内容。同时，根据授权文件表述，相关权利的受益对象并不指向译文出版社。本案纠纷的实质在于是否存在翻译海明威作品而未经版权权利人许可的情形，与专有出版权无关。要证明译文出版社的诉请成立，应按照我国著作权法关于专有出版权的规定，确认其专有出版权是否受到侵犯，而不能将翻译权、保护作品完整权与专有出版权混淆。而著作权法保护的专有出版权的范围仅限于出版作品的原版、修订版形式。因此，必须有证据证明天津出版社出版的作品系译文出版社出版作品的原版或者修订版，否则，不涉及专有出版权侵权。另外，对于是否侵犯专有出版权，必须进行出版物的比对鉴定。一审审理中，天津出版社提出比对的申请未获批准，属于程序违法。

被上诉人译文出版社答辩称……（略）

本院经审理查明，一审法院查明的事实属实。

本院认为，根据天津出版社的上诉理由和译文出版社的答辩意见，本案的争议焦点为：一、译文出版社对涉案作品是否得到合法授权；二、天津出版社另行翻译出版是否属于侵犯译文出版社主张的专有出版权的行为。（笔者对本案的说理部分较为满意，称为本人的代表作也不过分）

关于第一个争议焦点，本院认为，首先，译文出版社虽未提供直接证据证明海明威海外版权托管会享有海明威作品的著作权，但一则译文出版社是按照出版行业惯常做法引进国外作品的著作权，其运作并无不规范之处；二则译文出版社多年来在国内行使海明威作品的著作权，客观上并未受到任何质疑；三则著作权行政管理部门的登记备案可间接印证译文出版社出版作品有合法来源，故本院在本案中确认涉案作品的授权主体具有合法资格。其次，译文出版社与海明威海外版权托管会 1994 年、2004 年签订的许可合同最后一方签字地点是上海，即系在我国境内形成，故译文出版社将其作为证据提供，形式上是合法的；而译文出版社提供的海明威海外版权托管会所发函件，因未经所在国公证机关公证及我国驻外使领馆认证，在形式上有所欠缺，本院对其欲证明的内容不予认可。但天津出版社也未举证否定译文出版社的观点，故本院对海明威作品是否有其他权利人一节，不再审查。据此，本院确认译文出版社提供的海明威作品著作权授权文件具有合法性。再次，在海明威海外版权托管会与译文出版社的许可合同中，订有终止条款，天津出版社如主张其设置的条件已成就，并影响到合同效力，则应举证证明。对此，天津出版社并未提出证据，故不能否认该合同仍然有效。综上，应确认译文出版社就《永别了，武器》等海明威作品，通过许可合同已得到著作权人的相关授权。

关于第二个争议焦点，实际上涉及的是译文出版社通过许可合同得到的授权范围问题。本案中，译文出版社主张的是专有出版权被侵权，而天津出版社则认为其行为与专有出版权无关，不能将翻译权与专有出版权混淆。本院认为，出版者享有的专有出版权来源于著作权人的复制权和发行权，一般情况下，如出版的是中文原著作品，则出版者的专有出版权的确仅及于该版本的原版及修订版，这也是天津出版社提到的，《著作权法实施条例》第28条所规定的内容。但如出版外文原著作品，除非直接以外文文字出版，否则必然涉及将外文翻译为中文的问题。对出版者而言，这种情况下，权利人的授权必然要包括翻译权方有意义。如果授权的类型是"专有"的，则意味着出版者不仅有权翻译并出版，也有权制止他人未经许可翻译并出版的行为。本案中，译文出版社与海明威海外版权托管会于1994年、2004年签订的两份合同均明确，授权出版的"语种"是"中文简体字"，"专有权情况"是"专有"，"发行区域"是"全球"，因此，译文出版社依据许可合同而获得的权利应理解为"将海明威原版作品翻译为中文，并以中文简体字在全球出版的专有权"。关于这一点，从2004年合同的第25条"盗版"条款规定的"译文出版社应采取一切必要行动，打击盗版海明威作品的行为"（此处事实为二审补充查明）也可看出，该条所指"盗版海明威作品"理应指全球范围内未经许可以中文简体字出版的海明威作品，合同约定译文出版社有权（同时也是义务）打击这类盗版行为。必须指出的是，一审判决书中提到的"原告明确本案仅就专有出版权提起侵权之诉""专有出版权之外的翻译权或许可翻译权的问题，不是本案处理的范围"限定了译文出版社基于合同取得的权利的范围，属于对法律概念的误解。（一、二审根本分歧）事实上，译文出版社在诉讼过程中，并未否认天津出版社翻译出版的《永别了，武器》与正版中文简体字本不是同一版本，只是坚持主张：只要天津出版社出版了中文简体字本，就落入己方权利保护范围内。显然，译文出版社认为其有权禁止他人另行翻译并出版，尽管译文出版社主张的是"专有出版权"之名，其实质就是行使了翻译权的内容。同时，本案一、二审中，天津出版社均承认其翻译、出版《永别了，武器》的行为未得到合法授权。因此，本院确认，天津出版社出版中文简体字本《永别了，武器》的行为，侵犯了译文出版社依据许可合同的授权所获得的专有权利。（实际即侵犯了原作的翻译权）

另关于天津出版社提出的一审法院适用法律不当、程序违法等上诉理由，第一，因一审法院并未将《出版管理条例》的相关条文作为法律适用的依据，故不属于适用法律不当。第二，天津出版社对管辖所持异议因未在一审答辩期内提出，故本院不再审查。第三，因译文出版社并未否认天津出版社出版的《永别了，武器》是另行翻译的版本，故无必要对双方涉案作品是否同一版本进行鉴定。同时，版本的不同并不能说明天津出版社不侵权，理由已如前述，在此不重复。（虽为相对次要事项，但还是有必要对当事人主张加以回应）

最后，本院对一审判决确定的责任承担形式和损害赔偿金额并无异议，予以认可。

综上，一审法院认定事实清楚，判决结果并无不当。（意指一审法律适用有所不妥，但判决结论成立）据此，依照《中华人民共和国民事诉讼法》第153条第1款第1项之规定（该规定本为"原判决认定事实清楚，适用法律正确"，但因系维持原判，只能适用该项。二审同时再补充适用许可合同及翻译权的相关条款就更好了），判决如下：

驳回上诉，维持原判。

上海世纪出版有限公司译文出版社诉天津人民出版社等侵犯出版者权纠纷一案（以下简称海明威案），因涉案作品是美国著名作家海明威的名著《永别了，武器》，受到了社会广泛的关注。在一、二审审理期间，以及判决生效后，多家媒体均加以报道。该案也曾被评为"上海2009年度十大版权典型案例"之一。但仅就此而言，本案尚不足以自得。本人主审的案件中，有入选《最高人民法院公报》以及年度中国法院知识产权司法保护十大案件的，也曾在同一年有两起案件同时入选上海法院知识产权司法保护十大案件，且排名为第一和第三。这些荣誉都高于或至少不逊于海明威案。但我梳理自己的审判生涯，还是觉得本案堪称最得意者。这不仅因为本案的判决结果得到了认可，判决书的质量也颇为满意，更重要的是，通过本案，我作为法官在法律问题上作出了一定的探索，并自认有所推进，这恰恰符合我内心深处对法官角色应有定位的认知……

1. 侵权案件的审理步骤

司法实践中绝大多数的知识产权案件是侵权案件，所以审理侵权案件是知识产权法官最常面对的工作。[①] 从事知识产权审判工作不久，我就知道了审理侵权案件从确定权属，到判断是否侵权，再到确定赔偿额的"三步法"。其实我对于法官判案是否应遵循一定的方法并不以为然。比如对我所尊敬和欣赏的邹碧华法官倡导的"要件审判九步法"，[②] 虽认真领会并细细揣摩，但始终有不得要领之感，实践中也很难按部就班地加以运用。我想这个道理和写文章一样，可以说有一定的技巧和方法，但重要的是融会贯通后多去实践。大道至简，基本道理并不在多，且是相通的。在我看来，经验的积累更为重要，其中的某些知识似乎是"不可言说"。话说回来，案件的审理并不玄乎。从基本的法律关系出发，用心去厘清案件事实，在具备一定法律素养的基础

---

① 专属审理专利、商标授权、确权行政案件的北京第一中级人民法院（现为北京知识产权法院）和北京高级人民法院可能是例外，但无论如何，审理侵权案件都是知识产权法官的看家本领。

② 邹碧华：《要件审判九步法》，法律出版社2010年版。

上，认真适用法律，应该就会得到好的结果。比方说知识产权的侵权案件，上述"三步法"与其说是方法，不如说是审理的步骤，也是事件发生的先后顺序，这是容易理解的，关键在如何把握和操作好。

这就涉及我认为的通常学者和法官的一个区别。其实对于任何一个案件，学者都可以像法官一样对其法律适用提出自己的意见，甚至引经据典、纵横中外，提出更为高深的见解。但学者可以忽略事实形成过程，在一个既定或假定事实前提下发表意见，而法官无可逃避的职责则是要查明事实。这是法官之为法官，有别于学者的地方。从这个意义上讲，熟练运用证据规则查明事实是法官的基本功。

2. 证明标准的把握

证据法在实践中的问题有很多，如证明标准、证明责任等。本案中我体会较深的是证明标准的问题。通常认为，刑事诉讼的证明标准是排除合理怀疑，而民事诉讼的证明标准是高度盖然性。从法律适用的依据上讲，最高人民法院《关于民事诉讼证据的若干规定》（以下简称民事诉讼证据规定）第73条规定："双方当事人对同一事实分别举出相反的证据，但都没有足够的依据否定对方证据的，人民法院应当结合案件情况，判断一方提供证据的证明力是否明显大于另一方提供证据的证明力，并对证明力较大的证据予以确认。"2015年2月4日开始施行的，被称为"史上最长司法解释"的最高人民法院《关于适用〈中华人民共和国民事诉讼法〉的解释》第108条规定"对负有举证证明责任的当事人提供的证据，人民法院经审查并结合相关事实，确信待证事实的存在具有高度可能性的，应当认定该事实存在。"盖然性实际上就是一种概率，那么，民事诉讼中，一方所证事实需要其所举证据达到多大的可能性（概率）才能成立？司法解释规定的"明显大于"及"高度可能性"又该如何理解？

其实实践中关于高度盖然性的认识本身可以说也是模糊的，难以简单量化和评判。据笔者观察，知识产权案件中，法官对于证据盖然性的要求似乎是偏高的。如果以百分比来表示，个人感觉至少在70%以上。这一标准是否经得起检验且不论，但在实践中的确是"合理的"。① 私以为，七三开的分野显然符合"明显大于"的要求，但是否构成底线的"标准"，却有探究的余地。另一方面，如果按照"高度可能性"的要求，则可能70%的概率都不够，有法官就将其量化为"75%以上"。② 当然，本案审理时"史上最长司法解释"尚未出台，故按证据规定的要求，把握70%的标准应该是足够了。

以本案的权属认定为例，原告提交了与案外人海明威海外版权托管会的版权许可合同、上海市版权处的备案批复、海明威海外版权托管会的函等证据，证明其已获得海明威作品在中国境内的相关著作权。但被告则质疑原告的主体资格，认为原告的证据尚不足以证明其权利有合法来源，如没有相应证据证明授予其许可证的海明威海外版权托管会的主体资格、合同是否在国外形成、授权范围是否合法有效等。我们知道，著作权是"自动"产生的，实践中，原告有时的确难以证明其著作权人的身份。除了作品上的署名以及本人身份证明外，往往还需提供创作过程或权利转移的一些证据，形成完整的证据链以使法官采信。而在本案中，原告确实没有提供证据证明海明威海外版权托管会享有海明威作品的著作权，在证据的完整性上有所欠缺。此时就涉及是否已达到证明标准的判断。如果抽象地考虑这一问题，我认为对外国作者的作品，原告的举证难以使我相信盖然性已达到70%以上。但是结合本案的具体情形，我仍然倾向于相信对于海明威这样的文学界"大腕"，原告作假或被骗的可能性都不大，原告证据的证明力"明显大于"被告。

可以看到，虽然有本案的特定案情，但是对证明标准的把握，我还是把它放到了较之通常略低的一个程度上。这也体现了个人对证明标准现实的某种不同认识。事实上，我曾在某次面向基层法官的讲座中指出，当前民事司法实践中，法官出于相对保守的角色定位，所持的证明标准可能偏高。如果以数字来衡量，可考虑采用数学上的黄金分割原则，只要一方证据的盖然性达到61.8%以上，就可认为"明显大于"另一方。当然，这只是我个人的感

---

① 这里是从"存在即合理"的角度理解的。
② 笔者曾在微信群中与若干知识产权法官讨论，似乎大家多认可"高度可能性"指的是75%以上，但并不认为民事诉讼法司法解释的规定一定合理。

性认识，0.618 的划分也显粗浅，并没有实际的操作方法，权当抛砖引玉吧。[①] 不可否认，随着民事诉讼法司法解释的施行，实践中对"高度可能性"的把握确实应考虑更高的概率。[②]

3. 专有出版权与翻译权之辨

一般而言，侵权纠纷的一个争议焦点都会是侵权是否成立。针对不同的情形，又可能演变为侵犯什么权的争议。本案即体现了这一特点。

原告（二审被上诉人）在诉讼中明确主张的是专有出版权，并且声明，即使被告出版的是另行翻译的版本，也落入原告权利保护范围内而构成侵权，事实上原告也从未认为被告的作品系抄袭而来的。而被告（上诉人）则认为，本案纠纷实与专有出版权无关，不能将专有出版权与翻译权混淆。对此，一审法院认为，"至于双方出版的图书译文是否具有同一性，是否专有出版权之外的翻译权或许可翻译权的问题，不是本案处理的范围"。然而，遗憾的是，二审并不赞成这种观点。

关于本案的实体争议，究竟是侵犯专有出版权还是侵犯翻译权，两者之间又是何关系，判决书中已有说明，同时笔者已另行撰文详述，并收入本书，故在此不再展开分析。但就本案的一点引申思考，值得再多说几句。

通常法官在审理案件中，会有一个推理的基本过程，但很难说最终的结论是按部就班，遵循逻辑思维的顺序而自然得出。不可否认，实践中，法官往往在审理的某一阶段，就"冒出"观点，甚至形成"先入为主"的意见，其后的程序不过是在验证之前的看法，并强化说理，使结论合法化。[③] 本案中，我印象极深的一件事是，二审开庭后，合议庭成员边走出法庭边小声议

---

① 英美法上，民事诉讼的一般举证要求是"优势证据"（preponderance of evidence），即诉讼两造相比，取可能性较大者，这是诉讼的"竞技性"使然。我国的民事诉讼有着不同的功能和定位，在证明标准上有不同的理解也属正常。

② 沈德咏主编：《最高人民法院民事诉讼法司法解释理解与适用》（上），人民法院出版社 2015 年版，第 359 页。

③ 正是基于审判实践中的这种直观感受，我对尊敬的邹碧华院长（也是我北大法学院的学长）所倡导的"要件审判九步法"持一定的保留态度。天津高级人民法院周恺法官曾撰文对"九步法"提出批评（未见纸质媒体发表，互联网上有流传），总体上我倾向于周法官的观点。另外，"做法官当如邹碧华"，假如邹博（在此还是沿用上海法院对其的尊称）在世，我想他是欢迎同仁对"九步法"提出探讨意见的。

论，其中一位法官直言："这个案子没有大的问题"。其实当时我满脑子都在纠结阅卷和庭审过程中反映出的"专有出版权"和"翻译权"的问题，完全没有"搞定"的感觉。不过事后想想，本案中被告行为的不当也是显见的，似乎只需要"朴素的正义观"就可判断。至于原告的何种请求权得以成立，这恰恰需要法官运用法律素养去正确引导和裁判。所以，诉讼中无论对当事人还是法官而言，最重要的还是分清基本的是非曲直。那种将诉讼视为"竞技场"的理论，在中国当下的语境中，我认为并不太合适。

谈到法官的专业素养，我有一个看法，在个案中，律师（当然指认真负责的律师）投入的程度多半要大于法官，某种意义上，是律师拿出半成品，法官最后出成品，故法官有必要充分重视律师的专业意见，这其实也是法官提高专业水准的一条路径；但从某一类案件中积累的经验和涉及的知识来讲，则一般是法官强于律师，无他，唯手熟耳（律师要受案源限制，而法官无可选择要处理多个同类案件）。实践中，知识产权法官是比较典型的专业法官，因为处理的案件类型从法院整体来看只是极少数几类，所以知识产权法官的专业性多被认可。我接触的年轻法官中，绝大多数都很喜欢这项工作，也很爱学习新知识，到底是由于他们素质高，才使得这个群体尤为突出，还是因为处于知识产权审判的氛围下，从而提升了自身的素质，这就像鸡生蛋还是蛋生鸡那样说不清楚了。

析案释疑： **出版者权的司法省视**

出版者权的司法省视①

[**摘要**] 实践中对出版者因其出版行为而享有的权利往往存有模糊认识。从性质上讲，出版者权是与狭义的著作权即作者权相并列的权利类型；从范围上讲，出版者权既包括特定的邻接权，也包括通过出版许可合同从著作权人处受让而来的权利。专有出版权是出版者权中最主要的权利，其内容可通

① 原载《出版发行研究》2010 年第 3 期，《人大复印资料·出版业》2010 年第 8 期全文转载。

过合同而具体约定。本文通过对轰动一时的《永别了，武器》侵权案的评析，对上述问题作出了澄清。

[**关键词**] 出版者权　邻接权　专有出版权　翻译权

[**案情简介**]

上海世纪出版股份有限公司译文出版社（以下简称译文出版社）于1994年、2004年分别与海明威海外版权托管会签订合同，获得包括《永别了，武器》在内的海明威作品的出版许可证，合同约定：许可语种为中文简体字，发行范围为全球，合同终止日为2011年12月31日，许可专有权为专有。2004年、2006年译文出版社分别出版了由美国海明威著、林疑今译的中文简体版《永别了，武器》。

2008年8月19日，译文出版社在新华传媒公司上海书城购买了由天津人民出版社（以下简称天津出版社）出版的图书《永别了，武器》。该图书版权页载明：原著［美国］海明威，编写汤明月，美国现代长篇小说缩写本，2008年1月第1版，定价：12.80元。

译文出版社认为天津出版社的行为侵犯了自己的专有出版权，遂诉至法院，请求判令被告停止侵权、赔礼道歉，并赔偿经济损失及合理费用共计60850元。

天津人民出版社辩称其出版的中文简体图书《永别了，武器》作为学生课外图书立项，在对英文版原著独立翻译的基础上进行了删减改编，与译文出版社出版的同名图书没有关系。故请求驳回译文出版社的诉讼请求。

一审法院认为：根据译文出版社提供的权属证据，应确认译文出版社享有美国作家海明威文学作品《永别了，武器》中文简体版在全球范围内的专有出版权。

本案中，天津出版社客观上于2008年在国内出版了根据美国作家海明威作品翻译并改编的中文简体图书《永别了，武器》，其出版的源作品、时间、语种、发行范围与译文出版社享有的专有出版权相冲突；主观上未尽合理注意义务，存在过错，其行为侵犯了译文出版社对海明威作品《永别了，武器》中文简体版的专有出版权。

综上，一审法院判决天津出版社停止侵权，并赔偿译文出版社5万元。

一审宣判后，天津出版社不服而提起上诉。

二审法院认为，天津出版社出版中文简体字本《永别了，武器》的行为，侵犯了译文出版社依据许可合同的授权所获得的专有权利。一审法院认定事实清楚，判决结果并无不当，遂判决：维持原判。

[评析]

本案曾是出版界和新闻媒体共同关注的热点，《中华读书报》《中国知识产权报》、《光明日报》、新华网、中新网等先后予以报道。人们期望，以本案判决为标志，外国文学翻译出版领域的"乱象"能得到净化。从法律的角度讲，认清合法出版者的权利基础，有利于引导和规范其正确维权，因此，有必要对本案涉及的法律问题作一评点。

一、出版者权的含义与性质

出版者权指的是出版者对其出版物依法享有的权利。对出版者权可以作两种理解，广义的出版者权既包括出版者从作者（著作权人）处受让来的"著作权"（即出版权），也包括因传播作品而产生的"与著作权有关的权益"（即邻接权），同时还包括出版者在出版过程中因自身的创作而产生的"著作权"（如对出版物的装帧设计享有的权利）；狭义的出版者权则将出版者受让而来的"著作权"排除在外。① 本文是在广义上使用"出版者权"概念的，这也与本案的案由相适应。根据2008年4月1日起施行的最高人民法院《民事案件案由规定》，本案案由"侵犯出版者权纠纷"作为列在"著作权权属、侵权纠纷"之下的第四级案由，与"侵犯著作人身权纠纷"、"侵犯著作财产权纠纷"、"侵犯录音录像制作者权纠纷"等并列。相比之下，在已废止的《民事案件案由规定（试行）》中，与"著作人身权纠纷"、"著作权财产权纠纷"并列的，只有"邻接权纠纷"，侵犯出版者、录音录像制作者、表演者权利的纠纷，只能纳入其中。可见，现行规定是从主体角度出发来界定各类权利，因而"出版者权"涵盖了"出版权"。

要指出的是，实践中，对出版者权的性质一直存在模糊认识。如在前述

① 参见李顺德："版权、出版权和出版者权"，载《科技与出版》2006年第1期，第59页。

狭义认识之外，还有观点将出版者权仅看作一项邻接权。另在 1991 年制定、现已废止的《著作权法实施条例》中，也将"出版者对其出版的图书和报刊享有的权利"列为"与著作权有关权益"的一项。为此，需先澄清"邻接权"的真实含义。

二、邻接权的含义及出版者权范围的界定

顾名思义，邻接权指的是与著作权相邻或相联系的权利。1961 年的《罗马公约》（全称《保护表演者、录音制品制作者与广播电视公约》）首开国际间保护邻接权的先河。由此可见，邻接权本是对表演者、录音制品制作者和广播电视组织所享有权利的称谓。在我国，出版在传播文学艺术作品方面有突出的作用，出版业被当作意识形态的重要领地而长期为国家专营，地位重要，故特别强调对出版者利益的保护。因此，1991 年的《著作权法》将出版与表演、录音录像、广播电视播放并列为一章，《著作权法实施条例》更明确规定出版者权利为邻接权。这是以限制著作权人的权利为代价，赋予出版者通过合同从著作权人手中获得的出版权一律为专有出版权，并与众不同地将其与邻接权制度规定在一起。① 在当时立法框架下，出版者享有专有出版权、版式权、装帧设计权，均属于"与著作权有关权益"，即学理上的"邻接权"。

可是，出版的含义在著作权法上就是"复制＋发行"。② 如果说存在所谓"出版权"的话，本身无疑应由作者（著作权人）享有。因为在现代社会，作品一般由专门的出版者出版，故著作权人往往将此项权利通过许可合同让渡给出版者。至于出版者是否"专有"，修改后的《著作权法》并没有作具体规定，仍然交由双方的合同去约定。③ 无论如何，出版作品的权利都是由作者的著作权衍生出来的，其性质仍然是"著作权"，而非"与著作权有关的权益"。

另外，作品的装帧设计在多数情况下可看作独立的美术作品，设计者自

---

① 刘春田主编：《知识产权法》，高等教育出版社、北京大学出版社 2000 年版，第 78 页。
② 《著作权法》第 57 条规定：本法第 2 条所称的出版，指作品的复制、发行。
③ 《著作权法》第 30 条规定：图书出版者对著作权人交付出版的作品，按照合同约定享有的专有出版权受法律保护，他人不得出版该作品。

然对其享有单独的著作权，特殊情况下还可以作为商品的包装、装潢而得到保护，①故也无必要作为一项"与著作权有关的权益"而加以强调。这意味着，在出版者对其出版物享有的权利中，只有版式权是专属于出版者，且不由著作权人授权的，与表演者有权表明其身份、录音制作者有权许可他人复制其录音制作品、电视台有权播放自己制作的节目等类似，是真正意义上的邻接权，即"与著作权有关的权益"。值得指出的是，2002 年新制定的《著作权法实施条例》对此也予以明确。该条例第 26 条规定："著作权法和本条例所称与著作权有关的权益，是指出版者对其出版的图书和期刊的版式设计享有的权利，表演者对其表演享有的权利，录音录像制作者对其制作的录音录像制品享有的权利，广播电台、电视台对其播放的广播、电视节目享有的权利"。

因此，从完整意义上讲，出版者权利应包括由作者（著作权人）许可的（专有）出版权，以及因自身出版行为而产生的版式权、装帧设计权等，其中只有版式权为出版者所独有，属于一项邻接权而受到保护。从传播作品的角度讲，专有出版权显然是出版者最核心的权利。那么，出版者享有的专有出版权具体又包括什么内容呢？事实上，这正构成了本案审理的一个关键之处。

三、专有出版权的理解

专有出版权是出版者依据与著作权人的出版合同而享有的权利。如前所述，专有出版权作为一类"出版者权"，并非基于作品传播者在作品传播过程中的创造性劳动而产生的，而是基于合同关系，由著作权人让与而来，其权利来源是著作权人的复制权和发行权。已有作者正确指出，专有出版权在性质上属于著作权，而不是邻接权。②因此，专有出版权的内容即是著作权中的复制权和发行权，只是权利主体通过合同约定为出版者。我国修改前的《著作权法》曾明确规定出版者"在合同约定期间享有专有出版权"，2001年修法时将"专有"与否的问题交由合同约定。当然，实践中出版者取得的

① 参见钱光文、孙巾淋："我国商业外观的法律保护问题探讨——以《反不正当竞争法》的适用为中心"，载《知识产权》2009 年第 1 期。

② 陈邦武："专有出版权刍议"，载《中国出版》2009 年第 6 期，第 57 页。

该项权利一般都是"专有"的。所以，在多数情况下，"出版权"就是"专有出版权"。

关于专有出版权的内容，《著作权法实施条例》第28条规定，"图书出版合同中约定图书出版者享有专有出版权但没有明确其具体内容的，视为图书出版者享有在合同有效期限内和在合同约定的地域范围内以同种文字的原版、修订版出版图书的专有权利"。可见，专有出版权的内容首先由合同约定，如合同约定不明确，则其基本内容限于出版作品同种文字的原版、修订版，这是由法规直接规定的，不得予以删减。实践中，常有出版者通过合同约定将专有出版权的内容扩张，如包括原作的电子版甚至改编本等，这实际上意味着著作权人将信息网络传播权、改编权等一并授权给出版者，专有出版权的范围已远远超越其原有的复制权和发行权了。

回到本案，原告是基于出版许可合同而提起本案之诉。一审和二审判决均已认定，原告与海明威作品著作权人签订的合同中，授权出版的"语种"是"中文简体字"，"专有权情况"是"专有"，"发行区域"是"全球"。据此，原告依据许可合同而获得的"专有出版权"的内容应理解为"将海明威原版作品翻译为中文，并以中文简体字在全球出版"。因此，原告以合同约定的权利被侵犯而提起诉讼，经查明属实，应得到支持，被告应就其未经许可另行翻译出版海明威作品《永别了，武器》的行为承担相应民事责任。

四、翻译外国作品必须取得"翻译权"的授权

对原告在本案中据以起诉的权利基础也可从翻译权的角度加以解释。一般情况下，如出版的是中文原著作品，则出版者的专有出版权的确仅及于该版本的原版及修订版。但如出版外文原著作品，除非直接以外文文字出版，否则必然涉及将外文翻译为中文的问题。对出版者而言，这种情况下，权利人的授权必然要包括翻译权方有意义。如果授权的类型是"专有"的，则意味着出版者不仅有权翻译并出版，也有权制止他人未经许可的翻译并出版的行为。也就是说，当出版者获得权利人授权而出版外文原著的翻译作品时，此时"专有出版权"的实质就是翻译权！

对此的理解还涉及我国立法上的一个问题。《著作权法》第10条中，关于"翻译权"的规定是："将作品从一种语言文字转换成另一种语言文字的

权利", 并没有将行为扩展到 "出版"（或复制发行）。实际上, 翻译的目的往往就是出版（或以其他方式利用）, 著作权人控制的 "翻译" 行为, 必须是 "翻译并出版", 这是不言而喻的, 否则将很难查获 "侵权行为", 而被控侵权人也大可借 "个人欣赏" 的合理使用而进行抗辩。我国立法上的这种表达应该说是不严谨的, 相比之下, 德国著作权法对此就作出了明确规定。《德国著作权法与邻接权法》第 23 条明确规定, "只有在取得被演绎作品或者被改编作品的作者的同意, 才可以将演绎后的或者改编后的作品予以发表或者利用。"① 从翻译权的正确含义出发, 应认为, 在出版翻译作品时, 发生了出版权和翻译权的竞合。无论出版合同是否明确约定, 都应将授权范围理解为包括 "翻译权"。当然, 此时出版者获得的权利是否是 "专有" 的, 仍需合同明确约定。

① 这说明, 翻译的作品在没有得到原作者本人同意的情况下也不能进行利用。参见〔德〕M.雷炳德:《著作权法》, 张恩民译, 法律出版社 2005 年版, 第 255 页。

科奇案

中华人民共和国上海市第二中级人民法院

民事判决书

（2009）沪二中民五知（初）字第 151 号

[在此列出完整的民事判决书抬头，注意点有二：一是当事人涉外的案件，需有"中华人民共和国"字样；二是彼时案号编排的基本格式为：（收案年度）＋法院代字＋部门代字＋案件类型代字＋"字"＋"第"＋案件编号＋"号"。但根据最高人民法院 2015 年 5 月发布的《关于人民法院案件案号的若干规定》，统一采用新的案号编排标准，其中审理法院简称实行代码化，如上海市第二中级人民法院为"沪 02"，上海知识产权法院为"沪 73"。此外，原"知"字号案件也统一归到民事案件类别]

原告科奇公司诉称：……原告很早就发现在被告市场内存在大量侵犯原告注册商标专用权的行为，原告也一直与被告沟通，要求其采取积极措施制止侵权，但效果不理想。2009 年 2 月，原告发现被告市场地下一层一街三十三号商铺、地下一层七街三十九号商铺、地下一层九街十号商铺等均销售大量侵犯原告"COACH"注册商标专用权的产品。后发函要求被告立即停止侵权行为，但在被告接到该函已逾一个月后，被告市场地下一层一街三十三号商铺、地下一层七街三十九号商铺及地下一层八街三十七号商铺仍在销售侵犯原告"COACH"注册商标专用权的产品。（重点说明重复侵权）如此足以证明被告在主观上存在明显过错，是故意为涉案商铺销售侵权商品的行为提供便利条件。综上，请求判令被告停止侵犯原告注册商标专用权的行为，赔

偿原告经济损失人民币 50 万元，并在《法制日报》上刊登书面声明，消除侵权影响。（本案判决在文书格式上有所创新）

原告为证明其主张，提供了以下证据：

第一组权属证据，证明原告所享有的注册商标专用权……

第二组侵权证据，证明被告的侵权行为以及损害后果……

第三组证明原告商标知名度的证据……

第四组证明原告商标在中国受到保护的证据……

第五组证明原告的产品在中国销售情况的证据……

第六组证明原告制止侵权行为的合理开支的证据……

被告上海兴旺国际服饰城市场经营管理有限公司辩称：1. 被告没有从事原告所说的为涉案商铺的侵权行为提供便利的任何行为，也没有侵权的故意；2. 被告有长效的管理机制，已履行适当的管理义务；3. 被告在收到原告函件后，立即对涉案商铺进行制止，要求经营者出具保证书承诺不售假，说明被告收函后采取了适当的措施；4. 原告没有指出被告有哪些具体的提供便利的侵权行为，原告仅以市场有个别售假现象存在就推定被告为侵权提供便利，缺乏证据支持；5. 原告未对 50 万元损失的组成及计算方式举证，不能证明有大量售假存在，应承担举证不能的后果。综上，原告诉请的内容不能成立，请求驳回原告的诉讼请求。

被告提供了下列证据：……

本院依法组织双方当事人对证据材料进行质证（以下质证过程略）。

经审理查明（查明的结果是在认证的基础上作出）：

原告是美国公司，经中国国家工商行政管理局商标局核准，于 2002 年 1 月 15 日分别受让了第 1318067 号 "COACH" 文字商标及第 1325599 号 "COACH" 文字与图形组合商标；又于 2002 年 9 月 21 日注册了第 1926894 号图形商标。以上 3 个注册商标均被核定使用在第 18 类商品类别上，其中包括钱包、钱夹、手提包、手提袋等商品。

被告是在中国注册的有限责任公司，经营范围包括为市场内服装、日用百货、鞋帽箱包等商品经营者提供市场管理服务、物业管理等。

2007 年 1 月 3 日至 2008 年 2 月 4 日，原告曾多次传真或发函给被告，指出被告市场内存在侵犯原告商标权的行为，并对被告提出警告，要求被告采取措施，停止侵权行为。

2009 年 2 月 20 日，原告委托的代理人胡 A、姚 A 在上海市静安公证处派出的公证人员的监督下，来到被告市场，在地下一层一街三十三号标识为"鸿运皮具箱包行"的商铺内购买了一个手提包；在地下一层七街三十九号标识为"桑宁皮饰"的商铺内购买了 1 个钱包；在地下一层九街十号标识为"宏发箱包"的商铺内购买了 1 个手提包。上述商品上分别标有原告的 3 个商标。

2009 年 3 月 17 日，原告以特快专递的形式向被告发送函件及附件，要求被告于 2009 年 3 月 27 日之前采取有效措施彻底解决其市场内的侵权问题，否则原告将提起侵权诉讼。

2009 年 4 月 23 日，原告委托的代理人姚 A 等 2 人在上海市静安公证处派出的公证人员的监督下，来到被告市场，在地下一层一街三十三号标识为"鸿运皮具箱包行"的商铺内购买了 1 个手提包；在地下一层七街三十九号标识为"桑宁皮饰"的商铺内购买了 1 个钱包；在地下一层八街三十七号商铺购买了 1 个手提包。上述商品上分别标有原告的 3 个商标。（以时间顺序描述侵权过程，该三家商铺已是第二次买到侵权商品）

另查明，被告与入驻其市场进行经营的商铺之间，均签订有"经营管理协议书"，该协议书在第二部分"双方的权利和义务"中，明确甲方（即本案被告）"负责对市场商铺及其业态布局实行统一规划和经营管理"，"负责对商铺经营户遵纪守法、文明经商和安全防范的指导、监督和检查，并有权更换违规、违法的从业人员"，"对违约违法的经营人员履行督查、处罚和举报的职能，并负责存档备案"。在第三部分"违约行为和违约责任"中，明确"违反商品质量、安全的规定，出售假冒伪劣、掺杂使假或国家明令禁止的商品，处以 200 元以上 1000 元以下的违约金，并可责令停业整顿"。（说明被告管理义务的由来）

本院认为，原告依法获得涉案"COACH"系列注册商标，其对涉案注册商标所享有的注册商标专用权应当受到我国法律的保护。未经商标注册人许可，在同一种商品或者类似商品上使用与其注册商标相同或者近似的商标的，属于侵犯注册商标专用权的行为。涉案公证购买的商品与原告涉案商标核定使用的商品相同，涉案公证购买的商品上使用的商标与原告的上述注册商标也相同，因此在被告市场内销售涉案公证购买的商品系侵犯原告注册商标专用权的行为。（先认定争议不大的事实）

根据原告、被告的诉辩称和质证意见，本案的主要争议焦点为：1. 被告对其市场内销售侵犯原告注册商标专用权商品的行为是否尽到了管理义务；2. 原告主张的人民币 50 万元的赔偿数额是否有事实及法律依据。

一、关于第一个争议焦点

原告认为，被告在本案中未尽到管理义务，表现为消极的不作为，即放任市场内商铺销售侵犯原告注册商标专用权的商品。原告于 2007 年 1 月 3 日至 2008 年 2 月 4 日，多次给被告发送传真和信函，表明原告一直在积极主张自己的权利，而被告对于其市场内的侵权行为也是明知的。原告 2009 年 3 月 17 日发给被告的函件及附件，非常清楚地告知被告市场有大量的侵权现象，但被告既未答复，也未采取任何有效措施，以至于原告 2009 年 4 月再次在被告市场买到侵权产品。被告对其市场内大量销售侵犯原告注册商标专用权商品的行为，没有进行有效的管理，没有采取积极的作为，因此没有尽到其应尽的管理义务。

被告认为，被告是服务型的有限公司，管理义务侧重于为市场提供水电、保安、保洁等物业服务。对于市场内的假冒伪劣行为，被告并没有执法权或处罚权，而仅有宣传、告诫、警示的义务，所以对被告的管理义务应有合理的定位，不能超出应有的职责权限。本案中，原告没有提供任何证据来具体说明被告未尽到何种管理义务，而被告的证据和证人证言说明被告已尽职履行管理义务，针对假冒伪劣产品的管理有常态的管理机制，对涉案的商铺也提出了警告，并且要求他们作出承诺不再销售。被告对涉案商铺在坚持平时常态管理的同时，又有具体的督促整改行为，说明被告已充分履行了管理义务。

本院认为：

第一，被告对其市场内的经营行为负有管理义务。（申明被告负有管理义务——此处基于主体身份的管理义务即注意义务）被告的性质是市场经营管理有限公司，经营范围包括为市场内的经营者提供市场管理和物业管理服务等，市场的经营管理者应当遵循提供服务与实施管理相结合的原则。因此，被告对其市场内商铺的经营行为负有一定的管理职责，从维护市场秩序和保护消费者权益的角度而言，这种管理职责也可以理解为管理义务。这一点在被告与进场商铺签订的"经营管理协议书"的有关条款中也有记载。需要强调的是，被告作为市场经营管理者，其管理义务在标准的把握上应较一般人基于诚实信用原则而应有的注意义务更高。被告的管理义务可分为日常经营活动中的管理义务以及针对特定事项的管理义务。如对于销售假冒商品行为的管理，被告一方面可以采取常态的广播宣传、巡查等措施；另一方面，如有确凿证据证明具体的销售侵权行为发生，还应采取进一步的措施，以制止该侵权行为。本案中，证人沈 A、吴 A 的证言证明被告确实在日常的经营活动中尽到了一定的管理义务，如每天早上进行广播、张贴宣传资料、不定期组织抽查等；但仅此并不足以说明被告在对原告主张的涉案销售侵权行为的管理中也充分尽到了义务。被告是否尽到管理义务，还要视被告针对该行为是否采取了适当的措施。

第二，被告对于原告主张的在其市场内销售侵犯原告注册商标专用权商品的行为，未尽到管理义务。（先明确提出结论，再进行具体分析）理由在于：首先，被告对原告指称的本案涉案行为之前的多次侵权行为，未及时采取措施加以核实并处理。原告自 2007 年 1 月 3 日至 2008 年 2 月 4 日，多次给被告发送传真和警告函，指出被告市场内包括涉案 4 家商铺有大量销售假冒原告商品的行为，要求被告采取措施制止这些行为。被告也承认收到多份原告发来的函件。虽然仅凭相关函件，尚不能确认被告市场内存在销售假冒原告商品的行为，但从被告具有的管理义务出发，被告应及时进行核查，并对查实的侵权行为作出处理。被告虽称收到原告函件后采取了行动，且平时也主动进行巡查，但被告提交的证据证明其直至 2008 年 11 月 27 日、12 月 31 日，才对涉案 4 家商铺销售假冒原告商品的行为发出告知书，要求商铺停止销售假冒商品，并承诺不再售假。本案中，原告指出上述告知书的落款并非被告，而是"上海兴旺国际服饰城明砾物业管理有限公司"。被告在庭审中出具证明，称"我司委托上海明砾物业管理有限公司为七浦兴旺市场提供物业管理的服务"。本院认为，即使被告所称属实，被告对涉案商铺的告知在时间上也属迟延，并且没有证据表明被告在告知之后是否采取进一步的措施。此外，该告知形式因落款不当也有不规范之处。其次，被告收到原告2009年3月17日的函件后，未及时采取有效措施制止原告指出的侵权行为。原告2009年2月20日在被告市场内涉案商铺公证购买了侵权产品后，于3月17日发函告知被告及涉案商铺，函中并附公证书复印件。虽然被告称不排除有商铺隐蔽销售甚至买方引诱商铺销售的可能，但被告未提供证据证明其主张，故本院确认原告的购买行为并无不合法之处。另外，被告称原告函件的收件人姓名有误，被告未及时收到该函，但被告承认楼管收函后即去商铺查处，同时承认楼管也属公司职员。据此，本院确认被告已正常收到原告的函件。被告又称其分别于4月3日、4月7日要求涉案的3家商铺书写保证书。但原告质证时指出3份保证书存在缺陷。本院认为，原告的质证意见成立。况且，被告已收到原告的函件，该函附有公证书，如没有相反的证据，应确认存在侵权行为，在这种情况下，被告仅采取保证书的方式，不能认为是以适当的行为尽到了管理义务。而按照被告与商铺的"经营管理协议书"，被告对出售假冒商品的商铺，可以处以违约金，并可责令停止整顿，但被告没有实施。可见，被告并没有采取合适的举措。最后，原告于2009年4月23日再次在被告市场购买到侵权产品，进一步证明被告疏于管理，且保证书等形式并未起到效果。要指出的是，原告此次购买到侵权产品的商铺，有2家与前次的相同，有1家是新增的，不仅原有的侵权行为仍然持续，还出现了新的侵权行为，由此也扩大了原告的损失。

第三，被告对其市场内销售侵犯原告注册商标专用权商品的行为未尽到管理义务，造成原告损失，构成对原告注册商标专用权的侵犯，并应依法承担相应的民事责任。由上可知，被告对其市场内销售侵犯原告商标专用权商品的行为，经过原告持续1年多时间多次传真及信函告知，原告于2009年3月17日专函并附公证书告知，直至原告2009年4月23日再次购买到假冒商品并提起本案诉讼，应该说在主观上有一个逐渐明知的过程。被告在此过程中，虽然表明了其坚持打假的立场，也采取了保证书等形式要求涉案商铺不再售假，但并没有起到实际效果。被告在已明知市场内存在销售假冒原告商品的情况下，仍允许涉案商铺继续销售，并为其提供物业服务等，主观上过错明显（虽未明言"故意"，但刻意的表达已为下文法律适用埋下伏笔），客观上为涉案商铺的侵权行为提供了便利条件，其行为完全符合法律法规规定的相关要件，构成对原告注册商标专用权的侵犯。

二、关于第二个争议焦点

原告认为……

被告认为……

本院认为，本案中，被告未尽到作为市场管理者的管理义务，本院认定被告为相关商铺的侵权行为提供了便利条件，侵犯了原告的注册商标专用权，依法应承担相应的民事责任。因原告未能举证证明其由于被告侵权行为所遭受的实际损失以及被告侵权获利的实际数额，本院将综合考虑原告注册商标的公众认知程度、被告侵权行为的范围、持续时间及其主观过错程度等因素，酌情确定被告所应承担的赔偿数额。

综上，本院认为，被告的涉案行为侵犯了原告第 1318067 号"COACH"文字商标、第 1325599 号"COACH"文字及图形组合商标、第 1926894 号图形商标的注册商标专用权，应当承担停止侵害、赔偿损失的民事责任。本院根据侵权行为的情节，酌情确定赔偿数额。对原告所主张的因本案诉讼支出费用的合理部分，本院亦予以支持。原告要求被告在《法制日报》上刊登书面声明、消除侵权影响的诉讼请求，因要求清除影响的范围与被告侵权的范围不一致，本院不予支持。

据此，依照……判决如下：

1. 被告上海兴旺国际服饰城市场经营管理有限公司立即停止对原告科奇公司享有的第 1318067 号"COACH"文字商标、第 1325599 号"COACH"文字及图形组合商标、第 1926894 号图形商标的注册商标专用权的侵害；

2. 被告上海兴旺国际服饰城市场经营管理有限公司应于本判决生效之日起 10 日内赔偿原告科奇公司包括合理费用在内的经济损失人民币 6 万元；

3. 对原告的其他诉讼请求不予支持。

本案案件受理费人民币 8800 元，由原告科奇公司负担人民币 3872 元，被告上海兴旺国际服饰城市场经营管理有限公司负担人民币 4928 元。

如不服本判决，原告科奇公司可在判决书送达之日起 30 日内，被告上海兴旺国际服饰城市场经营管理有限公司可在判决书送达之日起 15 日内，向本院递交上诉状，并按对方当事人的人数提出副本，上诉于上海市高级人民法院。（附上完整格式，注意不同主体的上诉期间不同）

审判长　芮文彪

审判员　李国泉

审判员　袁秀挺

二〇〇九年九月二十五日

书记员　杨馥宇

（有的案例书籍学习国外的做法，在引用判决时注明法官姓名；有的数据库设置的搜索关键词也包括"法官"。我赞成那种说法：法官最好的作品应是其判决书。对判决书的引用，虽无著作权问题，但也应尊重法官的劳动。我国的民事诉讼，除简易程序外，原则上是集体审理，但合议庭内部仍设承办法官。判决书一般由承办法官拟初稿，审判长改定签发。署名时，除审判长兼任承办法官，或承办法官是审判员而另一合议庭成员是代理审判员，通常承办法官的名字都列在最后）

审理心得

　　科奇公司诉上海兴旺国际服饰城市场经营管理有限公司侵犯商标专用权纠纷案（以下简称科奇案）也是一则看似很清楚，实际上却有不同处理方法的典型案例。在我审理过的案件中，称之为"最有争议的案件"也不为过。"最有争议"并不意味着观点很多、众说纷纭，而是指交锋的两种观点旗鼓相当，各有其合理之处，难以抉择。

　　该案纠纷发生于 2009 年，当时的一个背景是，曾经蔓延国内，饱受诟病的在专门市场贩卖假冒名牌产品的行为，经过一段时期的治理整顿，取得了一定效果，如著名的北京秀水街市场、上海襄阳路市场分别于 2005 年、2006年间闭市整理，甚至遭到关闭。但类似行为禁而不绝，因出售假货而"臭名昭著"① 的市场仍不断出现。本案审理时，上海的龙华路市场、七浦路市场就在相当程度上取代了过去襄阳路市场的"江湖地位"。一些国际知名品牌纷纷提起诉讼，将打击的矛头直指市场的经营管理者。

从案件的基本情况看，本案并非新型、疑难复杂类案件，案件的事实是清楚的，适用的法律依据也明确具体，不存在法律规定不足或空白的问题。但本案在基本定性的事实基础上，如何恰当解读法律规定，从而准确实现法律适用，却极具典型意义，对相关案件有极强的示范性和参考价值。

事实上，2006 年北京的"朝外门购物商场案"和"秀水街案"就反映出场所提供者或者说市场经营管理者的责任问题。几乎在本案审理的同时，上海的另一家法院也审理了另一起轰动一时的"拉科斯特案"，该案后被选入《最高人民法院公报》。这几起案件的案情应该说基本相似，最终结论也都是市场构成侵权，但饶有趣味的是，案件的判决理由却并不相同，而是截然分为两类。

科奇案的裁判要旨可归纳为：市场经营管理者在权利人发出警告函并寄出公证书指出其市场内商户销售侵权产品的情况下，未采取针对性的措施制止相应侵权行为，违反了应尽的管理义务，符合商标法实施条例第 50 条第（2）项设定的要件，构成侵犯注册商标专用权的行为。也就是说，本案法律适用的依据是《商标法实施条例》第 50 条第 2 项（当时），即"故意为侵犯他人注册商标专用权行为提供仓储、运输、邮寄、隐匿等便利条件"，构成《商标法》第 52 条第 5 项（当时）所称"其他"侵犯注册商标专用权的行为。行为人（市场经营管理者）是对自身的行为承担一个独立的侵权责任。

而在入选《最高人民法院公报》的拉科斯特案中，该案在《最高人民法院公报》上公开的"裁判摘要"为：商品市场的管理者对市场内商铺销售假冒注册商标商品的行为未尽合理注意义务，为侵权行为提供便利条件的，属于帮助侵权的行为，应当和销售假冒注册商标商品的商铺承担连带责任。显然，该案是认为"被告与直接销售被控侵权产品的相关商铺经营者构成共同侵权"。

---

① 奥名昭著市场（Notorious market，也称恶名市场）名单，由美国贸易代表办公室（USTR）发布，汇集了包括世界各地的贩卖侵权物品的市场及侵权网站。每年在特别 301 报告中也有所体现。

仔细分析其中内容，其要点有四，一是市场管理者"未尽合理注意义务"①，二是"为侵权行为提供便利条件"，三是构成"帮助侵权"，四是与售假商铺"承担连带责任"。应该说，这样的内容对市场管理者的责任问题作出了全面覆盖，基本上可以回答实践中的问题，也代表了最高人民法院（至少是《最高人民法院公报》编辑者）对该类案件的态度。但若比较前述从判决书中引用的内容，则可发现，判决的内容和裁判摘要所举还是有明显的不同。最为关键的，是判决书中并未出现"帮助侵权"的表达，而是认为"被告与直接销售被控侵权产品的相关商铺经营者构成共同侵权"。这意味着，将该案的处理定性为"帮助侵权"，完全是《最高人民法院公报》案例编辑者的提炼之功，同时充分说明《最高人民法院公报》案例并非是对实际案例原汁原味的转录，而是加入了主观判断的编选。这一做法具备正当性与否且不论，至少反映了《最高人民法院公报》案例在目前的一个现状。就本案而言，一个可能的解释是，判决书在说理部分关于被告"主观上没有尽到善良管理人的注意义务，客观上为侵权行为提供了便利条件"的表述，实际上就是认定了本案被告构成帮助侵权。在判决当时的规则体系下，帮助侵权都是按照共同侵权来处理的，所以，该判决最终适用了《民法通则》第130条关于共同侵权的规定，其实质与"摘要"所述是一致的。但是，该案刊登在《最高人民法院公报》2010年第10期上，其时，《侵权责任法》已正式实施。《侵权责任法》第9条第1款明确规定，"教唆、帮助他人实施侵权行为的，应当与行为人承担连带责任"，该款内容在体例上与第8条关于共同侵权的规定并列，因此，应认为帮助侵权在现行立法上并不看作共同侵权，但其仍应承担法定的连带责任。也就是说，《最高人民法院公报》在刊登拉科斯特案时，将判决书中认定的"共同侵权"改为裁判摘要中的"帮助侵权"，的确是因应新法的"纠偏"之举。但如此一来，反过来说明该案本身或有"过时"之嫌，那么，其典型性又如何体现？

　　关于市场管理者的商标侵权，早有司法成例。2006年前后的有关判决，

----

　　①　可以比较一下，科奇案中使用的是"管理义务"的表达，而这里用的是"注意义务"。二者显然有别。当前主流观点认为，市场尤其是网络平台，应承担注意义务。但我认为不能一概而论，还要看个案中当事人的约定等情况，而且注意义务也存在向管理义务转化的情形。

一定程度上更成为北京秀水街市场、上海襄阳路市场等被整顿、关闭的推力。这类案件总体上的结论是一致的，即市场管理者对其市场内反复出现的侵权行为应承担责任，但在适用的依据和理由以及一些程序问题上有差异。以下通过对京沪两地法院的四个案件①进行比较分析，来具体说明其中的差别。

案件的情况如下表所示：

案件名称	被告	法律适用依据	判决时间
拉科斯特案（上海市第一中级人民法院）	市场管理公司	《民法通则》第130条、《商标法》第52条第（5）项	2009年9月
科奇案（上海市第二中级人民法院）	市场管理公司	《商标法》第52条第（5）项、《商标法实施条例》第50条第（2）项	2009年9月
北面服饰案（北京市第二中级人民法院）②	市场管理公司	《商标法》第52条第（5）项、《商标法实施条例》第50条第（2）项	2007年9月
香奈儿案（北京市第二中级人民法院）③	市场管理公司、销售商	《民法通则》第130条、《商标法》第52条第（5）项、《商标法实施条例》第50条第（2）项	2006年4月

上述四案或一审生效，或上诉后维持原判，故表中所列法律适用依据均以一审判决为准。④ 从上表可见，科奇案和北面服饰案做到了"同案同判"，这两案的判决是将市场管理公司的行为单独视为一类侵权行为，而按照商标

---

① 这四个案件除拉科斯特案入选《最高人民法院公报》外，其他的也曾被相关渠道发布而作为各类"典型案例"，如香奈儿案就曾被评为"2006年度十大知识产权民事案例"和"30年来百件知识产权司法保护典型案例之一"。

② 参见北京市第二中级人民法院（2007）二中民初字第10646号民事判决书。

③ 参见北京市第二中级人民法院（2005）二中民初字第13598号民事判决书。

④ 涉及的三个法律条文如下：

（1）《民法通则》第130条：二人以上共同侵权造成他人损害的，应当承担连带责任。

（2）《商标法》第52条第5项：有下列行为之一的，均属侵犯注册商标专用权：……（五）给他人的注册商标专用权造成其他损害的。

（3）《商标法实施条例》第50条第2项：有下列行为之一的，属于商标法第五十二条第（五）项所称侵犯注册商标专用权的行为：……（二）故意为侵犯他人注册商标专用权行为提供仓储、运输、邮寄、隐匿等便利条件的。

法实施条例第50条第（2）项的规定，处以相应的民事责任；香奈儿案因时间较早，原告将销售商也作为被告，故判决是将市场管理公司和销售商作为共同侵权来处理的，但其中仍适用了商标法实施条例的规定对市场管理公司的行为加以定性；而拉科斯特案中，虽然原告仅主张市场管理公司的责任，法院仍旧是按照其与销售者构成共同侵权来作出认定，只是在法律适用上舍弃了商标法实施条例的规定。无疑，从时间顺序和案情的演变上，拉科斯特案（以及科奇案、北面服饰案）是对香奈儿案的改进。或许正是意识到当市场管理者成为单独被告时，对其侵权行为及责任的承担无须通过共同侵权的观点即足以认定，北面服饰案和科奇案才直接依据商标法条例的规定而作出判决。但拉科斯特案显然走上了不同的路径。因此，对于市场经营者商标侵权这样的"类案"而言，实践中至少形成了两种不同的做法。实体上，两者孰为"典型"，本难以评判。《最高人民法院公报》案例的结果，只不过是作出了某种选择。从结果看，两者或许殊途同归，但在内在责任划分以及诉讼程序上，还是有些许差别。

最后，要说明的是，2013年修改后的《商标法》实际上已将原《商标法实施条例》第50条第2项的规定纳入，根据该法第57条第6项的规定，"故意为侵犯他人商标专用权行为提供便利条件，帮助他人实施侵犯商标专用权行为的"，属侵犯注册商标专用权的行为。据此，市场管理者"明知故犯"的行为，仍可成立单独的侵权行为。当然，笔者也认识到，近期的案例中，较多的还是从帮助侵权的角度认定市场管理者的行为及责任，不知是否出于《最高人民法院公报》案例导向的原因，但显然相关争议并不因此而消除。

析案释疑： **市场经营者未尽管理义务构成商标侵权**

市场经营管理者未尽管理义务构成商标侵权①

[**裁判要旨**] 市场经营管理者在权利人发出警告函并寄出公证书指出其市场内商户销售侵权产品的情况下，未采取针对性的措施制止相应侵权行为，

---

① 原载《人民司法》2010年第14期，作者：袁秀挺、荣学磊。

违反了应尽的管理义务，符合《商标法实施条例》第 50 条第 2 项设定的要件，构成侵犯注册商标专用权的行为。

案号：（2009）沪二中民五（知）初字第 151 号

[**案情**]

原告：科奇公司（COACH, INC.）。

被告：上海兴旺国际服饰城市场经营管理有限公司。

原告科奇公司诉称：原告创建于 1941 年，现已在全世界开设了 500 多家专卖店。通过在全世界范围内长期建立的市场推广、宣传与推销，原告的"COACH"品牌已成为世界知名的奢侈品牌。原告很早就在全世界范围内注册"COACH"商标，原告的"COACH"商标（注册号：1318067）已于 1999 年 9 月 28 日在中国国家工商行政管理局商标局获得注册，核定使用商品包括腰包、旅行箱、衣袋、背囊、小型公文包、公事包、手袋、钱包、背包、钱夹等。

2007 年，原告发现被告市场内存在大量侵犯原告注册商标专用权的行为，即与被告沟通，要求其采取积极措施制止侵权，但效果不理想。2009 年 2 月，原告发现被告市场地下一层一街三十三号商铺、地下一层七街三十九号商铺、地下一层九街十号商铺等均销售大量侵犯原告"COACH"注册商标专用权的产品。后发函要求被告立即停止侵权行为，但在被告接到该函已逾一个月后，被告市场地下一层一街三十三号商铺、地下一层七街三十九号商铺及地下一层八街三十七号商铺仍在销售侵犯原告"COACH"注册商标专用权的产品。如此足以证明被告在主观上存在明显过错，是故意为涉案商铺销售侵权商品的行为提供便利条件。综上，原告认为被告的行为明显触犯了《中华人民共和国商标法》第 52 条及《中华人民共和国商标法实施条例》第 50 条的规定，实属侵权行为，请求判令被告停止侵犯原告注册商标专用权的行为，赔偿原告经济损失人民币 50 万元，并在《法制日报》上刊登书面声明，消除侵权影响。

被告上海兴旺国际服饰城市场经营管理有限公司辩称：1. 被告没有从事原告所说的为涉案商铺的侵权行为提供便利的任何行为，也没有侵权的故意；2. 被告有长效的管理机制，已履行适当的管理义务；3. 被告在收到原告函件后，立即对涉案商铺进行制止，要求经营者出具保证书承诺不售假，说明被告收函后采取了适当的措施；4. 原告没有指出被告有哪些具体的提供便利的侵权行为，原告仅以市场有个别售假现象存在就推定被告为侵权提供便利，缺乏证据支持；5. 原告未对50万元损失的组成及计算方式举证，不能证明有大量售假存在，应承担举证不能的后果。综上，原告诉请的内容不能成立，请求驳回原告的诉讼请求。

［审判］

上海第二中级人民法院经审理认为，被告对其市场内的经营行为负有管理义务。被告的性质是市场经营管理有限公司，经营范围包括为市场内的经营者提供市场管理和物业管理服务等，市场的经营管理者应当遵循提供服务与实施管理相结合的原则。因此，被告对其市场内商铺的经营行为负有一定的管理职责，从维护市场秩序和保护消费者权益的角度而言，这种管理职责也可以理解为管理义务。从法庭查明的事实来看，被告对其市场内销售侵犯原告注册商标专用权商品的行为未尽到管理义务。被告在已明知市场内存在销售假冒原告商品的情况下，仍允许涉案商铺继续销售，并为其提供物业服务等，主观上过错明显，客观上为涉案商铺的侵权行为提供了便利条件，其行为完全符合法律法规规定的相关要件，构成对原告注册商标专用权的侵犯。

因原告未能举证证明其由于被告侵权行为所遭受的实际损失以及被告侵权获利的实际数额，法院将综合考虑原告注册商标的公众认知程度、被告侵权行为的范围、持续时间及其主观过错程度等因素，酌情确定被告所应承担的赔偿数额。而原告要求被告在《法制日报》上刊登书面声明、消除侵权影响的诉讼请求，因要求清除影响的范围与被告侵权的范围不一致，法院不予支持。

据此，依照《中华人民共和国民法通则》第134条第1款第1项、第7项，《中华人民共和国商标法》第52条第5项，第56条第1款、第2款，《中华人民共和国商标法实施条例》第50条第2项的规定，判决：被告上海兴旺国际服饰城市场经营管理有限公司立即停止对原告注册商标专用权的侵害；赔偿原告科奇公司包括合理费用在内的经济损失人民币6万元；对原告的其他诉讼请求不予支持。

宣判后，双方当事人均未提起上诉，一审判决已经发生法律效力。

[评析]

本案的主要争议焦点为：被告对其市场内销售侵犯原告注册商标专用权商品的行为是否尽到了管理义务，义务的违反是否构成对原告注册商标专用权的侵犯。对于争议焦点的判断，主要涉及两个方面的问题：一是市场经营管理者对场内经营行为是否负有管理义务，二是如何判断市场经营管理者是否尽到了管理义务。

一、市场经营管理者管理义务的界定

我们认为，市场经营管理者对市场中的经营行为负有管理义务，以保证市场内的经营者守法经营。行为人只有在法律上和实际中有义务对某种行为进行控制才能被判定为该行为承担法律责任。[①] 这种法律上需要承担的义务可以是作为义务，也可以是不作为义务，作为义务通常以"应当如何"的形式直接呈现，而不作为义务则需要从法律的禁止性规定推导出来。本案中市场经营管理者的管理义务同时包含不作为义务和作为义务：一方面，依据《中华人民共和国商标法实施条例》第50条的规定，行为人在明知他人实施商标侵权行为时，负有不作为的法律义务，即不得为其提供仓储、隐匿等便利条件，这构成了市场经营管理者的不作为义务；另一方面，依据《上海市商品交易市场管理条例》第19条的规定，市场经营管理者发现场内经营者有违法行为的，应当予以劝阻，并及时向有关行政管理部门报告。这构成了市场经营管理者的作为义务。本案中，被告在明知场内经营者存在侵犯他人商标专用权行为的情况下，未能履行商标法实施条例所要求的不作为义务，而是实施了法律禁止的行为；同时被告也未能积极地实施其他规范性法律文件所要求的作为义务。

此外，"法律不强人所难"，在认定市场经营管理者是否负有管理义务时应当考虑其是否具备履行义务的手段和能力。本案被告辩称，其市场内的经营者系独立经营，被告对于市场内的假冒伪劣行为，没有执法权或处罚权，缺少管理的能力。而事实上，本案被告不仅有权利制止场内侵权行为，同时也具有足够的法律手段制止场内侵权行为。一方面，被告与场内经营者签订

---

① 刘文琦："商标侵权案中出租人责任的法理辨析"，载《浙江工商大学学报》2009年第3期。

的"经营管理协议书"明确约定，被告对市场内出售假冒商品的经营者，可以处以违约金，并可责令停业整顿。换言之，被告依据合同权利即可自行制止场内侵权行为。另一方面，被告同样可以依法向行政监督管理部门报告，由国家权力机关出面制止场内侵权行为。

因此，无论从法律规范的要求，还是从市场经营管理者与场内经营者所签管理协议的角度，被告对场内经营行为都负有管理的义务。从维护市场秩序和保护消费者权益的角度而言，这种管理义务的标准应较一般的善良人基于诚信原则而应有的注意义务更高。被告的管理义务可分为日常经营活动中的管理义务以及针对特定事项的管理义务。对于场内销售伪劣产品行为的管理，被告一方可以采取常态的广播宣传、巡查等措施；对于有确凿证据证明的具体销售侵权行为，被告应采取进一步措施，制止该侵权行为的延续。本案中，被告确实在日常的经营活动中尽到了一定的管理义务，如每天早上进行广播、张贴宣传资料，不定期组织抽查；但对于原告向被告主张的涉案侵权行为，被告是否尽到了管理义务，则要看被告是否针对该行为采取了适当措施。

二、市场经营管理者管理义务的标准

针对具体的侵权行为，判断市场经营管理者是否尽到管理义务的标准在于其是否采取了适当的管理措施以阻止侵权行为。依据商标法理论，商标侵权一直存在"直接侵权"和"间接侵权"的划分，相对于直接侵权行为，"为他人侵犯注册商标专用权的行为提供便利条件"仅属于间接侵权行为，权利人必须能够证明行为人存在主观过错，即知晓或应当知晓他人正在或准备从事"直接侵权"，[①] 否则不具备要求市场经营管理者承担侵权责任的主观基础。现实生活当中，由于市场经营管理者本身并不直接从事商品销售活动，与场内的经营者相比，其对市场内所售商品是否侵权的识别义务较低，因此其管理义务的范围应加以必要的限制，不能将市场经营管理者等同于销售者。对市场经营管理者科以过重的管理义务很有可能威胁到场内经营者自治经营权的行使和商品的自由流通。事实上，商标法实施条例明确规定，销售行为人以外的第三人只有在"故意"提供便利条件的情形下，才可能构成对注册

① 王迁："论场所提供者构成商标间接侵权的规则"，载《电子知识产权》2006 年第 12 期。

商标专用权的侵犯。所谓"故意"提供便利条件，意味着市场经营管理者构成侵权的前提是对市场内的侵权事实存在确定性的主观认识。由于市场经营管理者面对的是众多场内经营者和众多不同品牌，要求其主动审查每一个场内经营者是否存在商标侵权行为，既不现实也不经济。因此，我们认为市场经营管理者的管理义务主要是事后管理而非事前审查，市场中存在商标侵权行为的事实尚不足以推定市场经营管理者未尽到管理义务，除非商标权人能够证明市场经营管理者对侵权事实明知或故意视而不见。正如美国第七巡回上诉法院在 Hard Rock Café 案中指出的那样：场所提供者本身并没有采取合理措施在其市场中发现售假行为的义务，但是如果其没有尽到理性人应当尽到的注意义务，在发现市场中侵权行为或者在强烈怀疑存在侵权行为的情况下，故意不进行调查或制止，则构成间接侵权。[①] 一般情况下，市场经营管理者的管理义务仅限于鼓励、督促场内经营者实施"守法经营"，法律并没有赋予市场经营管理者针对一般经营行为实施检查或审查的公权力，市场经营管理者也不承担主动检查或审查经营行为的法律义务。法律仅要求市场经营管理者在得知场内存在具体侵权行为时，履行调查和制止的管理义务，如果市场经营管理者未能针对侵权行为采取适当的管理措施以制止该侵权行为的继续，而是继续为侵权人的经营活动提供便利条件，则可以认定市场经营管理者未尽到管理义务。

对商标权人而言，向市场经营管理者发出附有确凿证据的警告函，无疑是证明市场经营管理者明知侵权事实存在的最佳方式，如果市场经营管理者对商标权人的警告视而不见或仅象征性地提醒场内经营者守法经营，则可以推定其未能尽到适当的管理义务，系故意（至少是间接故意）为侵权行为提供便利条件，构成对他人商标权的侵害。北京市高级人民法院在轰动一时的"秀水街案"中指出：被告收到原告的函件后，即应当知道其市场内有侵犯原告商标权的情形，但却未采取任何有效措施制止侵权行为，属主观上存在故意，客观上为侵权行为提供了便利。[②]

---

① 参见王迁、王凌红：《知识产权间接侵权研究》，中国人民大学出版社 2008 年版，第 133 页。
② 参见北京市高级人民法院（2006）高民终字第 335 号民事判决书。

具体到本案，被告对其市场内销售侵犯原告商标专用权商品的行为，经过原告持续 1 年多时间多次传真及信函告知，原告于 2009 年 3 月 17 日专函并附公证书告知，直至原告 2009 年 4 月 23 日再次购买到假冒商品并提起本案诉讼，应该说在主观上有一个逐渐明知的过程。被告在此过程中，虽然表明了其坚持打假的立场，也采取了保证书等形式要求涉案商铺不再售假，但并没有起到实际效果。此种情形下，被告完全有权利采取进一步管理措施，以制止侵权行为的持续，但是被告在上述措施无效的情况下，并未积极采取其他足以制止侵权行为的管理措施，因此被告主张其已经尽到管理义务的抗辩理由不能成立。被告在已明知市场内存在销售假冒原告商品的情况下，仍允许涉案商铺继续销售，并为其提供物业服务等，主观上过错明显，客观上为涉案商铺的侵权行为提供了便利条件，其行为已经符合《商标法实施条例》第 50 条第 2 款的规定，构成故意为侵犯他人注册商标专用权行为提供仓储等便利条件，属于《商标法》第 52 条规定的侵犯注册商标专用权的行为。

三、市场经营管理者违反管理义务的担责依据

需要说明的是，虽然市场经营管理者违反管理义务被判令承担侵权责任，但对于这种责任是否基于市场经营管理者与场内经营者的共同侵权则存在争议，司法实践中的做法并不统一。如前述"秀水街案"和上海地区另一法院判决的"鳄鱼案"中①，法院引用了《中华人民共和国民法通则》第 130 条关于民事共同侵权的规定，认定市场经营管理者与场内经营者构成共同侵权，以此来解决市场经营管理者承担法律责任的依据。另有观点认为，可依据最高人民法院《关于贯彻执行〈中华人民共和国民法通则〉若干问题的意见（试行）》第 148 条的规定，即帮助他人实施侵权行为的人，为共同侵权人，应当承担连带责任。从而认定市场经营管理者的帮助侵权构成共同侵权。以上两种做法实际上都是按照共同侵权的理论来解决市场经营管理者的责任依据，我们认为值得商榷。

理论上对于共同侵权的本质是"意思共同"还是"行为共同"存在一定

① 原告拉科斯特股份有限公司诉被告上海龙华服饰礼品市场经营管理有限公司侵犯商标专用权纠纷案，参见上海市第一中级人民法院（2009）沪一中民五（知）初字第 38 号民事判决书。

的争议，但严格意义上的共同侵权要求多个侵权主体之间存在意思联络。由于知识产权的"无形性"特点，知识产权使用的各个环节在时空上是可以分离的，因此要通过行为的共同来认定知识产权共同侵权有较大难度。我们主张，在知识产权侵权领域应采取狭义的共同侵权概念。现实中，市场经营管理者和场内经营者通常不具有销售侵权商品的意思联络，因此缺少认定共同侵权的事实基础。另外，将市场经营管理者和场内经营者的行为认定为共同侵权，还可能面临诉讼程序上的障碍。商标共同侵权诉讼中原告仅起诉部分侵权人的，法院是否需要追加其他共同侵权人作为共同被告的法律依据并不明确，但是根据最高人民法院《关于审理人身损害赔偿案件适用法律若干问题的解释》第 5 条的规定，赔偿权利人起诉部分共同侵权人的，人民法院应当追加其他共同侵权人作为共同被告。参照该规定，如果未能追加全部共同被告，则有程序违法之嫌。

对于通过将帮助侵权归之于共同侵权并以此解决责任承担依据的实践做法，客观上面临更多的法律障碍。一方面，帮助侵权作为一类间接侵权行为，是否与直接侵权行为构成共同侵权一直存在理论争议；另一方面，从最新颁布的《中华人民共和国侵权责任法》的体例来看，该法并未将帮助侵权作为共同侵权的一种表现形式，而是将其和共同侵权并列为承担连带责任的不同侵权形态。因此认定市场经营管理者为帮助侵权人，进而依据共同侵权理论来解决市场经营管理者的责任依据的方法已经不能适应法律发展的新要求。就本案而言，依据法院审理查明的事实，尚不足以认定被告与场内经营者就侵权行为存在意思联络，依据民法共同侵权理论解决被告的侵权责任问题存在法律和事实上的障碍。故此，我们认为依据商标法和商标法实施条例的相关规定，可以直接认定被告的行为构成对他人注册商标专用权的侵犯，而无须借助共同侵权理论来解决被告的侵权责任问题。

第二章

司法政策对法院裁判的影响

家家乐案

一审法院审理查明①：家家乐公司注册成立于2000年5月12日，其营业执照经营范围的记载内容为"日用百货销售；生产：味精（分包装）（以上涉及行政许可的凭许可证经营)"。家家乐公司以其企业名称中的"家家乐"作为字号，并将该字号分别以横排、白底绿字加绿框式样，标注于其销售的"家元"牌鸡精产品外包装（包括纸箱外包装和袋装外包装）的上部居中位置以作为产品名称，外包装上另记载产品委托商为"上海家家乐工贸有限公司"，受委托制造商为"郎溪县家家乐调味品有限公司"。该"家家乐"鸡精产品在市场上销售已有六七年。鲜迪公司注册成立于2001年3月31日，其营业执照经营范围的记载内容为"生产：鸡精调味料、鸡味调味料、虾精调味料、香辛调味料、鸡粉调味料，加工味精（分包装）（涉及行政许可的，凭许可证经营)"。2009年4、5月间，家家乐公司在上海地区部分市场发现，鲜迪公司将"家家乐"文字以横排、白字加蓝框式样及横排、白字加绿框式样，分别标注在其生产、销售的"太球"牌鸡精产品纸箱外包装和袋装外包装的上部居中位置，作为该产品的名称突出使用。家家乐公司遂以鲜迪公司侵犯其企业名称（字号）为由向法院提起诉讼，请求判令鲜迪公司：1. 停止侵权，并在《新民晚报》刊登声明以消除影响；2. 赔偿经济损失人民币20万元、为制止侵权所支出的合理调查费用（调查费、律师费）1万元。（通常的二审判决多以"一审法院审理查明"开头，且不说明原审诉辩称。我认为

---

① 上海市第二中级人民法院（2010）沪二中民五（知）终字第6号民事判决书。

二审判决也应包括当事人诉辩称信息才完整，也更易让读者理解。此处采用的样式与前文海明威案有所不同，但均反映了原告诉请情况）

一审法院认为：企业名称是用以区别不同生产者和经营者的标志，而字号是企业名称的核心部分，原被告双方对原告企业名称中包含"家家乐"字号及被告在其产品上标注"家家乐"文字均无异议。本案争议焦点在于：一、原告的字号是否具有一定的市场知名度并为相关公众所知悉，从而符合法律所规定的应予保护字号的条件；二、被告在其产品上标注与原告字号相同的文字是否构成侵权。

关于争议焦点一。"家家乐"作为原告企业名称中的字号欲受法律保护，必须具有一定的市场知名度并为相关公众所知悉。根据原告营业执照的记载及证人的陈述，其字号已经过一定时间的市场经营、培育和积累，为相关经营者及消费者群体所知悉，具备了一定的市场知名度，故该字号可认定为受法律保护的企业名称。至于被告对原告产品合法性的质疑：其一，就原告产品外包装的标注内容显示，原告仅为委托销售商，非实际制造商，而被告提交的工业产品生产许可证针对的是生产企业即制造商；其二，本案涉及的是侵犯企业名称权问题，产品本身不属于本案审理范围。

关于争议焦点二。第一，"家家乐"是否为鸡精产品的通用名称，被告使用"家家乐"文字是否具备合理理由。被告虽称"家家乐"是对鸡精产品的通用语，但亦陈述使用"家家乐"的原因是借助更具知名度的"家乐""太太乐"牌鸡精产品以提升其产品的档次，可见目前市场中除"家家乐"产品外，还存在其他品牌或名称的同类产品，"家家乐"并未成为替代该类产品的通用名称。被告的企业名称或注册商标中均无"家家乐"文字，但却将该文字突出使用于其产品的外包装，被告对该文字的来源、出处并无合理解释或证据证明。第二，被告在其产品外包装使用"家家乐"文字是否引起相关公众的误认。1. 原被告均确认两者产品的销售区域在上海地区批发市场存在重合，且现无证据证明上海地区存在第三家生产同类产品并包含有"家家乐"字号的企业；2. 本案涉及的相关公众应是指与原被告产品有关的经营者和消费者。作为经营者，对于其所经营的特定商品一般具有高于普通公众的认知和辨识能力，除字号外，还能结合商品包装、生产商名称、商标等内容对商品来源加以区分。但本案涉及的鸡精产品系通常日用商品，普通消费者仅具备对商业标志的一般注意力，在被告产品外包装标注的"家家乐"文字与原告字号发生雷同的情况下，易使普通消费者对两种"家家乐"产品的来源产生误认，证人证言亦已证明误认的实际发生。因此，被告在其产品外包装上标注"家家乐"文字构成对原告企业名称的侵权，依法应承担相应的民事法律责任。鉴于原告因侵权所遭受的实际损失和被告的违法利润所得均无法确定，且原告庭审中表明可由法院在法定赔偿数额内予以酌定，故法院根据原告企业名称的知名程度、盈利状况、被告侵权行为的性质、后果等因素，酌情判定被告应承担的赔偿数额。被告另应承担原告因调查被告的行为所支付的合理费用，鉴于原告仅支付了律师费而未举证证明调查费的具体支出，故对其主张的调查费不予支持。（二审法院对此的认定与一审法院有重大区别，可对比阅读）

综上，一审法院依据……判决：1. 鲜迪公司于判决生效之日起立即停止在产品外包装上擅自使用"家家乐"文字的侵权行为；2. 鲜迪公司于判决生效之日起 30 日内在《新民晚报》上公开刊登声明以消除对家家乐公司所造成的影响；3. 鲜迪公司于判决生效之日起 10 日内赔偿家家乐公司经济损失人民币 7000 元，并承担家家乐公司为制止侵权所支付的合理开支人民币 5000 元；4. 对家家乐公司的其他诉讼请求不予支持。

判决后，鲜迪公司不服，向本院提起上诉，请求撤销原判，改判驳回被上诉人的诉讼请求。其主要上诉理由为：一审法院适用《中华人民共和国反不正当竞争法》第 5 条第（3）项属适用法律不当。被上诉人是注册的贸易型企业，没有生产调味品的资格，同时大量证据证明被上诉人是一家没有知名度的企业，因此，其字号不能作为企业名称而受到法律的保护。

本院经审理查明，一审法院查明的事实属实，本院予以确认。

本院另查明，被上诉人每年销售鸡精约 120 吨，2007 年度的利润总额是 36058 元，净利润为 7676 元，纳税额为 28381 元；被上诉人的广告宣传主要通过印制产品介绍册、在商品交流会上发放赠品等形式，未曾在电视、报刊等载体上刊登广告。另外，在上海地区，有多家调味品行业以外的企业以"家家乐"为企业名称中的字号；在哈尔滨，有调味品企业在生产经

营中使用"家家乐"标识。（二审补充查明的事实，与涉案字号知名度的认定有关）

本院认为：

1. 企业名称中的字号要受到法律保护，的确应如一审判决所言，必须具有一定的市场知名度并为相关公众所知悉。字号在法律上的意义，是通过长期的使用，具有如同企业名称一样的、可标识不同主体的作用，从而具有了等同于企业名称的人身属性，并受到法律的特别保护。因此，字号必须体现出较强的识别性，可在不同的企业之间加以区分。这构成了字号受到法律保护的一个前提，在实践中就表现为字号的知名度。判断字号是否"知名"有一定的客观标准。需结合使用该字号的时间、企业的规模、盈利状况、进行广告宣传的持续时间、程度和范围、企业名称或字号受到仿冒的情况等因素，进行综合判断。当然，字号的知名度有一定的范围限定，与企业的登记地域、行业领域相关联，故也不能苛之过严。（可比较驰名商标的审查）

本案中，根据被上诉人的举证，虽然可表明其字号经过一定时间的市场经营、培育和积累，但尚不足以证明相关公众已在该字号与被上诉人之间建立确定的联系，从而该字号已达到一定的市场知名度，可视为企业名称而得到相应的保护。无论是从被上诉人的销售、经营情况，还是从其广告宣传的影响和效应，都难以得出被上诉人已在本市知名的结论。况且，被上诉人本身属"工贸"行业，但其主张知名的范围却属"调味品"行业，更难让人信服。综上，被上诉人使用的"家家乐"字号，尚未在上海地区的调味品行业中达到一定的知名度，因此不具备受到保护的法定条件。

2. 当事人从事民事活动应遵循诚实信用的原则。尤其是市场主体，应注意合法、规范经营。如果当事人自有的标识客观上被他人使用并导致混淆，在无特别法进行保护的情况下，是否另有救济渠道？实际上，商业活动中的标识由文字、图形、颜色等要素组成，在不同主体之间，的确存在"撞车"的可能。发现同一标识被不同主体在同一范围内使用，首先要看在后使用者主观上是否善意或有适当理由。虽系在后使用，但使用者主观上并无恶意，一般可予免责。如不能证明主观上属善意，则还要看标识使用的具体情况，包括标识本身的显著性、混淆的可能性以及后果等。当在后使用者违反诚实信用原则，且其行为造成相应损害后果时，在先使用者可以依据法律的原则条款而得到保护。也就是说，对于标识未经法定授权的在先使用者而言，其所享有的"利益"可在一定程度上实现法律上的救济。

本案中，"家家乐"三字本身是常见名词，在上海地区已有多家企业使用"家家乐"作为企业名称中的字号，外地也有生产调味品的企业使用"家家乐"标识。故"家家乐"这一标识的显著性是比较弱的。同时，上诉人也提到，其使用"家家乐"是想给消费者造成与业内著名的"家乐""太太乐"品牌齐名的印象。上诉人的目的是否正当且不论，结合上诉人产品的包装装潢来看，该说法与事实较为吻合。（这两句话似与案情无关，却堪称本案判决的亮点）虽然一审中有证人证明在被上诉人与上诉人的产品中发生了误认，但综合本案事实，这种误认并非普遍情况。从被上诉人享有的"利益"出发，其受到的保护是相对"弱"的，该"利益"的界限不能及于上诉人的行为，上诉人的行为即便不当，也没有侵犯被上诉人的权利。故对被上诉人无适用法律的原则条款来实施救济的必要。

综上，被上诉人以上诉人侵犯其字号为由，要求上诉人承担侵权责任，缺乏事实及法律依据。一审法院对此认定有误，应予纠正。依照《中华人民共和国民事诉讼法》第153条第1款第2项之规定，判决如下：

1. 撤销上海市黄浦区人民法院（2009）黄民三（知）初字第196号民事判决；

2. 驳回被上诉人上海家家乐工贸有限公司的诉讼请求。

审理心得

上诉人上海鲜迪调味食品有限公司与被上诉人上海家家乐工贸有限公司侵犯企业名称权纠纷案是我审理的二审知识产权民事案件中唯一改判的，为此，审理前后上下级法院有多次沟通，从这个意义上讲，这个案子的分歧明显，争议也很大。

首先要说明的是，根据法院审理案件的分类依据——《民事案件案由规定》，该案的案由是"侵犯企业名称（商号）权纠纷"①，属于"知识产权权属、侵权纠纷"下的第三级案由。而在"不正当竞争、垄断纠纷"下的第三级案由"仿冒纠纷"项下，还有"擅自使用他人企业名称、姓名纠纷"的第四级案由。我国对于企业名称的保护，《民法通则》第99条第2款、《反不正当竞争法》第5条第3项以及企业名称登记管理规定等均有规定。有观点认为，如果原被告存在市场竞争关系，二者之间涉及企业名称使用的争议属于不正当竞争纠纷，相应的案由应确定为擅自使用他人企业名称纠纷。除此之外其他不涉及市场经营活动的使用行为才属于侵害企业名称权行为，案由才应当确定为侵犯企业名称权纠纷。② 实际上，企业名称主要就使用在市场经营活动中，仅以使用场合是难以区分不同法律关系的。如果是将他人企业名称作为自己的企业名称使用，无疑应属不正当竞争纠纷中的仿冒纠纷，但如并非在企业名称意义上使用他人企业名称，那就应该列为狭义的侵犯企业名称权纠纷。本案即属这种情况。

另外，关于企业名称与字号（商号）的关系已是常识，简单地说，企业名称指的是全称，字号则是其中具有显著性的核心部分。商业主体的字号显然也属商业标识，客观上具有财产属性，其性质与未注册商标类似。因为企业名称的注册具有属地性，与统一注册授权的商标不同，故有种观点否认企业名称权的存在。③ 但笔者认为，既然民法通则已确立了企业名称权的地位，我国加入的国际公约，如巴黎公约、TRIPs 协议等也明确规定企业名称为一类知识产权，对其中核心部分的字号（商号），称之为字号（商号）权也无不可。

关于本案的实体内容，在后文"析案释疑"部分有较详尽分析。笔者相信，无论是就个案而言，还是所持的法律观点，本案二审判决都是正确的。而这一结论的得出，在技术层面是法律推理的结果，在理念层面，却不能说受到了当时的司法政策的影响。

---

① 见《民事案件案由规定》第146小类，现行有效的《民事案件案由规定》（2011 年修改）已改为"侵害企业名称（商号）权纠纷"。

② 刘源、晋晓兵："擅自使用他人企业名称的认定"，载《人民法院报》2012 年 7 月 19 日第 7 版。

③ 李明德："商誉、商标和制止不正当竞争"，载中国法学网，http://www.iolaw.org.cn/showArticle.asp? id=2987，这种观点对于解释所谓商标与商号的"权利冲突"较有说服力。

本案审理中的一个焦点问题就是涉案字号"家家乐"是否已构成知名，因为按照反不正当竞争法司法解释的规定，企业名称中的字号只有具有"一定的知名度，为相关公众所知悉"，才能受到保护。① 对此，本应是法院根据证据进行的综合判断，一二审法院有不同认识很正常，很难讲谁的认识就一定正确，或者更符合实情。

就本案的情形而言，二审审理中，我们认为一审法院结论的得出稍显粗疏，对字号知名的认定说理不充分，依据的证据也不足。所以，二审中补充查明了被上诉人（原告）的销售数量、利润总额、净利润、纳税额、宣传形式等事实，在此基础上认定"家家乐"字号"尚未在上海地区的调味品行业中达到一定的知名度"，因此不具备受到保护的条件。这里基本沿用了认定驰名商标的思路，② 只是在标准上可能稍有降低。相比之下，一审法院笼统认定"其字号已经过一定时间的市场经营、培育和积累，为相关经营者及消费者群体所知悉，具备了一定的市场知名度"，说服力就不那么强。

事实上，在知名度认定的背后，涉及的更深层次的问题是，虽然字号未达到司法解释要求的"知名"的程度，但若被告的确存在恶意仿冒或抢注他人字号的行为，这种情况应不应该受到规制？一审法院的法官在本案终结后，曾撰文探讨此问题，一方面反映出对一审判决认定字号知名度的反思，另一方面也提出了极有价值的观点。笔者对此也进行了一定的回应，具体参见后文"析案释疑"部分。虽然从法律适用的角度，未知名字号的保护缺乏法律依据，难以被法官赞同。但在审判理念层面，知识产权诉讼中违反诚信原则的行为也不应得到鼓励，这一问题并非没有探讨价值。当然，本案中我并不认为被告是在仿冒原告的标识，而更倾向于认为被告是在"傍"业内有名的"家乐""太太乐"等品牌。

其实，在本案审理之前不久，类似问题就引起过争议。当时我所在的上

---

① 最高人民法院《关于审理不正当竞争民事案件应用法律若干问题的解释》（法释〔2007〕2号）第6条规定：具有一定的市场知名度、为相关公众所知悉的企业名称中的字号，可以认定为反不正当竞争法第五条第（三）项规定的"企业名称"。

② 最高人民法院《关于审理涉及驰名商标保护的民事纠纷案件应用法律若干问题的解释》（法释〔2009〕3号）第5条规定了证明商标驰名的若干条件，其中第（1）项就是"使用该商标的商品的市场份额、销售区域、利税等"。

海市第二中级人民法院知识产权庭审理的一起案件刚被上海市高级人民法院改判，其中主要的问题就在于一审通过反不正当竞争法对未构成知名的商业标识提供了保护。① 因此，在审理本案时可以说是殷鉴不远，只不过一二审法院的角色不同，这次是终审，更有发言权。我们在二审中的立场由此可以想见。

一般而言，上级法院的观点被下级法院重视并接纳似乎是必然的，尤其是有直接审级关系的上下级法院。但上级法院的法律意见通过何种形式为下级法院所了解，却有不同的做法。目前市面上，由法官撰写的各种法律书籍和案例载体层出不穷，许多都标榜自身的"权威性"。但在我看来，法官最为重要的作品就是其创作的判决书，只要完整呈现相关判决，对下级法院裁判案件最有指导意义的内容自然就蕴含其中！如果进一步准确提炼裁判的要旨并精简案情，则更能促进案例的有效检索和方便利用。就我个人所及，这方面《人民司法·案例版》和最高人民法院各业务庭主编的"审判指导与参考"丛书做得都不错，已成为很多法官案头必备的参考书。

实践中，除了通过案件审理来提供指导以外，上级法院往往还倾向于出台统一的指导意见，从最高人民法院到高级人民法院，以至某些中级人民法院，莫不如是。这就带来一个有争议的问题，这些带有法律适用性质的文件（司法解释除外），应如何看待其效力和影响？

在本案审理时，我注意到最高人民法院曾发布一个文件，其中涉及对反不正当竞争法保护范围的限制，该文件规定：

反不正当竞争法补充性保护不能抵触专门法的立法政策，凡专门法已作穷尽规定的，原则上不再以反不正当竞争法作扩展保护。凡反不正当竞争法已在特别规定中作穷尽性保护的行为，一般不再按照原则规定扩展其保护范围；对于其未作特别规定的竞争行为，只有按照公认的商业标准和普遍认识能够认定违反原则规定时，才可以认定构成不正当竞争行为。②

---

① 本书写作过程中，我曾专门查询该案的案号，但是却没有查到。或许是我将当事人的相关信息记错了，但当时有这样的案件是确定无疑的。

② 最高人民法院《关于当前经济形势下知识产权审判服务大局若干问题的意见》（法发〔2009〕23号）之"三、加强商业标识保护，积极推动品牌经济发展，规范市场秩序和维护公平竞争"。

该类文件在性质上被定性为司法政策，本身并不能成为法律适用的依据。但从上引的内容看，已经明确表达出最高司法机关的法律观点，与司法解释并无大的区别。因此，实践中常将其称为"司法解释性文件"，[1] 并且在很大程度上对下级法院产生规范效力。就本案而言，前述上级法院改判的案例，及最高人民法院在司法政策中体现出的导向，无疑使二审法官坚定了认识，有积极的动力去纠正一审判决认识的"错误"。笔者在此并不评价这一做法的是非曲直，只是想客观反映这类司法政策对实践的影响，而且预见这种影响在相当一段时间内还会继续存在。

基于二审的终局性带来的权威性，二审判决书中可以说抛却了顾虑，完全做到了直言无讳。比如二审判决书提到"上诉人也提到，其使用'家家乐'是想给消费者造成与业内著名的'家乐'、'太太乐'品牌齐名的印象。上诉人的目的是否正当且不论，结合上诉人产品的包装装潢来看，该说法与事实较为吻合"，这样的认定，严格地说并非本案所必需，但在案件审理过程中，我确实比较了"家乐"、"太太乐"等业内著名品牌与涉案"家家乐"产品在外包装上的异同，进而明白无误提出自己的观点，虽不无越位之嫌，但终究表达出强烈的立场。有趣的是，本案之后，我听闻"家乐"商标权人将本案被告以商标侵权为由告上法庭，理由就是本案终审判决中法官已有认定，这也可说是本案引出的一个插曲。

析案释疑： 字号知名度的认定及非知名字号的保护途径

上海家家乐工贸有限公司诉上海鲜迪调味品有限公司 侵犯企业名称权纠纷案[2]
——字号知名度的认定及非知名字号的法律保护途径

[**裁判要旨**] 企业字号须体现出较强的识别性，能起到区分商品来源的

---

① 根据最高人民法院《关于司法解释工作的若干规定》第 6 条的规定，司法解释的形式分为"解释"、"规定"、"批复"和"决定"四种。但最高人民法院在多份行文中也曾提到"司法解释性质的文件"，如最高人民法院《关于废止部分司法解释和司法解释性质文件（第十二批）的决定》。

② 原载《人民司法》2011 年第 24 期，作者：袁秀挺、杨馥宇。

作用，这是字号获得保护的重要前提。对于具有知名度的字号，可以依法视为企业名称加以保护。对知名字号的证明责任应由主张权利受侵害的原告承担。知名度的认定可以参照驰名商标尤其是知名商品的认定标准加以把握，结合该字号的使用时间、企业规模、盈利状况、进行广告宣传的持续时间、程度和范围、企业名称或字号受到仿冒的情况等因素进行综合考量。对于非知名字号，可依据法律的原则性条款获得保护，具体应考虑在后使用者的主观状态，造成混淆的可能性和后果等。

一审案号：（2009）黄民三（知）初字第 196 号

二审案号：（2010）沪二中民五（知）终字第 6 号

［案情］

原告（被上诉人）上海家家乐工贸有限公司（以下简称家家乐公司）

被告（上诉人）上海鲜迪调味品有限公司（以下简称鲜迪公司）

原告家家乐公司以其企业名称中的"家家乐"作为字号，并将该字号分别以横排、白底绿字加绿框式样，标注于其销售的"家元"牌鸡精产品外包装（包括纸箱外包装和袋装外包装）的上部居中位置以作为产品名称。该"家家乐"鸡精产品在市场上销售已有六七年。2009 年 4、5 月间，家家乐公司在上海地区部分市场发现，被告鲜迪公司将"家家乐"文字以横排、白字加蓝框式样及横排、白字加绿框式样，分别标注在其生产、销售的"太球"牌鸡精产品纸箱外包装和袋装外包装的上部居中位置，作为该产品的名称突出使用。家家乐公司遂以鲜迪公司侵犯其企业名称（字号）为由向法院提起诉讼，请求判令鲜迪公司：1. 停止侵权，并在《新民晚报》刊登声明以消除影响；2. 赔偿经济损失人民币 20 万元、为制止侵权所支出的合理调查费用（调查费、律师费）1 万元。

［审判］

上海市黄浦区人民法院经审理认为：根据原告营业执照的记载及证人的陈述，其字号已经过一定时间的市场经营、培育和积累，为相关经营者及消费者群体所知悉，具备了一定的市场知名度，故该字号可认定为受法律保护的企业名称。被告在其产品外包装使用"家家乐"文字易使普通消费者对两种"家家乐"产品的来源产生误认，且被告对使用"家家乐"文字的来源、出处并无合理解释或证据证明。因此被告在其产品上标注与原告字号相同的文字的行为构成侵权，依法应承担相应的民事法律责任。遂判决鲜迪公司立即停止在产品外包装上擅自使用"家家乐"文字的侵权行为并在《新民晚报》上公开刊登声明以消除对家家乐公司所造成的影响，同时赔偿家家乐公司经济损失7000元及合理费用5000元。

一审判决后，被告鲜迪公司不服，向上海市第二中级人民法院提起上诉。其主要上诉理由为：被上诉人是注册的贸易型企业，没有生产调味品的资格，同时大量证据证明被上诉人是一家没有知名度的企业，因此，其字号不能作为企业名称而受到法律的保护。

上海市第二中级人民法院对一审法院查明的事实予以确认，并另查明以下事实：被上诉人家家乐公司每年销售鸡精约120吨，2007年度的利润总额是36058元，净利润为7676元，纳税额为28381元；被上诉人的广告宣传主要通过印制产品介绍册、在商品交流会上发放赠品等形式，未曾在电视、报刊等载体上刊登广告。另外，在上海地区，有多家调味品行业以外的企业以"家家乐"为企业名称中的字号；在哈尔滨，有调味品企业在生产经营中使用"家家乐"标识。

上海市第二中级人民法院经审理认为：一方面，判断字号是否"知名"需结合使用该字号的时间、企业的规模、盈利状况、进行广告宣传的持续时间、程度和范围、企业名称或字号受到仿冒的情况等因素，进行综合判断。本案中，根据被上诉人的举证，虽然可表明其字号经过一定时间的市场经营、培育和积累，但尚不足以证明相关公众已在该字号与被上诉人之间建立确定的联系，从而该字号已达到一定的市场知名度，可视为企业名称而得到相应的保护。无论是从被上诉人的销售、经营情况，还是从其广告宣传的影响和效应，都难以得出被上诉人已在本市知名的结论。况且，被上诉人本身属"工贸"行业，但其主张知名的范围却属"调味品"行业，更难让人信服。故二审法院认为被上诉人使用的"家家乐"字号，尚未在上海地区的调味品行业中达到一定的知名度，因此不具备受到保护的法定条件。另外，当事人从事民事活动应遵循诚实信用的原则。如果当事人自有的标识客观上被他人使用并导致混淆，在无特别法进行保护的情况下，在先使用者可以依据法律的原则条款而得到保护。但具体到该案，"家家乐"三字本身是常见名词，这一标识的显著性是比较弱的。同时，鲜迪公司也提到，其使用"家家乐"是想给消费者造成与业内著名的"家乐""太太乐"品牌齐名的印象。鲜迪公司的目的是否正当且不论，结合其产品的包装装潢来看，该说法与事实较为吻合。因此，鲜迪公司的行为即便不当，也没有侵犯家家乐公司的权利。故对家家乐公司无适用法律的原则条款来实施救济的必要。遂判决：撤销一审判决，驳回被上诉人上海家家乐工贸有限公司的诉讼请求。

[评析]

一、企业字号保护的法律适用依据

企业名称也称厂商名称，在市场经营活动中，企业名称是市场主体的营业标识，可以起到识别商品或服务来源的作用，是一种重要的知识产权。在我国，企业名称由行政区划、字号、行业、组织形式依次组成。其中，字号是企业名称中最核心、最具有区别性的部分。由于企业名称权的权利位阶相对较低，世界各国均没有专门的特别法对其进行保护，而是将其纳入反不正当竞争法的范畴。我国《反不正当竞争法》第5条第3项规定"擅自使用他人企业名称，引人误认为是他人商品的"，属于不正当竞争行为。该项规定的保护范围限于对企业名称的全部使用，字号作为企业名称的一部分，在法律上并未受到单独的保护，这在一定程度上限制了制止类似仿冒行为的法律力度。

鉴于字号并不等同于企业名称，但其又是企业名称最具识别性的核心要素，2007年最高人民法院出台《关于审理不正当竞争民事案件应用法律若干问题的解释》（以下简称《不正当竞争解释》），该解释第6条规定，"具有一定的市场知名度、为相关公众所知悉的企业名称中的字号，可以认定为反不正当竞争法第5条第3项规定的企业名称。"据此，我国对企业名称的保护从整体保护扩展到对字号的单独保护，企业名称中的字号可作为企业名称获得保护的前提是"具有一定的市场知名度并为相关公众所知悉"。

二、字号知名的认定方法和考量因素

字号在法律上的意义，是通过长期的使用，具有如同企业名称一样的、可标识不同主体的作用，从而具有了等同于企业名称的人身属性，并受到法律的特别保护。因此，字号必须体现出较强的识别性，可在不同的企业之间加以区分，这是字号能够获得法律保护的重要前提。字号的识别性在实践中首先体现为字号的知名度。

曾有观点认为，可以通过推定的方式认定是否"知名"。国家工商行政管理局《关于禁止仿冒知名商品特有的名称、包装、装潢的不正当竞争行为的若干规定》第 4 条第 1 款规定："商品的名称、包装、装潢被他人擅自作相同或者近似使用，足以造成购买者误认的，该商品即可认定为知名商品"，该条规定便是对推定方法的运用，即只要商品特有的名称、包装、装潢被他人擅自使用，就推定其具有知名度。这种做法对字号知名度的认定采取了较低的标准，减轻了权利人的举证负担，有利于对字号司法保护标准的统一。但是，如按照推定规则，其直接结果就是使《不正当竞争解释》对字号保护的"知名度"要求形同虚设。

从概率上说，被他人仿冒的标识大多是知名标识，仿冒者因其知名才去仿冒它，因而反推规则有其合理性。但是这毕竟只是大多数情况下如此，也不排除少数情况下有所不同。[①] 因此，推定规则虽然增强了实践操作性，但却可能与《不正当竞争解释》规定的原意不符，故目前的司法实践已摒弃了这一观点，而强调知名应通过举证证明。即按照"谁主张，谁举证"的原则，字号是否知名应由原告通过举证的方式予以证明。《不正当竞争解释》也采纳了该种做法，该法第 1 条中明确规定"原告应当对其商品的市场知名度负举证责任。"值得注意的是，客观上，原告对其字号的市场知名度负举证责任，但对该举证责任不应过分苛求。对于那些已达到家喻户晓、众所周知的程度，为公众广为知晓的企业字号，应相应减轻权利人的举证责任。

对于认定字号知名的考量因素，法律并无明确规定。在商标法和反不正当竞争法的立法体系中，对于驰名商标有特别的保护，而对涉及商品名称、包装、装潢的保护，则以"知名"为条件。《商标法》对驰名商标的认定标准有明确的规范。最高人民法院《关于审理涉及驰名商标保护的民事纠纷案

---

① 孔祥俊：《商标与不正当竞争法原理和判例》，法律出版社 2009 年版，第 706 页。

件应用法律若干问题的解释》从原告举证的角度进一步细化了该认定标准，包括：使用商标的商品的市场份额、销售区域、利税；商标的持续使用时间；商标的宣传或者促销活动的方式、持续时间、程度、资金投入和地域范围、商标曾被作为驰名商标受保护的记录；商标享有的市场声誉，等等。① 对于如何认定知名商品，反不正当竞争法解释明确规定："应当考虑该商品的销售时间、销售区域、销售额和销售对象，进行任何宣传的持续时间、程度和地域范围，作为知名商品受保护的情况等因素，进行综合判断"。② 可见，司法实践中认定商品的"知名"与认定商标的"驰名"有相通之处，两者的审查内容基本重合。当然，考虑到驰名商标和知名商品在"知名"的范围、影响程度上有所区别，在实际判断时有必要结合具体情况进行具体分析和客观看待。目前立法和司法解释对如何认定知名字号并没有作出规定。笔者认为，实践中可以参照驰名商标尤其是知名商品的认定标准而加以把握。具体而言，判断是否"具有一定的市场知名度、为相关公众所知悉的企业名称中的字号"，需结合使用该字号的时间、企业的规模、盈利状况、进行广告宣传的持续时间、程度和范围、企业名称或字号受到仿冒的情况等因素，进行综合考量。同时应注意，字号的知名度有一定的范围限定，与企业的登记地域、行业领域相关联，客观上也不能苛之过严。

在本案中，一审法院认为家家乐公司的"家家乐"字号已经过一定时间的市场经营、培育和积累，为相关经营者及消费者群体所知悉，具备了一定的市场知名度，故该字号可认定为受法律保护的企业名称。二审法院则认为，一审法院对字号知名的认定缺乏具体因素的考量，仅凭"家家乐"字号的使

---

① 最高人民法院《关于审理涉及驰名商标保护的民事纠纷案件应用法律若干问题的解释》第5条第1款规定，"当事人主张商标驰名的，应当根据案件的具体情况，提供下列证据，证明被诉侵犯商标权或者不正当竞争行为发生时，其商标已属驰名：（一）使用该商标的商品的市场份额、销售区域、利税等；（二）该商标的持续使用时间；（三）该商标的宣传或者促销活动的方式、持续时间、程度、资金投入和地域范围；（四）该商标曾被作为驰名商标受保护的记录；（五）该商标享有的市场声誉；（六）证明该商标已属驰名的其他事实。"

② 《不正当竞争解释》第1条第1款规定：在中国境内具有一定市场知名度，为相关公众所知悉的商品，应当认定为反不正当竞争法第5条第2项规定的"知名商品"。人民法院认定知名商品，应当考虑该商品的销售时间、销售区域、销售额和销售对象，进行任何宣传的持续时间、程度和地域范围，作为知名商品受保护的情况等因素，进行综合判断。

用时间，尚不足以证明其已达到"知名"。在补充查明家家乐公司的年销售额、利润、纳税额、广告宣传情况等数据和事实的基础上，二审法院认为，无论是从家家乐公司的销售、经营情况，还是从其广告宣传的影响和效应，都难以得出"家家乐"字号已在本市知名的结论，从而表达出与一审法院不同的法律观点。

三、非知名字号的法律保护途径

"知名"是字号受到法律保护的重要门槛，该要件可以在一定程度上保护其他竞争者的行为自由，字号在特定的市场范围内具有知名度，实际上便取得了类似于商标注册的公示效应，其他竞争者可以相对容易地确定自己行为的界限，不至于对自己可能承担责任的行为没有起码的期待可能性。但是，如果当事人自有的标识在未达到"知名"以前，客观上被他人使用并导致混淆，在无特别法进行保护的情况下，是否另有救济的渠道？笔者认为，答案是肯定的。《不正当竞争解释》第 6 条仅对知名字号作出规定并不意味着非知名字号在现有的立法体系中无法寻求保护的途径。

诚实信用的原则是民事活动的基本原则，对一切民事行为具有总纲的作用。《反不正当竞争法》第 2 条亦规定，经营者在市场交易中，应当遵循自愿、平等、公平、诚实信用的原则，遵守公认的商业道德。该条概括规定了不正当竞争行为的抽象条件，因而被称为概括条款或一般条款。对没有具体规定予以禁止的行为，如果确属违反诚信或公认的商业道德、商业惯例并且有损害事实，不制止不足以维护公平竞争秩序时，可以适用反不正当竞争法的原则性条款予以制止。相关司法文件和审判实践亦表明，反不正当竞争法第 2 条的原则性条款可以作为认定不正当竞争行为的法律依据[1]。事实上，就本案而言，商业活动中的标识由文字、图形、颜色等要素组成，在不同的主体之间，确实存在"撞车"的可能性。笔者认为，如果当事人自有的字号标识客观上被他人使用并导致混淆，且在后使用者主观上不能证明属善意，则即使该字号达不到"知名"的条件而受到法律的特别保护，合法使用者对

---

① 参见"北京百度网讯科技有限公司诉青岛奥商网络技术有限公司等不正当竞争纠纷案"，载《最高人民法院公报》2010 年第 8 期。

于其标识享有的"利益"仍可依据反不正当竞争法的原则规定而受到保护，在一定程度上实现法律上的救济。

非知名字号依据原则性条款获得法律保护应当审查两个方面：一是要看在后使用者主观上是否善意或有适当理由。虽系在后使用，但使用者主观上并无恶意，一般可予免责。二是要看标识使用的具体情况，该使用是否在客观上导致了混淆的后果。在本案中，二审判决亦明确指出：当在后使用者违反诚实信用原则，且其行为造成相应损害后果时，在先使用者可以依据法律的原则条款而得到保护。但具体到该案，"家家乐"三字本身是常见名词，这一标识的显著性是比较弱的。同时，鲜迪公司也提到，其使用"家家乐"是想给消费者造成与业内著名的"家乐""太太乐"品牌齐名的印象。鲜迪公司的目的是否正当姑且不论，结合其产品的包装装潢来看，该说法与事实较为吻合。虽然一审中有证人证明在被上诉人与上诉人的产品中发生了误认，但综合本案事实，这种误认并非普遍情况。因此，鲜迪公司的行为即便不当，也没有侵犯家家乐公司的权利。故对家家乐公司无适用法律的原则条款来实施救济的必要。

有观点认为，字号保护的知名度标准错置了字号的保护门槛，不利于企业，特别是中小企业形成培育字号的良好预期。现行的反不正当竞争法对普通不知名字号的保护存在立法空白，故提出以行为人的主观状态为标准重置字号的保护门槛，将字号保护的"知名度＋混淆"标准修改为"识别性＋混淆"标准。[1] 笔者认为这种观点具有一定的合理性，只是在反不正当竞争法可以为非知名字号提供法律保护的情况下，重新立法的必要性是值得商榷的。

---

[1] 参见金民珍："中小企业普通字号的法律保护"，载《人民司法·应用》2011年第1期，第76页。

联翔案

本案是一起典型的外观设计专利侵权纠纷，原告联翔机电（太仓）有限公司认为被告上海昱豪高压清洗机有限公司生产并出口到国外的 TF1600 高压清洗机，与原告拥有外观设计专利权的 H2100 高压清洗机（专利号：ZL200630033473.8）完全相符，原告遂诉至法院，请求判令被告停止侵害，并赔偿经济损失人民币 560 万元。本案一审认定被告侵权成立，判令被告停止侵害行为，并赔偿原告经济损失 20 万元。被告不服，提起上诉。二审在上海市高级人民法院的主持下，双方达成调解。理论上，因双方达成调解，一审判决已失去效力，故本书不对该判决加以解读，但仍然发表一点心得体会。

就案情来讲，本案审理难度并不大。原被告双方对被控侵权产品与原告主张的外观设计产品在外观上无实质性差别这一点争议不大，双方争议的焦点在于原告外观设计专利的效力。本案系侵权纠纷，专利权属问题以专利证书和专利登记簿副本的记载为准，法院不需要另行审查。而在现行体制下，审理侵权纠纷的法院也无权对专利权的效力进行认定。所以，从本案的证据看，原告的专利权合法有效，被告主张的使用现有设计的说法不能成立，认定侵权也就自然而然了。实际上，一审判决后，被告不服提起上诉，其目标主要也在于赔偿数额，最终二审在此基础上以调解结案。

案情虽然相对简单，但反映出的外观设计专利侵权案件的审理思路问题，却值得多说两句。一段时间以来，对中国授权专利的质量，一直多有指摘。许多专利甚至被称为"垃圾专利"，显然，这之中外观设计专利首当其冲。

这不仅因为外观设计专利未经过实质审查，更因为其保护的并非技术方案，申请门槛低、保护范围宽泛①，导致相当数量本不符合授权要件的外观设计获得授权。按照专利法的规定，对这类"专利"可以通过无效程序予以剔除。但在实践中，往往是在出现了侵权纠纷时，才有相对人提出无效宣告请求。很多情况下，出于诉讼能力或成本等方面的考量，侵权诉讼的被告可能选择"花小钱买平安"，并不在程序上去否定外观设计专利的效力，因而使其继续成为"漏网之鱼"。在这样的背景下，客观上对审理侵权的法院提出了更高的要求，要求他们并不简单从原告享有专利权出发进行侵权认定，而要更多考虑到实质的公平正义和判决的导向性。从这个意义上讲，外观设计专利授权的相对容易与侵权判断的相对严格构成了某种平衡，共同维系着外观设计专利制度在实践中的发展。

笔者在审理外观设计侵权案件时，或多或少受此理念的影响。而且在我印象中，这也是当时上海法院知识产权审判庭所坚持的。比如在笔者参审的另一起水龙头外观设计侵权纠纷案中，被控侵权产品与涉案专利在整体视觉效果上似乎差别并不大（见下图），但合议庭认为，在审理侵犯外观设计专利权纠纷案件时，法院应当根据证据情况，对涉诉外观设计专利的有效性，主动进行一定的审查。尽量排除现有设计、现有设计特征组合及抵触申请，对于授权外观设计特征有效性的影响。在进行外观设计相同或者近似判断时，原则上应当根据授权外观设计、被诉侵权设计的设计特征，以外观设计的整体视觉效果进行综合判断。一般情况下，产品正常使用时容易被直接观察到的部位相对于其他部位；授权外观设计区别于现有设计、现有设计特征组合和抵触申请的设计特征相对于授权外观设计的其他设计特征，对外观设计的整体视觉效果更具有影响。②

---

① 尤其是2008年专利法第三次修改以前，许多平面设计主要起标识作用，却仍然获得授权。2008年专利法修改时，从立法上弥补了这一漏洞（参见《专利法》第26条第6项）。

② 参见（2010）沪二中民五（知）初字第87号民事判决书。

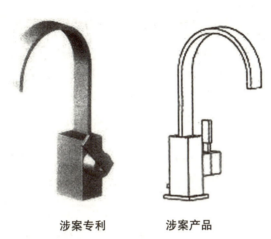

涉案专利　　　　涉案产品

　　该案中，法院在判断涉案专利外观设计与涉案产品外观设计是否构成相同或者近似时，即是遵循了上述原则。被告已举证证明存在在先专利，其设计特征为水龙头出水管为弯曲的扁平长方体设计。显然，针对水龙头的出水管部分，涉案专利的设计特征不具有显著性。因而，涉案专利中基座的设计、开关把手的设计特征，对涉案专利的外观设计整体视觉效果更具有影响。以水龙头产品一般消费者的知识水平和认知能力，可以发现，涉案专利的外观与涉案产品的外观在基座底部的设计、开关把手的设计方面具有明显的区别。上述涉案专利外观设计特征与涉案产品外观设计特征的区别，造成两者外观设计的整体视觉效果上的实质性差异。因此，涉案产品外观设计与涉案专利外观设计既不相同也不相近似。最终，法院驳回了原告的诉讼请求。

　　除了侵权判断把握较严的标准外，这种思维还体现为对外观设计专利侵权的赔偿不宜太高。比如，本案一审判决的 20 万元赔偿额，在当时的外观设计案件中，就算相当高的了。笔者当年所在的上海市第二中级人民法院曾发布 2009—2011 年专利审判白皮书，[①] 其中提到：通过多年的探索，对于不同类型专利的侵权案件赔偿数额的判定，分布区间渐趋稳定。从三年来的审理情况看，侵害发明专利权的赔偿数额最高，侵害实用新型专利权和外观设计专利权的赔偿数额相对较低，且两者间差别不明显（详见表1）。

---

① http://www.shezfy.com/book/bps/2011/p08.html.

表1 2009—2011 年我院判决结案的专利侵权案件赔偿数额区间（单位：万元）

年份	发明	实用新型	外观设计
2009	0.8—30	2—5	4—10
2010	7.5—10	3—6	0.4—20
2011	7—30	1.4—6	1—6.5

可见，本案 20 万元的赔偿额已经是三年中判决赔偿最多的外观设计侵权案件了，而且远远高于其他同类案件。相比之下，发明和实用新型侵权案件的赔偿额则相对稳定。

关于知识产权侵权案件的赔偿问题，一直以来多有诟病，很多评论直指法官是"拍脑袋"确定的赔偿额。事实上，很多判决（包括本案）的确没有详细说明赔偿的计算过程。其中的原因很多，根本上还是受制于"举证难"的现实。对此的探讨足以构成一个专门话题，本书不予涉及。简而言之，本案中赔偿额之所以较高，一方面是原告对被告的销售数量进行了举证，虽然法院认为"尚不足以证明被告的出口情况"，但不可否认还是有一定的参考作用；另一方面，法院也考虑到被告产品的利润率和外观设计对产品利润的贡献，从而确定在产品单价的基础上乘以一定的数量和一定比率，得出20 万元的结论。虽然还比较粗疏，但并非完全没有方法。近来，最高人民法院提出，要践行"司法主导、严格保护、分类施策、比例协调"的知识产权司法保护的基本政策，① 本案赔偿额的确定就是比例原则在实践中的具体表现。

---

① 这是最高人民法院副院长陶凯元在全国法院知识产权审判工作座谈会上提出的知识产权司法保护应遵循的四项基本司法政策。参见 2016 年 7 月 8 日《人民法院报》。

决战帝国案

原审法院经审理查明①：法国高蒙公司（以下简称高蒙公司）系电影《决战帝国》（又名《豺狼帝国》）的著作权人之一。2005 年 11 月 2 日，高蒙公司与原告签订一份协议（以下简称原协议），约定高蒙公司将电影《决战帝国》许可原告使用。协议约定，关于许可权，高蒙公司给予并特许原告在中国大陆各种媒体上发行、展示、营销、推介和以其他方式利用该影片的独家权利，媒体播放形式包括付费电视播放、免费电视播放等。协议 2.1 款还约定：高蒙公司给予原告视频点播和准视频点播权，但是只能在指定区域使用许可语言在闭路电视中发送，而且应当经高蒙公司事前批准。协议有效期从 2005 年 6 月 16 日开始，至 2012 年 6 月 30 日止。原告应支付高蒙公司 5 万美元。协议还就其他相关事宜作了约定。2006 年 1 月 10 日，双方又签订一份补充协议，其中 2.2 款约定高蒙公司另授予原告"互联网播放权"：即在现有技术条件下和按照电影业界通行原则，在协议限定的区域内通过互联网利用上述影片［包括但不限于万维网（World – Wide – Web）和所谓的"在线"、"下载"、"网络直播"、"流式传播"或"视频流式传输"的权利，以及为指定区域内播放商在互联网上同时播放的权利］的独家权利。在该条款项下，协议还约定，"为了实施上述条款，发行商（即原告）必须保证：（1）……（2）上述利用应当仅局限于单向、非互动形式广播或传输；……"（本案争议核心）

原告向中国版权保护中心申请著作权登记，并于 2007 年 10 月 12 日获得著作权登记证书，该证书记载：申请者北京星传影视文化传播有限公司经高蒙公司授权，取得了电影故事片《决战帝国》在中国大陆地区（不包括香港、澳门特别行政区）的独家信息网络传播权、视频点播权。授权期限为 2005 年 12 月 19 日至 2012 年 11 月 30 日……

原审法院认为：原告为证明其已取得对电影《决战帝国》在中国大陆地区的独家信息网络传播权，提供了《著作权登记证书》及其与高蒙公司订立的原协议、补充协议等证据材料。根据上述权利证据，可以认定高蒙公司向原告授予了电影《决战帝国》的"互联网播放权"。但就该项授权的具体内容而言，补充协议又作了多项限制。其中，补充协议 2.2 条款项下第 2 项规定，原告通过互联网利用《决战帝国》影片应当仅局限于单向、非互动形式广播或传输。据此，原告所获得的"互联网播放权"的权利内容事实上已排除通过交互方式进行传播的权利。而根据原告提供的保全证据《公证书》，被告在其网站上播放电影《决战帝国》系以点播方式进行，即用户可以在其个人选定的时间和地点播放欣赏涉案影片，也即被控侵权行为系交互式的网络传播行为，并不属于原告被授权之"互联网播放权"的权利范围。

综上所述，原告所获得的对电影《决战帝国》的"互联网播放权"在传播方式上具有单向、非互动形式的限制，其权利范围不能及于被告对该影片以交互方式实施的网络传播行为，故对被告涉案在线播放行为，原告无权主张。由于原告未能提供充分证据证明其享有所主张的信息网络传播权，其相关诉请应予驳回。原审法院依照最高人民法院《关于民事诉讼证据的若干规定》第 2 条和《中华人民共和国著作权法》第 10 条第 1 款第 12 项之规定，判决：驳回原告北京星传影视文化传播有限公司的起诉。（此处为一审笔误，实应为"驳回诉讼请求"）本案一审案件受理费人民币 4750 元，由原告北京星传影视文化传播有限公司负担。

判决后，原告北京星传影视文化传播有限公司不服，向本院提起上诉，要求撤销原判，判决支持其一审全部诉请。其上诉认为原审认定事实不清：补充协议约定的"线性、非互动"的形式指的是观众在收看时可以参与其中，与节目形成互动。互动和网络视频点播是完全不同的概念，因此补充协议对上诉人行使互联网权利不构成限制，上诉人享有涉案影片在中国大陆地区的信息网络传播权。

被上诉人上海新华电信网络信息有限公司答辩认为，原判认定事实清楚、适用法律正确，应予维持。其主要答辩理由为：上诉人无证据证明其享有涉案影片的信息网络传播权。上诉人作为被许可方，无权对授权进行解释。互联网的传播是双方互动的，而上诉人的授权是单方、非互动的方式，接受方是被动的，因此，上诉人不能主张其享有权利，也不能主张被上诉人侵权。

二审中，上诉人向本院提交了两份声明，用以证明上诉人就涉案影片所获得的授权包括中国法律意义上的信息网络传播权。（关键证据）

1. 时间为 2008 年 10 月 24 日、落款为高蒙公司业务和法律事务部 IreneeGirard 的《高蒙公司关于决战帝国（又名：豺狼帝国，L'EMPIREDESLOUPS）版权之声明》。

2. 时间为 2009 年 2 月 27 日、落款为高蒙公司董事长 Sidonie Dumas 的《高蒙公司关于决战帝国（L'EMPIREDESLOUPS，又名：豺狼帝国）版权之声明》。

被上诉人认为证据材料 1 未经公证认证，在本案诉讼中作出的该扩大性解释没有溯及力；证据材料 2 的形式要件无异议，但这份声明内容与证据材料 1 不同，且不能证明上诉人在取证时已经拥有相关权利。上述两份证据材料，高蒙公司企业和签字人员身份情况不明；该部影片是合作制作，高蒙公司作为权利人之一，无权出具授权；上述声明均属于证人证言，出具方应到庭作证；上诉人可以在一审阶段举证。

本院认为，根据我国最高人民法院《关于民事诉讼证据的若干规定》第 11 条的规定，当事人向人民法院提供的证据系在域外形成的，应当经所在国公证机关予以证明，并经我国驻该国使领馆认证，或履行我国与该国订立的有关条约中规定的证明手续。上诉人未能证明证据材料 1 形成于我国境内，而其又未提供相应的公证认证手续，故该证据材料，本院无法采信。证据材料 2 是涉案影片的原始权利人出具，并经过公证认证，能够证明其授予上诉人获得涉案影片在中国大陆的独家信息网络传播权。至于被上诉人主张的高蒙公司无权进行授权的异议，本院认为，即便高蒙公司只是涉案影片的著作权人之一，涉案影片的其他共同权利人，无正当理由，也不得阻止高蒙公司行使除转让以外的其他权利；同时，被上诉人亦未能对其异议提供证据，否定高蒙公司与上诉人签订的原协议及补充协议，因此本院确认高蒙公司对上诉人就涉案影片进行的授权具有法律效力。

二审中，被上诉人未向本院提交新的证据材料。

经审理查明，原审法院查明的事实属实。

另查明，2009 年 2 月 27 日，高蒙公司的董事长 Sidonie Dumas 女士出具了《关于决战帝国（L'EMPIREDESLOUPS，又名：豺狼帝国）版权之声明》，其主要内容为：作为该部电影作品著作权的唯一代表，高蒙公司与上诉人在 2005 年 11 月 2 日和 2006 年 1 月 10 日分别签署了版权许可使用协议，将该部电影作品的著作权独家授予上诉人。授权内容为：影院公映、音像发行、付费电视、视频点播、免费电视及互联网权利，其中互联网权利是指基于 IP 网络和 3G 技术传输的信息网络传播权，具体内容以中国著作权法规定为准。该声明经过法兰西共和国外交部公证及中国驻该国大使馆认证。

本院认为，我国的《著作权法》规定的信息网络传播权，是指以有线或无线方式向公众提供作品，使公众可以在其个人选定的时间和地点获得作品的权利。本案上诉人北京星传影视文化传播有限公司与涉案影片《决战帝国》的著作权人高蒙公司签订协议及补充协议，依法享有涉案影片在中国大陆地区的独家信息网络传播权。虽然本案双方当事人对上述协议的文字理解存在争议，但本院认为，对于上述协议中文字的理解，应在文义理解的基础上，结合二审中高蒙公司出具的授权声明以及上述协议的交易习惯、上下条款、合同目的进行综合分析，以确定上述协议当事人的真实意思表示。因此本院认为，上诉人经高蒙公司授权，依法享有涉案影片在中国大陆地区包括视频点播权在内的独家信息网络传播权。上诉人认为其享有涉案影片在中国大陆地区的信息网络传播权的上诉理由，本院予以支持。（此处说理未展开，详见二审承办法官撰写的案例分析文章）

综上，被上诉人上海新华电信网络信息有限公司未经许可，擅自在其网站上通过信息网络向公众传播涉案电影，其行为已对上诉人依法对涉案影片所享有的信息网络传播权构成侵犯，依法应当承担停止侵权、赔偿损失的民事侵权责任。鉴于双方均未能提供充分的证据证明上诉人因被上诉人侵权所遭受的实际损失及被上诉人的侵权获利，故本院将依据涉案作品的类型、作品的知名度、被上诉人侵权行为的性质、期间、情节、被上诉人因侵权可能获得的利润以及上诉人为本案诉讼支出的合理费用等因素，酌情确定被上诉人应承担的赔偿数额。据此，判决如下：

1. 撤销上海市第二中级人民法院（2008）沪二中民五（知）初字第 29 号民事判决；

2. 被上诉人上海新华电信网络信息有限公司立即停止侵犯上诉人北京星传影视文化传播有限公司对电影《决战帝国》享有的信息网络传播权；

3. 被上诉人上海新华电信网络信息有限公司于本判决生效之日起 10 日内赔偿上诉人北京星传影视文化传播有限公司包括合理费用在内的经济损失人民币 20000 元；

4. 上诉人北京星传影视文化传播有限公司的其余诉讼请求不予支持。

（本人法官生涯唯一被改判的案件，终审判决结果详录于上，憾甚）

审理心得

北京星传影视文化传播有限公司诉上海新华电信网络电视有限公司侵犯著作财产权纠纷案在我的审判经历中，占有非常特殊的地位。任法官数年，本人主审和参加合议庭审理的案件总数有数百件，一二审均有。二审案件当然"因为是终审，所以就正确"（记忆中没有被再审改判的），而上诉的一审案件绝大多数也是"维持原判"或二审调解结案，本案是唯一一起被上级法院改判的案件。虽然因"出现新证据"致二审法官有不同认识，从而未被追究"错案责任"，但确实足以成为我职业生涯的"一个污点"。本书在选取案例时，其他案例都是我本人主审的，只有本案我是作为合议庭成员参审，也可见其特殊之处。当然，在法律适用上，本案也有值得研究之处。

本案的核心问题就是对原告获得授权的著作权内容的理解。本案中，被告实施的行为性质是明确的，即被告在其网站上未经许可在线播放涉案电影《决战帝国》，构成对该电影的信息网络传播行为。但原告并非原始著作权人，而是从权利人处取得授权的被许可人，争议即在于原告取得的授权是否包含信息网络传播权。关于授权协议的正确解释，以及著作权授权范围的具体界定，后文"析案释疑"部分已有详述，此处不再重复。必须指出的是，本案一二审法院对此的理解是不一致的，本人作为一审合议庭成员之一的认识，也有一个变化的过程。

本案审理中我印象最深的是，合议庭认真参阅了几乎同期北京法院审理的相关案件，为此还专门进行了讨论。其中一起案件涉及被告未经许可在网上定时播放电视剧《奋斗》，原告主张侵犯其信息网络传播权。围绕该案不同的观点针锋相对。一审法院认为，"只要网络用户通过信息网络在其选定的时间可以获得作品的部分内容"，作品传播者的行为就是信息网络传播，故被告侵犯了原告的信息网络传播权。二审法院维持了一审判决，认为"即使被告的播放形式是定时定集播放，也侵犯了原告享有的信息网络传播权。"[1] 但有学者撰文对此提出批评，认为两级法院对"信息网络传播权"的理解有误，[2] 并指出，定时播放不是信息网络传播权控制的行为，针对这种行为的不法性，如要保护，应以《著作权法》第10条第17项的"其他权利"为依据。不可否认，这一观点对一审合议庭产生了比较大的影响。

按照这种思路，著作权法规定的"信息网络传播权"是"使公众可以在其个人选定的时间和地点获得作品的权利"，其控制的是以有线或者无线方式"交互式"、"点对点"提供作品的行为，以此区分于广播权。所以，在互联网上定时播放他人的电视剧，网络用户在选定的时间只能看到播出的特定内容，故该行为并非对作品的信息网络传播。同时，因为广播权只规范无线广播及对无线广播的转播行为，[3] 网络定时播放又不能被认定为广播。因此，在现行法框架下，要对未经许可的网络定时播放行为主张权利，其请求权基础只能是《著作权法》第10条第17项规定的"应当由著作权人享有的其他权

---

① 参见（2008）一中民终字第5314号民事判决书。
② 王迁："论'信息网络传播权'的含义'"，载《法律适用》2008年第12期，第65页。
③ 《著作权法》第10条第（11）项规定：广播权，即以无线方式公开广播或者传播作品，以有线传播或者转播的方式向公众传播广播的作品，以及通过扩音器或者其他传送符号、声音、图像的类似工具向公众传播广播的作品的权利。

利"。在这种情况下，法官就面临着一个难题：当事人主张的法律关系和提出的请求权基础不能成立，但从事实来看，其合法权益在法律上仍有保护的必要。

　　一段时间以来，在法院系统内部强调重视请求权基础的思考方法，众所周知，其法理构造即为"谁得向谁，依据何种法律规范，主张何种权利"，法官的任务就是"找法"和"适法"。通常而言，法官会要求原告明确其主张的法律关系的性质，并提出其请求权的法律基础，在法律关系和请求权已明确的情况下，法官再按照请求权基础分析法的进路，对案件进行具体分析。① 经过持续的宣传和培训，应该说请求权基础的分析方法在专业法官中已经深入人心，大家在实践中也自主或不自主地在运用着。当然，在具体运用时，还存在是否僵化理解或者处理是否巧妙的问题。

　　从请求权基础的分析方法出发，不同的法律规范各有其严格的适用范围，彼此之间有严谨的逻辑关系，共同构成一个严密、完整的体系，因此，请求权基础不同，法律关系就不同，诉讼标的也不同，不容轻易越位。然而，站在当事人的立场，请求法院解决纠纷才是根本目的。我国的民事诉讼构造并非完全对抗式的，法官过于消极被动，恐怕也不符合实际。如果原告只是笼统提出请求，并没有说明请求权基础，或者其提出的请求权基础明显不成立。司法实践中，法官也不能简单驳回原告，而是应在释明的基础上，引导当事人检索合适的请求权基础，进而判断其请求是否成立。

　　以前述《奋斗》案为例，即使原告主张的信息网络传播权侵权不能成立，原告的请求是否有合理性基础以及合法事由，仍然是法官要重点考量的。在案件一审时，法官固然可以通过向当事人披露法律观点，要求其重新选择诉由（如是否主张"其他权利"），从而使请求权基础的运用回到正确的轨道上来。但当一审法官"将错就错"作出了一个结论无可厚非，法律适用却可能有争议的判决后，二审在程序上已经无法纠正（一般法官均倾向于"能不发回重审就不发回重审"），法官出于对实体正义的维护，维持原判的概率就很大了。此时，与其说二审法官迁就了一审法官的粗疏，不如说其务实而灵活地运用了裁判技巧。

---

① 邹碧华法官倡导的要件审判"九步法"就是请求权基础分析法的具体表现。

回到本案，适法中的逻辑推演过程与《奋斗》案刚好相反。《奋斗》案是看定时播放的行为是否能"归入"信息网络传播权的要件中，而本案是看当事人约定的"单向"、"非互动式"的传播权利能否控制信息网络传播行为。现在看来，一审合议庭在审理时的确犯了拿法律规定去衡量当事人的约定，机械理解合同条款的错误。且不论当事人约定的"非互动式"与信息网络传播权要求的"交互式"在语义上究竟是何关系，其实就本案的情形而言，不是要回到信息网络传播权的法律规范去寻找请求权基础，而恰恰应以当事人的合法合同关系为依据。从这个意义上讲，二审根据新提交的证据，将当事人的真实意思解读为包括信息网络传播权的授权，较之一审，就明显高出一截了。

因为结论完全对立，故本案的二审不能像海明威案那样，在纠正原判误识，作出正确认定的基础上予以补台（维持原判），这是令人遗憾的地方。但无论如何，本案二审的处理，不仅是"加强知识产权司法保护"的司法政策使然，更是对"法律的生命在于逻辑，更在于经验"的恰当写照。

析案释疑： **网络传播授权的翻译与解释**

本部分选取的是上海市高级人民法院民三庭王静法官（也是本案二审主审法官）所写的案例分析，已征得王静法官本人授权。之所以在此"偷懒"一下，首先当然是因为本案业经二审改判，二审裁判是终审，结论无疑是正确的，必须得到尊重，故需要了解二审法官的裁判思路和说理过程；同时更重要的是，王静法官在文中的分析非常细致、精彩，可以说完全说服了我。夫复何言！

网络传播授权的翻译与解释①

[**本案要旨**]

对合同条款的解释发生争议时，应在尊重订立合同双方当事人意思表示的基础上，结合文义理解、合同的整体解释、交易习惯与目的进行综合分析，以确定合同相关文字的真实含义。

① 原载《科技与法律》2009 年第 5 期。

[案情简介]

案外人高蒙公司系电影《决战帝国》的著作权人。2005 年 11 月 2 日，高蒙公司与北京星传影视文化传播有限公司（本案原告、上诉人，以下简称星传公司）签订一份协议（以下简称原协议），约定高蒙公司将电影《决战帝国》许可星传公司使用。协议约定，关于许可权，高蒙公司给予并特许给星传公司在中国大陆于各种媒体上发行、展示、营销、推介和以其他方式利用该影片的独家权利，媒体播放形式包括付费电视播放、免费电视播放等。协议还约定，高蒙公司给予星传公司视频点播和准视频点播权，但是只能在指定区域使用许可语言在闭路电视中发送，而且应当经高蒙公司事前批准。2006 年 1 月 10 日，双方又签订一份补充协议，约定高蒙公司另授予星传公司 "互联网播放权"，即在现有技术条件下和按照电影业界通行原则，在协议限定的区域内通过互联网包括但不限于万维网（World – Wide – Web）利用上述影片，进行 "在线（on – line）"、"下载（downloading）"、"网络直播（web – casting）"、"流式传输（streaming）" 或 "视频流式传输（video streaming）" 等使用，以及为指定区域内播放商在互联网上同时播放的独家权利。补充协议还约定，"为了实施上述条款，发行商（即星传公司）必须保证：……（2）上述利用应当仅局限于单向（linear）、非互动（non – interactive）形式广播或传输；……（5）发行商和/或播放商不得授权、允许或许可将上述广播或传输转播或转发到规定区域之外。以上规定不应当禁止发行商利用该影片的片段（每个片段不超过 3 分钟，总计不超过 5 分钟）或者电影预告片来生成再现内容、链接、宣传性和商业性剧情介绍，在互联网上推介和促销本影片……"

星传公司向中国版权保护中心申请著作权登记，并于 2007 年 10 月 12 日获得著作权登记证书。该证书记载：申请者北京星传影视文化传播有限公司经高蒙公司授权，取得了电影故事片《决战帝国》在中国大陆地区（不包括香港、澳门特别行政区）的独家信息网络传播权、视频点播权。授权期限为 2005 年 12 月 19 日至 2012 年 11 月 30 日止。

[当事人诉辩]

原告星传公司诉称：原告发现被告在其经营的域名为 movie. xintv. com 的

网站上向公众提供电影《决战帝国》的在线播放服务。原告从未许可被告通过互联网向公众传播上述作品。被告的行为严重侵犯了原告权益，给原告造成重大经济损失，请求判令：1. 被告立即停止对原告享有著作权之网络传播权的侵害，停止提供涉案电影作品的在线播放服务；2. 被告在其经营的网站主页及《中国电视报》上发表声明，向原告公开赔礼道歉；3. 被告赔偿原告经济损失人民币20万元、为调查被告侵权行为和起诉被告所支出的合理费用人民币3万元。

被告新华电信辩称：1. 原告提供的证据不能证明其已获得对涉案电影的信息网络传播权；2. 原告没有证据证明被告有侵权行为；3. 原告诉称的损失没有事实和法律依据。

[审理结果]

一审法院认为：星传公司为证明其已取得对电影《决战帝国》在中国大陆地区的独家信息网络传播权，提供了《著作权登记证书》及其与高蒙公司订立的原协议、补充协议等证据材料。根据上述权利证据，可以认定高蒙公司向星传公司授予了电影《决战帝国》的"互联网播放权"。但就该项授权的具体内容而言，补充协议又作了多项限制。其中，补充协议规定，星传公司通过互联网利用《决战帝国》影片应当仅局限于单向、非互动形式广播或传输。据此，星传公司所获得的"互联网播放权"的权利内容事实上已排除通过交互方式进行传播的权利。而根据星传公司提供的保全证据《公证书》，被告在其网站上播放电影《决战帝国》系以点播方式进行，即用户可以在其个人选定的时间和地点播放欣赏涉案影片，也即被控侵权行为系交互式的网络传播行为，并不属于星传公司被授权之"互联网播放权"的权利范围。据此，判决驳回星传公司的起诉。

判决后，星传公司不服，向上海市高级人民法院提起上诉。

二审中，星传公司提交了《高蒙公司关于决战帝国（L´EMPIRE DESLOUPS，又名：豺狼帝国）版权之声明》，用以证明其获得的授权是中国法律意义上的信息网络传播权。该声明内容为：作为该部电影作品著作权的唯一代表，高蒙公司与星传公司在2005年11月2日和2006年1月10日分别签署了版权许可使用协议，将该部电影作品的著作权独家授予星传公司。授权内容为：影院公映、音像发行、付费电视、视频点播、免费电视及互联网权利，其中互联网权利是指基于 IP 网络和 3G 技术传输的信息网络传播权，具体内容以我国著作权法规定为准。该声明经过法兰西共和国外交部公证及中国驻该国大使馆认证。

二审法院认为，我国的《著作权法》规定的信息网络传播权，是指以有线或无线方式向公众提供作品，使公众可以在其个人选定的时间和地点获得作品的权利。星传公司经著作权人高蒙公司许可，依法享有涉案电影《决战帝国》在中国大陆地区的独家信息网络传播权。新华电信未经许可，擅自在其网站上通过信息网络向公众传播涉案电影，其行为已对星传公司依法享有的上述信息网络传播权构成侵犯，故依法应当承担停止侵权、赔偿损失的民事侵权责任。最终判决：一、撤销原判；二、新华电信立即停止侵犯星传公司对电影《决战帝国》享有的信息网络传播权；二、新华电信赔偿星传公司包括合理费用在内的经济损失人民币 20000 元；三、星传公司的其余诉讼请求不予支持。

[重点评析]

本案双方争议的焦点是星传公司与高蒙公司所签订的补充协议中对信息网络传播权的授权范围。

根据星传公司和高蒙公司签订的补充协议，星传公司获得的"互联网播放权"是在现有技术条件下和按照电影业界通行原则，在协议限定的区域内通过互联网利用影片进行"在线（on – line）"、"下载（downloading）"、"网络广播（web – casting）"、"流式传输（streaming）"或"视频流式传输（video streaming）"等方式使用，以及为指定区域内播放商在互联网上同时播放的独家权利。星传公司还必须保证：（1）……（2）上述利用应当仅局限于单向（linear）、非互动（non – interactive）形式广播或传输；……

虽然本案双方当事人对上述协议中的单向（linear）、非互动（non – interactive）的理解存在争议，但根据我国法律有关合同解释的原则，对于合同条款的理解，应在尊重合同当事人意思表示的基础上，结合文义理解、合同的整体解释和交易习惯与目的，进行综合分析，以确定合同订立双方的真实意思表示。

首先，本案中，原协议和补充协议的合同当事人是星传公司和案外人高蒙公司，并非本案的原被告，因此对上述协议的解释，应首先考虑合同双方当事人的解释。本案二审中，高蒙公司出具的授权声明明确表明星传公司经其授权，依法享有涉案影片在中国大陆地区包括视频点播权在内的独家信息网络传播权。因此，出于对上述协议当事人真实意思表示的尊重，应确认其协议内容均不应与其上述授权范围相悖。

其次，对于补充协议中出现的"linear"、"non‑interactive"的文义理解，应以相关专业词典和书籍的解释为依据。

人民邮电出版社1997年1月编辑出版的《英汉电信词典》中，对"linear"的解释为"线性的，直线的"，而"non‑interactive system"解释为"非交互式控制系统"；复旦大学出版社2005年1月出版的《实用英汉汉英传媒词典》（倪剑、叶叙理、孙哲主编）中，将"linear"解释为"线性，指直线式的剪辑方法或者叙事方法"，将"interactive"解释为"交互系统，指双向信息传播的系统"、"interactiviy"解释为"交互性，该标准赋予用户多媒体系统呈现效果的能力，不仅仅用于内容选择，而且用于内容呈现方式的选择"。

对于上述"线性编辑"的理解，清华大学出版社2008年9月出版的《非线性编辑原理与技术》（左明章、刘震编著）将其解释为"按时间顺序对素材带中的镜头从头至尾依次录制到磁带上，组成新的连续画面的节目制作方式……但要想删除、缩短、加长中间的某一段就不可能了，除非将那一段以后的画面抹去重录……是电视节目的传统编辑方式"，即传统的胶带式录制方式；同时，该书将"非线性编辑"定义为"指节目制作过程中可实现镜头的任意组接，而无须严格按照脚本要求从第一个镜头开始依次编到结尾的影视节目编辑方式……对已编部分的修改不会影响其余部分，无须对其后面的所有部分进行重编或者再次转录"，即随着计算机技术的发展和普遍应用，目前电影、电视等传媒普遍使用的电子化编辑方式。

对于交互式的传输方式的理解，业界存在不同看法。有些观点认为，用户能够主动控制信息传输的方式即为交互式，如现在家庭使用的IPTV系统，能够让用户自行决定播放节目的内容、时间或进行录像等，与传统的用户被动接收信息相比，用户能够与电视台的服务器实现信息互动。另一种观点认为，上述这种互动形式只是一种低端的"准互动"的行为，真正的交互式形式，应允许用户除以简单的互动控制（如开始播放、停止、快进、倒退及暂停等）之外，还能根据需要参与节目的内容或改变播放的表现形式，如改变节目的进程或结果、变换视频角度、以不同画面质量访问不同对象或对象的不同层面等。但对于本案中新华电信提供的网上视频点播行为，业界均认为并非真正的互动行为，其点击视频播放所发送的信号，作用只是启动节目的播放。对此，二审合议庭认为，用户在网站上点击相关视频的播放键，只是要求进行视频播放，这种信息的发送就像用电视机遥控器选择特定频道一样，只是要求相对方显示相关信息，并不属于一种信息的互动行为。而信息的交互式传输，应是指用户和计算机之间进行信息和控制权的连续交换，即用户可以持续控制信息的传输，甚至改变信息的内容和展现方式。

因此，以合同文字的字面进行理解，案外人高蒙公司对于星传公司的授权应是以"线性、非互动形式广播或传输该影片"的互联网相关权利，包括但不局限于在万维网上"在线""下载""网络广播""流式传输"或"视频流式传输"的权利。

再次，从合同的上下条款的一致性来分析，本案补充协议约定，高蒙公司授权星传公司在协议限定的区域内，通过互联网利用上述影片，包括但不限于万维网和所谓的"在线"、"下载"、"网络广播"、"流式传输"或"视频流式传输"的权利。在此，授权范围包括"下载"，即允许用户永久拥有影片副本的权利，因此，星传公司获得的互联网权利应理解为是较为完整的信息网络传播权。同时，补充协议中还约定"发行商和/或播放商不得授权、允许或许可将上述广播或传输转播或转发到规定区域之外。以上规定不应当禁止发行商利用该影片的片段（每个片段不超过 3 分钟，总计不超过 5 分钟）或者电影预告片来生成再现内容、链接、宣传性和商业性剧情介绍"。上述约定限制了星传公司利用涉案影片进行的再编辑，仅限于利用影片片段编辑不超过 5 分钟长度的节目内容，这显然是一种非线性编辑的节目制作方式。以该特别约定来反推，该补充协议应禁止星传公司对涉案影片进行非线性的编辑，除非为了推介影片而制作影片广告短片，否则星传公司只能对涉案影片进行线性编辑利用，即把高蒙公司的影片作为一个完整的整体进行利用，不得进行剪辑、编辑或开发新的互动衍生产品，如游戏等。从这个意义来理解，补充协议中对星传公司的"上述利用应当仅局限于线性（linear）、非互动（non - interactive）形式广播或传输"之条款，较之新华电信及一审法院的理解，星传公司的解释显然更为合理。

最后，从交易习惯和合同目的角度理解，一般而言，购买影片以供互联网播放的买家，其支付对价所获得的权利应包括完整的互联网播放权利，以便于其借用互联网的优势获得最大的商业利润，因此授权理应包括在线视频点播的权利。本案星传公司支付相应款项购买涉案影片的目的，是为了获得涉案影片在中国大陆各种媒体上发行、展示、营销、推介和以其他方式利用该影片的独家权利，因此双方在合同中约定除了影院、电视和闭路电视等传统播放形式授权外，还包括了互联网播放的相关权利的授权条款，因此，星传公司获得的互联网权利应该是完整的信息网络传播权。如按一审法院的理解，星传公司就互联网权利所获得的是"单向、非互动"的方式，即网络用户只能在涉案影片被授权播放商进行直播的时候进行收看，而无法进行点播，那星传公司获得的互联网授权仅仅是网络直播权，其利用涉案影片进行获利的可能性及利润都会大大减少。这种商业运营模式，显然与当今的互联网时代视频交易的商业惯例是不相符合的。

综上，对于补充协议约定，星传公司对涉案影片的"上述利用应当仅局限于线性（linear）、非互动（non - interactive）形式广播或传输"，应理解为星传公司对涉案影片只能进行线性编辑的利用，不能擅自删减编辑影片或制作相应有观众互动形式的衍生节目，因此，上述条款不应理解为对星传公司获得的信息网络传播权进行限制，排除其通过互联网提供涉案影片视频点播的权利。

第三章

重大案件审理中的考量因素

英特尔案

原告英特尔公司诉称①：原告是一家半导体芯片生产商及销售商，其产品包括微处理器、主板芯片组、网络卡、闪存、绘图芯片、嵌入式处理器等。涉案 INTEL 系列商标系原告独创。其中，"INTEL"商标是原告的主商标，也是原告的简称和商号。原告对涉案 INTEL 系列商标早已在包括美国、加拿大、英国、德国、法国、日本等许多国家以及我国香港、台湾等地区进行了多类注册，并很早就在中国大陆进行了注册。以下是这些商标在中国大陆获得的在第 9 类商品上的部分注册情况：

商标	注册号	类别	注册日
INTEL	225222	9	1985 年 4 月 30 日
	1481984	9	2000 年 11 月 28 日
intel	220559	9	1985 年 2 月 15 日
(intel)	5074126	9	2008 年 12 月 14 日

上述注册商标至今仍然有效，并在原告的商业活动中广泛使用。（两个"INTEL"商标注册在不同商品上）

原告从 1971 年推出第一款商用 4004 微处理器以来，INTEL 品牌微处理器始终在 CPU 市场独占鳌头，引领全球，销售范围遍及全球。原告认为，其 INTEL 品牌是公认的最知名品牌之一。在从 2001 年到 2010 年长达 10 年的全

---

① 中华人民共和国上海市第二中级人民法院（2011）沪二中民五（知）初字第 89 号民事判决书。

球最佳品牌排名中，始终位居前列。长期以来，原告采取各种形式对 INTEL 品牌进行广告宣传，投入了巨额资金。原告的涉案 INTEL 系列商标作为驰名商标，在世界各国受到保护，由来已久。在中国，2011 年 5 月 27 日由国家工商行政管理总局商标评审委员会通过商标异议复审、争议案件中认定的 83 件驰名商标中，原告注册在第 9 类的 "INTEL" "intel" 和 "intel inside 及图" 3 个商标，同时被公布为驰名商标。原告在第 9 类注册的 "INTEL" 商标早在 1999 年和 2000 年，就被国家工商行政管理总局商标局列入《全国重点商标保护名录》给予特别保护。(驰名商标保护记录)

原告发现，被告因特佳公司未经许可，在其生产的打印机硒鼓、墨盒等产品上、在其网站域名和英文名称中，使用了 "INTELJET" "Inteljet" 和 "inteljet" 等英文文字，并将 "inteljet" 和 " " 等图文标识用于产品及产品包装和标签上。因特佳公司使用的上述标识由原告的注册商标在其后加描述性英文单词 "jet"（其基本意为 "喷射"，是对喷墨打印的描述）构成，其显著部分是 "INTEL" "intel" 和 "intel"，（原告的小写字母商标的显著特征是 e 字母下沉）因而与原告的涉案 INTEL 系列商标构成近似，其行为具有明显的主观恶意。此外，上述侵权标识并非因特佳公司的注册商标，因特佳公司却违反《中华人民共和国商标法》（以下简称《商标法》）的规定，在上述侵权商标上使用了注册标记，使人误认为其使用上述侵权商标具有合法性。

被告因特佳公司的上述行为足以使相关公众误认为因特佳公司及其产品与原告之间存在某种联系。因特佳公司旨在不正当地利用原告驰名商标的市场声誉，客观上也会淡化原告的驰名商标，不正当地降低该驰名商标的显著性，对原告造成无法弥补的损失，其行为已构成对原告驰名商标权的侵犯，应依法承担相应的法律责任。

经调查，被告陶健在上海经销因特佳公司的侵权产品，被告纳百川公司在明知陶健不具备企业法人资格的情况下，以自己的名义为陶健销售侵权产品开具发票，两被告的行为已构成共同侵权，应依法承担相应的法律责任。

综上，原告依照《商标法》等相关法律规定，诉至法院，请求判令：

1. 被告因特佳公司立即停止侵犯原告 "INTEL" "intel" " (intel) " 驰名商标

的侵权行为，包括但不限于立即停止将"INTELJET""Inteljet""inteljet""inteljet"和""等任何与原告"INTEL""intel""(intel)"相同和近似的商标（以下统称侵权商标）以任何形式，包括但不限于以商标、英文字号、域名等方式用于产品、包装、宣传资料、网站等任何载体上以及任何生产经营和广告宣传活动中；2. 被告因特佳公司就其侵权行为消除影响，在《人民日报》或者《法制日报》上刊登澄清声明，并向原告公开赔礼道歉，内容须原告认可，道歉书不小于版面的 1/8，连续刊登 3 期，并承担由此产生的一切费用；3. 被告陶健、被告纳百川公司立即停止销售被告因特佳公司的侵权产品和相关侵权物品，包括但不限于侵权包装、说明书和宣传资料等，立即停止任何形式的侵权行为；4. 三被告共同赔偿原告损失和因本案支出的合理费用人民币 50 万元；5. 三被告承担本案诉讼费用。

原告在庭审中表示放弃要求被告因特佳公司赔礼道歉的诉讼请求。（商标侵权一般不承担赔礼道歉的责任，但有时会判令"消除影响"）

庭审后，英特尔公司向本院明确表示，在本案中放弃对第 1481984 号"INTEL"商标和第 5074126 号"(intel)"商标主张权利，而仅主张第 225222号"INTEL"商标和第 220559 号"intel"商标的权利。

被告因特佳公司辩称：1. "inteljet"是其使用的中文商标"因特佳"的译名，被告自 2006 年起即开始使用，从未接到原告指认其侵权的通知，被告主观上没有侵权故意；2. ""的标识使用于 2008 年以前，现已停止使用；3. 被告生产的硒鼓、墨盒与原告商标注册的商品类别既不相同也不类似；4. 被告同意停止使用相关标识，原告主张的赔偿数额没有依据。

被告陶健和被告纳百川公司共同辩称：陶健系因特佳公司的上海地区授权代理人，纳百川公司的法定代表人与陶健系父子关系。陶健与因特佳公司于 2010 年 6 月签订代理协议，陶健并不知道所售产品是否侵权，也不具备识别商标侵权与否的能力，其所售商品均有合法来源，故不应承担赔偿责任。纳百川公司是专业从事废旧物资回收的企业，既非因特佳公司的代理人，也未实际销售因特佳公司的产品。原告提供的发票之所以由纳百川公司出具,是因为陶健当时尚未注册销售公司,应原告的要求,鉴于父子关系的特殊性,方由纳百川公司代为开具发票。纳百川公司并未实际销售因特佳公司的产品,所以不存在侵犯原告商标权的行为。

本院经审理查明

1. 关于涉案注册商标(略,基本同当事人主张)。

2. 关于被告的基本情况。

因特佳公司成立于 2003 年 8 月 8 日,经营范围包括打印机耗材、电脑、电子产品的销售等,其申请并使用"inteljet.com"作为公司网站域名。在该公司网站上有其产品的介绍,其中多处出现"INTELJET""Inteljet""▨"。网站上注明的公司英文企业名称是"Shenzhen Inteljet Digital Technology Co. Ltd"。因特佳公司通过代理商建立营销网络,范围覆盖全国 10 余个省区。2010 年 5 月 24 日,因特佳公司与陶健签订《因特佳耗材区域协议书》,约定陶健为因特佳公司在上海市的独家代理商,负责销售因特佳公司产品,授权期限为 2010 年 6 月 20 日至 2015 年 6 月 19 日。

纳百川公司成立于 2004 年 4 月 21 日,经营范围为废旧物资回收等,公司的法定代表人陶 A 与陶健系父子关系。

3. 关于被诉侵权行为。

2009 年 12 月 10 日,广东省广州市广州公证处公证人员及原告的委托代理人劳锦业,在深圳市布吉坂田江南工业园江南大厦三楼(深圳市龙岗区坂田永香路江南大厦三楼)被告因特佳公司住所地,购买硒鼓 6 个、墨盒 18 个,价款总计人民币 1272 元,并取得名片 1 张、收据 2 张、宣传册 2 份、因特佳打印耗材合作方案 1 份。

2010 年 1 月 7 日,北京市求是公证处公证人员及北京捷鼎知识产权代理有限责任公司的代理人,在位于北京市海淀区中关村大街 18 号的北京中关村科贸电子城 4A108 柜台购买"因特佳牌彩色墨盒 H - 817"2 个、"因特佳牌彩色墨盒 E - T0472"3 个、"因特佳牌彩色墨盒 E - T0473"3 个、"因特佳牌彩色墨盒 E - T0474"3 个、"因特佳牌硒鼓 2612A"3 个。

2010 年 9 月 13 日,上海市卢湾公证处公证人员及原告的委托代理人陈利民，在上海市真北支路 89 号购得"因特佳 CC388A 硒鼓" 3 个、"因特佳 Q2612A 硒鼓" 3 个、"因特佳 T050 墨盒" 4 个、"因特佳 T053 墨盒" 2 个，并取得名片 1 张、宣传册 1 份。

2010 年 9 月 13 日，纳百川公司出具《上海市商业统一发票》一张，其上载明"品名规格"为"因特佳 CC388A 硒鼓"、"因特佳 Q2612A 硒鼓"、"因特佳 T050 墨盒"、"因特佳 T053 墨盒"，价款总计人民币 793 元。

在上述产品、物品及产品外包装上，标有"INTELJET""inteljet""inteljet""inteljet"等标识，其中在部分"inteljet"和"inteljet"标识的右上方，标注有注册标记。被告因特佳公司认可上述产品是其生产、销售的。

以上事实，由原告提交的商标注册文件、公证书，被告因特佳公司提供的报价单、订货单、订单、订单，被告陶健提供的因特佳耗材区域代理协议书以及当事人诉辩意见、本院审理笔录等证据证实。

本案中，双方当事人争议的焦点在于：1. 原告的相关注册商标是否构成驰名商标；2. 各被告是否侵犯了原告的商标权利；3. 原告要求各被告承担的民事责任有无事实与法律依据。

关于第一个争议焦点，即原告的相关注册商标是否构成驰名商标，原告提供了如下证据：

第一组"商标使用基本情况"证据。（具体证据名称略，下同）

第二组"使用 INTEL 商标商品的销售额、利税等"证据。

第三组"INTEL 商标商品市场份额、行业排名与投资"证据。

第四组"INTEL 商标商品广告宣传持续投入情况"证据。

第五组"INTEL 商标商品广告宣传的地理范围"证据。

第六组"INTEL 商标保护记录"证据。

第七组"INTEL 商标市场声誉"证据。

第八组"所获奖项"证据，共 19 张照片。

第九组"其他驰名商标"证据。

原告认为，上述证据充分证明原告的 INTEL 系列商标是完全符合《最高人民法院关于审理涉及驰名商标保护的民事纠纷案件应用法律若干问题的解释》（以下简称《驰名商标司法解释》）第 1 条规定的在中国境内为相关公众广为知晓的驰名商标。

被告因特佳公司称，对原告提供的证据不了解，认为原告提供的数据有可能夸大。因特佳公司未提供反证。

被告陶健和被告纳百川公司称，对原告提供的证据不了解，但有些数据是原告自己统计的。陶健和纳百川公司未提供反证。

本院认为，首先，本案中，被告生产、销售的涉嫌侵权商品是硒鼓、墨盒，与原告主张的第 22522 号"INTEL"商标核定使用的微型计算机、微型控制器、微处理机以及第 220559 号"intel"商标核定使用的集成电路、自动记录器、半导体储存器，从功能、用途、生产部门、销售渠道、消费对象等方面综合来看，属于不相同也不相类似的商品。因此，判断原告的相关注册商标是否驰名商标，是认定被告的行为是否构成侵权的前提条件。根据《商标法》第 13 条第 2 款和《驰名商标司法解释》第 2 条第（1）项的规定，在本案中确有必要就原告主张的商标是否驰名作出认定。

其次，原告为认定驰名商标，提供了前述各类证据，各被告总体上对证据表示"没有意见"，或"不知道"，但未提供反证。考虑到原告的 INTEL 系列商标在我国为一般公众广泛知晓的事实，同时原告提交了证明其商标驰名的基本证据，包括公众对该商标的知晓程度，使用该商标的商品的市场份额、销售区域、利税，该商标使用的持续时间，该商标的宣传活动的方式、持续时间、程度和范围，该商标作为驰名商标受保护的记录，该商标享有的市场声誉等，根据《驰名商标司法解释》第 8 条的规定，即"对于在中国境内为社会公众广为知晓的商标，原告已提供其商标驰名的基本证据，或者被告不持异议的，人民法院对该商标驰名的事实予以认定"，可以认定原告的相关注册商标为驰名商标。（本案亮点）

最后，具体而言，原告在本案中主张的第 225222 号"INTEL"商标和第 220559 号"intel"商标分别注册于 1985 年 4 月 30 日和 1985 年 2 月 15 日核准注册，并使用至今，在原告注册的系列商标中，属于注册时间最早、使用范围最广、影响最大的商标，在我国境内也可谓众所周知。因此，根据本案的情况，本院认定，第225222号"INTEL"商标和第220559号" intel "商标为驰名商标。

关于第二个争议焦点，即各被告是否侵犯了原告的商标权利，原告认为，根据公证的证据，被告因特佳公司在其生产的打印机硒鼓、墨盒等产品和相关物品上以及在其网站上，使用涉案侵权商标，并且将侵权标识"Inteljet"作为英文字号、"inteljet"作为域名使用，涉案侵权商标和标识系对原告驰名商标的复制、摹仿。因特佳公司的行为明显具有主观恶意，旨在不正当地利用原告驰名商标的市场声誉，误导公众，使相关公众误认为因特佳公司及其产品与原告之间存在某种联系，客观上也会淡化原告的驰名商标，降低该驰名商标的显著性，对原告造成无法弥补的损失。故违反了《商标法》第13条第2款的规定，侵害了原告的商标权。被告陶健在上海经销因特佳公司的侵权产品，被告纳百川公司在明知陶健不具备企业法人资格的情况下，以自己的名义为陶健销售侵权产品开具发票，两被告的行为已构成共同侵权。

被告因特佳公司认可原告诉称的涉嫌侵权行为本身确有其事，但坚持辩称意见，认为其主观上不具有侵权的意思，使用"inteljet"是作为企业字号"因特佳"的翻译，而"因特佳"是"印特佳"的谐音，寓意"因为这个而特别好"。（难以说服法官）

被告陶健和被告纳百川公司认为，陶健是被告因特佳公司的代理商，不具备识别商标侵权的能力，所有商品都是合法进货；而纳百川公司仅是应要求代开发票，故无论因特佳公司是否侵犯原告的商标权，与陶健和纳百川公司均无关系，二者均不构成侵权。

本院认为，首先，被告因特佳公司在其生产的打印机硒鼓、墨盒等产品及其外包装上，以及网站上使用的"INTELJET"、"inteljet"、" inteljet "、" [标识] "等标识，与原告主张的第225222号"INTEL"商标和第220559号" intel "商标相比，基本是在原告的商标后加上"jet"一词。因原告的商标属于臆造词，而"jet"有"喷射"的含义，因特佳公司对其使用有表明产品性质及所属行业的意图，该部分并不具有显著性，故因特佳公司使用的标识与原告的第225222号"INTEL"商标和第220559号" intel "商标构成近似。

其次，虽然被告因特佳公司称其是在企业字号的译名意义上使用上述标识，但该说法明显牵强，尤其不能解释为什么采取与原告第 220559 号 "intel" 商标相同的特有字母排列方式。此外，因特佳公司在其使用的 "inteljet" 和 "intel" 标识的右上方，标注注册标记的行为也显有不当，表明其主观意图缺乏善意。如前述，本院在本案中已认定原告所有的第 225222 号 "INTEL" 商标和第 220559 号 "intel" 商标为驰名商标，因特佳公司理应知道原告的驰名商标，故其在商品上使用与原告驰名商标近似的标识，具有"傍名牌"的故意。

再次，被告因特佳公司生产、销售的硒鼓、墨盒等涉案商品，属于打印耗材类，虽然与原告注册商标核定使用的商品并非同类或类似商品，但两者从广义上均与电脑有关，也往往结合起来使用。另从消费者的角度来讲，两者也可能存在一定的重合，故因特佳公司的上述使用行为足以使相关公众认为其所用标识与原告的驰名商标具有相当程度的联系，不正当地利用了原告驰名商标的市场声誉，属于《商标法》第 13 条第 2 款规定的，在不相同或者不相类似商品上复制他人已经在中国注册的驰名商标，误导公众，致使该驰名商标注册人的利益可能受到损害的侵权行为。因特佳公司应就此承担相应的民事责任。（对驰名商标的保护要把握"跨类而非全类"的标准）

最后，被告陶健是被告因特佳公司的代理商，其销售因特佳公司生产的侵权产品的行为本身也侵犯了原告的商标权。陶健作为经营者，应知道原告的 INTEL 商标具有很高的知名度，其关于不具备识别商标侵权的能力，故不构成侵权的辩称意见，于法无据，本院不予采信。至于被告纳百川公司开具发票的行为，虽有不当，但尚不足以证明其是侵权产品的销售者，故本院认定纳百川公司并未侵犯原告的商标权。

关于第三个争议焦点，原告提交了相关票据，证明其因本案支出的合理费用共计人民币 102197.2 元，其中调查费 7612.2 元，公证费 4360 元，资料复印费 8053 元，翻译费 82172 元。原告认为，各被告侵犯了其商标权，原告为此支出了相关费用，由于被告的获利和原告的损失难以取证，故请求法院适用法定赔偿的方法确定被告的赔偿责任。同时，被告因特佳公司通过网络广泛传播其侵权影响，故请求在全国范围内消除影响。

被告因特佳公司认为其销量有限，不会对原告造成影响，故原告要求被告承担的民事责任没有事实依据。因特佳公司并表示，被告陶健是其代理商，涉案商品是因特佳公司销售给陶健的，所有责任由因特佳公司承担。

被告陶健和被告纳百川公司认同被告因特佳公司的意见。

本院认为，根据被告因特佳公司的陈述及其提供的证据，其实施的侵权行为至迟自 2006 年起，并持续至今，且侵权产品的销售范围覆盖全国 10 余个省市，故其所称未对原告产生影响的意见不能成立。因特佳公司应就其生产、销售侵犯原告"INTEL"和"intel"注册商标专用权的商品的行为，承担赔偿责任。本案中，原告未提供证明其经济损失的证据，而仅凭因特佳公司提供的证据，在没有完整的财务账册的情况下，亦难以查明其所获利益。本院根据因特佳公司实施侵权行为的性质、期间、后果，涉案驰名商标的声誉，及原告为制止被告的侵权行为所支出合理开支等因素，酌情确定因特佳公司赔偿原告经济损失及合理费用人民币 40 万元。

至于被告陶健的责任问题，如前述，本院已认定陶健应知原告的驰名商标，其仍销售涉案侵权商品，故主观上具有过错，也应承担适当的民事责任。该侵权行为的损害后果，是在被告因特佳公司的生产、销售行为与其代理商陶健的销售行为的共同作用下发生的，即由因特佳公司和陶健共同实施了该销售侵权商品行为，故二者应就此所产生的损害后果承担连带责任。因陶健单方提供的证据尚不足以证明其获利，同时原告因该侵权行为所支出的合理费用亦难以确定，故本院酌情确定陶健对因特佳公司上述给付义务中的人民币 4000 元承担连带赔偿责任。（第二被告承担的是部分连带责任，与其过错程度相适应）

另外，被告因特佳公司的商标侵权行为客观上对原告已造成不良影响，考虑到原告驰名商标的知名度以及因特佳公司的侵权范围覆盖全国，故对原告要求因特佳公司在《法制日报》上刊登声明，消除影响的诉讼请求，可予支持。

综上，依据……（法律适用依据略）判决如下：

1. 被告深圳市因特佳数码科技有限公司、被告陶健停止对原告英特尔公司享有的"INTEL"注册商标（商标注册证第225222号）和"intel"注册商标（商标注册证第220559号）专用权的侵害；

2. 被告深圳市因特佳数码科技有限公司应于本判决生效之日起10日内，赔偿原告英特尔公司包括合理费用在内的经济损失人民币40万元，被告陶健对其中的人民币4000元承担连带赔偿责任；

3. 被告深圳市因特佳数码科技有限公司应于本判决生效之日起30日内，在《法制日报》上刊登声明，消除影响（内容需经本院审核）；（注意该责任形式的表达）

4. 对原告英特尔公司的其余诉讼请求不予支持。

审理心得

知识产权案件中，相当一部分都产生了较大社会影响，受到广泛关注，这一方面固然有国家重视知识产权，在全社会倡导形成知识产权保护意识的原因，另一方面也因为知识产权案件涉及的主体或保护的对象往往有较高知名度，本来就为人熟知，容易形成"热点"事件。比如英特尔公司诉深圳因特佳数码科技有限公司商标侵权纠纷案（以下简称英特尔案），在受理之时即被列为"重大案件"。这样的案子亮点突出，法官有动力精心审理（当然不是说其他案子就不认真审理，但案子是否够"好"，确实在投入程度上有差别），将之办成"精品案"。

各级法院都有评选精品案例、参考案例、示范案例等的做法，其实就是提供一定范围内有典型性，审理水准较高的一些案件。实际上当前最高人民法院实行的案例指导制度推出的"指导性案例"，以及其他渠道推出的"具有指导作用的案例"，都是中国特色案例传统的延续。本文的重心不在具体讨论这种案例制度的运行机制及其效果，只是想强调，各级法院的"精品案"评选至少在其辖区范围内，都受到了高度重视，并有着积极的导向意义。

我曾经在中级法院研究室工作过,日常的一项重要工作就是评选精品案,几轮下来,逐渐养成了识别"好案子"的眼光。如果案件涉及疑难复杂的问题,在法律适用上有所突破,则毫无疑问有成为精品案的潜质(当然还需判决书充分说理,或有调研文章总结经验);如果案件本身并不复杂,审理的难度不一定很大,但涉及对有关法律条文的具体、恰当运用,具有代表性,而且案件的一些因素易受到关注,有突出的宣传效果,那这样的案件经过精心"包装"(非贬义),也有望成为精品案例。

英特尔案就属于后一种情形。本案除被评为上海市第二中级人民法院的精品案之外,还被评为2012年度上海知识产权保护十大案件(排名第三),媒体也纷纷进行了报道。但实事求是地说,这个案件在审理时并没有遇到太大的困难,合议庭成员的基本认识也保持一致,如果涉案商标不是英特尔,那本案未必有机会成为精品案。

在法律层面,英特尔案除涉及后文"析案释疑"部分提到的驰名商标认定的必要性审查以外,在具体适用依据上,也较有特点。

如英特尔案这样的商标侵权案件,一个根本的问题在于是否涉及商标的跨类保护,因而存在认定驰名商标的可能。应该说,涉及驰名商标认定的案件有一定特殊性,在管辖上较之普通商标民事案件层级要更高,[①] 在实体审理方面要求也更为严格,最高人民法院还专门出台了关于驰名商标案件的司法解释。通常在审理这类案件时,法官要严格按照商标法和司法解释的规定,具体审查涉案商标是否驰名的相关因素,[②] 因而申请认定驰名商标的当事人往往需提交较多的证据。

本案中,原告的确提交了诸多关于涉案商标使用情况的证据,如商品销售范围、销售额、商标使用时间、广告宣传情况、获奖纪录等,而被告对大多数证据要证明的事实均表示"不知道"或"不清楚",同时也未提供任何

---

① 如按照最高人民法院《关于北京、上海、广州知识产权法院案件管辖的规定》的规定,"涉及驰名商标认定的民事案件"一审由知识产权法院管辖,而普通商标民事案件则由有管辖权的基层法院管辖。

② 参见《商标法》第14条、《驰名商标司法解释》第5条。

反驳证据。考虑到英特尔公司及其商标，尤其是"INTEL"和"intel"商标在中国广为人知的基本事实，合议庭未进一步要求当事人就原告主张的驰名商标事实进行详尽的举证质证，最终是依据驰名商标司法解释第 4 条、第 8 条的规定，直接认定第 225222 号"INTEL"商标和第 220559 号"intel"商标为驰名商标。①

就当时的情形来看，主要依据司法解释第 8 条而非第 5 条的规定，而认定驰名商标的案例尚不多见，因此本案在具体法律适用上也体现出一定的新意，加之英特尔公司及其商标在中国无可置疑的高知名度，本案也就顺理成章成为了知识产权司法保护的典型案例。

另外，本案在赔偿方面的处理也值得说明一下。在 2013 年商标法修改以前，商标侵害损害赔偿的法定赔偿标准是 50 万元以下。众所周知，绝大多数的商标侵权案件是按照法定赔偿的方法来处理的，即赔偿额不超过 50 万元。至于法定赔偿的考察因素，一般判决书均笼统表述为"根据案件的具体情况"，本案在这一点也未能例外。"根据因特佳公司实施侵权行为的性质、期间、后果，涉案驰名商标的声誉，及原告为制止被告的侵权行为所支出合理开支等因素"，判决被告赔偿原告经济损失及合理费用共计 40 万元。其实在审理时，合议庭有种意见是"顶格判"50 万元，这样的做法无疑更有宣传价值。但最终还是考虑到本案的一些具体因素（如被告曾被工商部门处罚，被告的规模较小等），以及在案件审理中的综合印象，打了一点折扣，判了 40 万元。显然，40 万元也好，50 万元也好，都很难说有细致的量化依据，这反映了知识产权侵权损害赔偿司法实践中的疑难问题，也表现出法官审理中的无奈。但无论如何，本案 40 万元的赔偿额在法定赔偿中还是属于较高的，体现了法官对类似案件的基本看法，不无导向作用。

---

① 最高人民法院《关于审理涉及驰名商标保护的民事纠纷案件应用法律若干问题的解释》第 4 条规定：人民法院认定商标是否驰名，应当以证明其驰名的事实为依据，综合考虑商标法第 14 条规定的各项因素，但是根据案件具体情况无须考虑该条规定的全部因素即足以认定商标驰名的情形除外。第 8 条：对于在中国境内为社会公众广为知晓的商标，原告已提供其商标驰名的基本证据，或者被告不持异议的，人民法院对该商标驰名的事实予以认定。

驰名商标认定的必要性判断①

［案情］

原告英特尔公司诉称，"INTEL"商标是该公司的注册商标，也是该公司的简称和商号，具有极强的显著性，已成为中国相关公众耳熟能详的驰名商标。英特尔公司发现，被告因特佳公司未经许可在其生产的打印机硒鼓、墨盒等产品上以及公司网站域名和英文名称中，使用了"INTELJET"、"Inteljet"和"inteljet"等文字。英特尔公司认为，因特佳公司的行为不正当地利用了英特尔公司驰名商标的市场声誉，淡化了英特尔公司的驰名商标，给公司造成了损失。遂向法院起诉，要求因特佳公司停止侵权、消除影响并赔偿损失。

［评析］

本案的争议焦点之一是，"INTEL"商标是否有认定为驰名商标的必要。目前，我国司法实践对驰名商标的保护坚持"严格条件、个案认定、被动保护"的原则，其目的在于规范企业行为，防止企业将通过司法认定驰名商标当成一种成本低、效率高的品牌培育，从而导致不正当竞争。所谓个案认定原则，就是加强对跨类保护必要性的审查。凡能够通过一般商标侵权或其他途径予以救济的，则不进行驰名商标的认定。那么，如何考虑驰名商标认定的必要条件呢？

我国普通商标侵权判定规则主要体现在《商标法》第52条第1项，即"未经商标注册人的许可，在同一种商品或者类似商品上使用与其注册商标相同或者近似的商标的"，构成商标侵权。由此规定可以看出，一般的商标侵权需要两个构成条件：属于相同或类似商品；属于相同或类似商标。其中，商品类别的相同或近似是判定商标侵权构成的前提和基础。商品类别要件要求必须在商标注册使用的商品类别范围内进行比对，原因在于普通商标所承载的商誉因为消费者群体的封闭性或者经营领域的有限性而不会

扩展到注册类别范围之外形成"品牌扩张"的商誉，而商标法对于普通注册商标也仅限于在其核定使用商品类别范围内加以保护。如果一个普通商标通过使用而在其注册使用的商品类别外也产生了足够的商誉，就可能构成驰名商标，只有在这时，对商标权的保护才不需要考虑商品类别。换言之，如果在具体个案中，涉嫌侵权的商标所使用的商品类别与涉案注册商标构成相同或者相似，就没有认定为驰名商标的必要；反之，则有必要认定为驰名商标。

那么，如何认定商品类别的近似性呢？混淆可能性是判定商标侵权的核心，因此，混淆可能性的有无同样贯穿于商品类别相似性判定和商标近似性判定过程之中。现实中，商品是否类似始终是与混淆的可能性紧密相关的，并与具体个案中商标的知名度、商品的销售渠道、特定地区的消费习惯等方面有不同程度的联系。对于商品种类而言，必须注意区分《类似商品和服务区分表》（以下简称《区分表》）意义上的近似商品与混淆意义上的近似商品。《区分表》上的商品类别，是一种行政上、形式上的静态区分；而侵权判定中的商品近似，则是一种司法上、实质上的动态认定。在司法实践中，商品种类的发展和消费者消费习惯、群体构成的变化都会导致本来属于近似种类的商品却不会让消费者产生混淆，或者导致本来区别较大的商品却使得消费者产生混淆，因此，必须更多地考虑具体案件的实际因素个案认定，而不能机械、简单地以《区分表》作为依据或标准。具体而言，在《区分表》中构成类似种类的商品，未必构成侵权判定中的类似商品，或者虽然也构成类似商品，但因为没有导致消费者混淆而阻却成立商标侵权；反之，在《区分表》中不构成类似种类的商品，可以因为导致消费者混淆而被推定构成商标侵权意义上的类似商品。例如，沙拉酱和花生酱是否属于类似商品？对比具体过程如下。功能：均为营养品；用途：均用于佐餐调味；生产部门：均属食品加工生产企业；销售渠道：以超市、食品店零售为重要销售渠道；消费对象：价格相仿，均为大众消费，均无特殊群体需求。通过上述比较，可以看出沙拉酱与花生酱虽然分属《区分表》中的不同类别，但应当认定为类似商品。

具体到本案，被告生产、销售的涉嫌侵权商品是硒鼓、墨盒，与原告主张的第 22522 号"INTEL"商标核定使用的微型计算机、微型控制器、微处理机在《区分表》上分属不同的类别,但是,商品种类的判定仍然要从功能、用途、生产部门、销售渠道、消费对象等方面综合进行分析。两相比较,功能:前者为打印耗材,后者为智能控制装置;用途:前者用于打印、复印、传真等用途,后者用于计算机、控制器、处理器等方面;生产部门:前者属于电子耗材生产部门,后者属于储存器、控制器、智能仪器等生产部门;销售渠道:前者主要通过耗材商店、超市等销售,后者主要通过门店、电脑城、品牌公司进行销售;消费对象:前者主要为办公类的机关、企业或者个人,后者与前者虽存在部分交叉,但二者价格差别较大,在消费层次上有明显差别。通过上述比较,可以看出两者应当认定为不相类似商品,因此本案有认定为驰名商标的必要。

葫芦娃案

[本案于我个人而言，堪称最重要的案件。兹全文照录二审判决如下，唯格式采取主流数据库（如知产宝）版本，个别地方做了技术处理（如除当事人外的自然人姓名）]

上海市第二中级人民法院
民事判决书

（2011）沪二中民五（知）终字第 62 号

当事人信息：

上诉人（原审原告）胡进庆。

上诉人（原审原告）吴云初。

两上诉人的共同委托代理人孙昶林，上海融孚律师事务所律师。

被上诉人（原审被告）上海美术电影制片厂。

法定代表人汪天云。

委托代理人曹岭，上海市国泰律师事务所律师。

委托代理人陶宏，上海富兰德林律师事务所律师。

审理经过：

上诉人胡进庆、吴云初因著作权权属纠纷案，不服上海市黄浦区人民法院（2010）黄民三（知）初字第 28 号民事判决，向本院提起上诉。本院受理后，依法组成合议庭，于 2011 年 9 月 22 日和 2011 年 12 月 2 日两次公开开庭进行了审理。上诉人胡进庆、吴云初的委托代理人孙昶林，被上诉人上海美术电影制片厂（以下简称美影厂）的委托代理人曹岭、陶宏到庭参加诉讼，证人严 A 和蒋 A 出庭作证。本案现已审理终结。

一审法院查明：

原审法院经审理查明：

一、两原告在被告处的履历情况

1953 年，胡进庆进入美影厂工作，历任动画设计、动作设计、造型设计、导演、艺术委员会副主任等职。1964 年 8 月，吴云初进入美影厂工作，历任动作设计、造型设计、作监、导演等职。二人分别于 1988 年 3 月和 1996 年 10 月被评为一级导演和一级美术设计师。

二、涉案影片的创作背景

1985 年 11 月 9 日，美影厂向文化部电影局上报 1986 年题材计划，在暂定节目项下共有各类影片 40 本，其中包含剪纸片《七兄弟》（民间故事）8本。1987 年 1 月 12 日，上海电影总公司向上海市人民政府报告《上海电影总公司一九八六年工作概况》中称，"今年美术片生产的主要突破是，根据广大观众特别是少年儿童的要求，在系列片创作方面作了尝试，包括剪纸片《葫芦兄弟》在内的五个系列影片，试映后获得不同程度的好评，也满足了社会对于国产系列美术片的要求。"

证人沈 A（时任涉案影片的动作设计）、龚 A（时任涉案影片的动作设计和绘景）、沈 B（时任涉案影片的动作设计）证实：1986 年前后，导演等创作人员均需完成美影厂创作办公室每年下达的任务指标，导演每年需完成一部长片（约 20 分钟）或两部短片（约 10 分钟），主要由美影厂指派任务，其他创作人员跟随导演完成相应工作量，创作成果均归属于单位。

三、"葫芦娃"造型设计及影片的创作

1984 年，美影厂的文学组编剧杨 A 根据民间故事《七兄弟》创作了《七兄弟》文学剧本大纲。1985 年底，美影厂成立《七兄弟》影片摄制组，指派胡进庆、周 A、葛 A 担任导演，胡进庆、吴云初担任造型设计，二人绘制了"葫芦娃"角色造型稿。葫芦七兄弟的造型一致，其共同特征是：四方的脸型、粗短的眉毛、明亮的大眼、敦实的身体、头顶葫芦冠、颈戴葫芦叶项圈、身穿坎肩短裤、腰围葫芦叶围裙，葫芦七兄弟的服饰颜色分别为赤、橙、黄、绿、青、蓝、紫。胡进庆先后绘制《葫芦兄弟》13 集分镜头台本。为加快影片拍摄进度，1986 年 1 月至 12 月，美影厂成立单、双集摄制组。

经比对，分镜头台本中的"葫芦娃"角色造型与影片中的"葫芦娃"外形基本一致，前者为黑白、笔法简略、前后呈现细节上的诸多不一致。后者为彩色、画工精致、前后一致。1988年，胡进庆先后绘制《葫芦小金刚》6集分镜头台本，"金刚葫芦娃"的造型与"葫芦娃"基本一致，仅改为身穿白衣、颈项佩戴金光闪闪的葫芦挂件，以示"金刚葫芦娃"由葫芦七兄弟合体而成。

四、涉案影片的署名

中华人民共和国广播电影电视部电影事业管理局（以下简称广电部电影局）编印的影片目录显示，《葫芦兄弟》、《葫芦小金刚》每集的美术设计基本上均署名为吴云初、进庆、常Ａ。《葫芦兄弟》每集完成台本和1996年美影厂出品的葫芦兄弟系列VCD光盘的每集片尾工作人员名单显示，单集创作人员包括编剧：姚Ａ、杨Ａ、墨Ａ，导演：胡进庆、葛Ａ，造型设计：吴云初、进庆，等等；双集创作人员包括导演：胡进庆、周Ａ，造型设计：吴云初、进庆，等等。《葫芦小金刚》每集完成台本的片尾工作人员名单显示，编剧：姚Ａ、墨Ａ，造型设计：吴云初、进庆，总导演：胡进庆，等等。

五、涉案影片的发行和播映

1987年3月和1988年3月，广电部电影局分别编印的1986年、1987年影片目录显示：1986年完成《葫芦兄弟》第一集至第九集，1987年完成《葫芦兄弟》第十集至第十三集。1990年3月、1991年3月和1992年3月，广电部电影局分别编印的1989年、1990年、1991年影片目录显示：1989年完成《葫芦小金刚》第一集至第三集，1990年完成《葫芦小金刚》第四集至第五集，1991年完成《葫芦小金刚》第六集。涉案影片上映时先是以剪纸动画片的形式在电视台播出，后在电影院公映。1996年，美影厂将涉案两部影片制作成六盒VCD进行出版发行，该出版物的封套显示：上海美术电影制片厂出品，上海电影音像出版社出版发行。2008年，美影厂将《葫芦兄弟》13集合成制作成一部电影进行公开放映。涉案影片的投资拍摄、拷贝洗印、出版发行，在电视台和电影院播映、音像市场发行等费用均由美影厂出资。

六、涉案影片的奖励分配

1988年1月15日，美影厂创作办公室向广电部电影局推荐包括剪纸片

《葫芦兄弟》（第三、第四集）在内的共四部影片评选 1986 年优秀影片。1988 年 5 月 20 日，美影厂向广电部电影局上报参加 1986 年、1987 年优秀影片颁奖大会名单，其中包括《葫芦兄弟》影片的代表：导演胡进庆和动作设计沈 A。1988 年 8 月 19 日，美影厂向《葫芦兄弟》影片的创作人员发放 1986 年优秀影片奖的奖金 7000 元。此外，《葫芦兄弟》还获得 1987 年儿童电影"童牛奖"。

一审法院认为：

原审法院认为，本案的争议焦点在于：1."葫芦娃"角色造型是否构成作品及由谁创作；2."葫芦娃"角色造型美术作品的性质；3."葫芦娃"角色造型能否作为可以单独使用的作品并由作者单独行使其著作权；4."葫芦娃"形象与"葫芦娃"角色造型美术作品的关系。

关于争议焦点 1。原审法院认为，"葫芦娃"造型设计的作者首次以线条勾勒出"葫芦娃"的基本形象，塑造出炯炯有神、孔武有力、天真可爱的"葫芦娃"角色造型，并以七色区分七兄弟，体现了作者的匠心独运与绘画技巧，其通过手工绘制而形成的视觉图像，结合线条、轮廓、服饰以及颜色的运用形成特定化、固定化的"葫芦娃"角色造型，已不再停留于抽象的概念或者思想，具有艺术性、独创性和可复制性，符合我国著作权法规定的作品的构成要件，应当受到我国著作权法的保护。至于"金刚葫芦娃"，因其与"葫芦娃"的基本造型并无二致，仅在衣服的颜色和颈部佩饰方面稍做改动，故不构成新的作品，可归结为一个"葫芦娃"角色造型。故应认定"葫芦娃"角色造型构成美术作品。

对于"葫芦娃"角色造型由谁创作的问题，胡进庆和吴云初提供的证据尚不足以证明其独立创作了"葫芦娃"角色造型美术作品。但是，涉案影片的影片目录、每集的完成台本和 1996 年美影厂出品的葫芦兄弟系列 VCD 光盘的每集片尾工作人员名单均显示，造型设计：吴云初、进庆，对该署名自影片创作完成至今双方均无异议，美影厂亦承认胡进庆、吴云初对系争造型所作的贡献。根据我国著作权法的规定，如无相反证明，在作品上署名的公民、法人或者其他组织为作者，据此可认定，胡进庆和吴云初共同创作了"葫芦娃"角色造型美术作品。

关于争议焦点 2。原审法院认为，第一，从当时的社会背景来看，在涉案影片创作时，我国正处于计划经济时期，美影厂作为全民所有制单位，影片的创作需严格遵循行政审批程序，影片的发行放映需严格遵循国家的计划安排，如根据上级单位下达的年度指标任务上报年度创作题材规划，根据年初规划组织安排人员落实，创作成果归属于单位，单位并将创作成果交由相关单位统一出版发行，年底向上级单位、政府部门等汇报各项指标任务的完成情况等。在作品创作的当时，胡进庆和吴云初作为美影厂的造型设计人员完成厂方交付的工作任务正是其职责所在，其创作的成果归属于单位是毋庸置疑的行业惯例，也是整个社会的一种约定俗成。第二，从法律法规的规定来看，当时著作权法尚未颁布，《中华人民共和国民法通则》第 94 条仅原则性地规定，公民、法人享有著作权（版权），依法有署名、发表、出版、获得报酬等权利。对于电影作品著作权的归属及电影作品中哪些作品可以单独使用并由作者单独行使著作权均未作出规定。现已失效的《图书、期刊版权保护试行条例》可供参照，其中仅规定，用机关、团体和企业事业单位的名义或其他集体名义发表的作品，版权归单位或集体所有。我们更无法要求本案当事人在系争造型创作时，能够预先按照 1991 年 6 月 1 日起施行的著作权法的规定，就职务作品著作权的归属以合同的形式进行明确约定。因此，认定胡进庆和吴云初对其创作的作品于创作的当时享有著作财产权缺乏法律依据。第三，从单位的规章制度来看，根据美影厂的规定，在涉案影片创作的当时，导演等均需完成厂创作办公室每年下达的任务指标，其他创作人员跟随导演完成相应工作量。美影厂就涉案影片成立了摄制组，并指派胡进庆担任导演，胡进庆、吴云初任造型设计，此系完成美影厂交付的工作任务。可见，完成法人交付的工作指标任务，取得工资、奖金及相关的医疗、分房等福利待遇，创作成果则归属于法人，符合当时社会人们的普遍认知，也是社会公众普遍认同的行为准则。第四，从取得的奖励来看，根据有关规定，美影厂自 1986 年 1 月 1 日起对创作人员实行酬金制，并对分给导演的奖金适当提高数额，由此说明在当时的历史条件下国家对影片主创人员创造性劳动的鼓励、尊重及对其价值的认可。胡进庆、吴云初就系争造型的作品创作已取得远高于工资性奖金的酬金和奖励，自涉案影片最初播映的 1986 年起至

2010 年二人起诉之日前的 24 年间，也没有证据表明二人曾就酬金和著作权归属向美影厂提出过异议。综上，根据系争造型创作当时的时代背景、历史条件和双方当事人的上述行为，可以认定"葫芦娃"角色造型美术作品的著作权由美影厂享有，胡进庆、吴云初仅享有表明其作者身份的权利。（原审法院的此段说理应该说非常详尽，而且层层递进，从宏观到微观，已尽可能全面。然而，针对性似嫌不足。没有就争议焦点反映的问题直接回应，虽有论证过程，但结论的得出仍显突兀，给人以隔靴搔痒的感觉）

另一方面，虽然胡进庆、吴云初系单位职工，造型设计属于其职责范围，系争造型是在单位主持下，为了完成单位的工作任务而进行的创作，责任亦由单位承担，但是，不能将法人意志简单地等同于单位指派工作任务、就创作提出原则性要求或提出修改完善意见等。系争美术作品的创作无须高度借助单位的物质技术条件，创作的过程也并不反映单位的意志，而是体现了作者独特的思想、感情、意志和人格。虽然摄制组其他成员和美影厂的部门负责人曾提出过修改意见，但这并不影响对"葫芦娃"角色造型作出实质性贡献的仍然是作者个人。而且，从片尾的署名来看，造型设计也已署名两原告个人，因此，"葫芦娃"角色造型美术作品并不是代表法人的意志创作，不应认定为法人作品。

关于争议焦点 3。原审法院认为，我国著作权法第 15 条第 2 款"电影作品和以类似摄制电影的方法创作的作品中的剧本、音乐等可以单独使用的作品的作者有权单独行使其著作权"的适用前提之一是著作财产权归属于作者，本案中，系争造型美术作品的著作权应属美影厂所有，胡进庆和吴云初仅享有表明其作者身份的权利，故二人也就丧失了单独行使著作权的前提，不得援引该条款获得法律的保护。

关于争议焦点 4。原审法院认为，"葫芦娃"形象之所以能够成为家喻户晓、深受观众朋友喜爱的动画形象，其知名度的形成有赖于：一是美影厂于 1986 年作出的投资拍摄《葫芦兄弟》系列剪纸动画电影的决定；二是美影厂在 1986 年至 1991 年期间连续不断地推出《葫芦兄弟》、《葫芦小金刚》共 19 集系列剪纸动画电影；三是二十多年来美影厂通过电视台播映、电影院放映、发行 VCD 等载体形式，公开、广泛、持续、全面地传播涉案影片及所涉的

"葫芦娃"形象，使之成为具有机智、勇敢、正义、协作等精神品质的可爱中国男童的代表，在广大的少年儿童乃至成人社会中产生良好的公众效应，在社会公众中享有较高的知名度，胡进庆、吴云初对于美影厂的上述投资、出版发行等行为均未表示异议。因此，从民法的公平原则角度出发，对于"葫芦娃"形象的整体性和知名度所作的贡献均应归功于美影厂，故对胡进庆、吴云初关于影片中"葫芦娃"形象的著作权归其所有的主张，不予支持。

一审裁判结果：

综上，原审法院根据《中华人民共和国著作权法》第 3 条第 4 项、第 11 条第 1 款、第 2 款、第 4 款、第 15 条、第 16 条第 2 款第 2 项、第 60 条、第 61 条，《中华人民共和国著作权法实施条例》第 4 条第 8 项、第 11 项、第 11 条第 1 款，《中华人民共和国民法通则》第 4 条的规定，判决：对原告胡进庆、吴云初要求确认《葫芦兄弟》及其续集《葫芦小金刚》系列剪纸动画电影中"葫芦娃"（即葫芦兄弟和金刚葫芦娃）角色形象造型原创美术作品的著作权归原告胡进庆、吴云初所有的诉讼请求，不予支持。

上诉人诉称：

判决后，胡进庆、吴云初不服，向本院提起上诉，请求撤销原判，改判确认《葫芦兄弟》及其续集《葫芦小金刚》系列剪纸动画电影中"葫芦娃"（即葫芦兄弟和金刚葫芦娃）角色形象造型原创美术作品的著作权归上诉人胡进庆、吴云初所有。其主要上诉理由为：1. 上诉人提供的前三集分镜头台本中的"葫芦娃"形象是葫芦兄弟和金刚葫芦娃角色形象的原创美术作品，是由上诉人于 1984 年创作完成的，原审法院对此事实认定有误；2. 上诉人对"葫芦娃"职务作品应享有完整的著作权，而非仅有署名权，原审法院适用《中华人民共和国著作权法》第 16 条第 2 款，属适用法律错误。

被上诉人辩称：

被上诉人美影厂辩称，不同意上诉人的上诉请求，分镜头台本不能证明上诉人享有"葫芦娃"造型著作权，该分镜头台本形成于造型确定之后。被上诉人坚持其在原审中所持观点，即《葫芦兄弟》影片和"葫芦娃"形象是在美影厂的集体领导下创作完成的，属于法人作品。

本院查明：

二审中，上诉人提交了《动画大王》杂志 1986 年第 6 期、1987 年第 2 期、1987 年第 3 期，以证明《葫芦兄弟》连环画在动画片公映之前已在被上诉人合办的杂志上连载，且署名为上诉人，故被上诉人是鼓励和认可"葫芦娃"造型的著作权归上诉人所有，上诉人也实际享有了"葫芦娃"造型美术作品带来的经济利益。被上诉人认可《葫芦兄弟》连环画在电影上映前已出版的事实，但认为该事实并不能证明上诉人享有"葫芦娃"造型的著作权。

根据上诉人的申请，本院在二审中通知证人严 A（时任美影厂厂长）、蒋 A（时任美影厂创作办公室主任）出庭作证。根据证人证言及相关证据，本院查明，20 世纪 80 年代中期起，美影厂倡导创作系列动画电影。1984 年，杨 A 创作《七兄弟》文学剧本梗概，该素材被厂方认可。其后，胡进庆独立创作了《葫芦兄弟》的若干台本及造型初稿，后经吴云初补充修改"葫芦娃"造型，报美影厂创作办公室审核，通过后再报厂长审批。1985 年 11 月，《葫芦兄弟》（最初名为《七兄弟》）正式立项，成立摄制组，开始进行拍摄。其时，美影厂并无关于作品权利归属的规定，厂方与作者均缺乏著作权的概念，谈论权利的问题，是"很不光彩的事情"。《葫芦兄弟》动画片在拍摄时，蒋 A 曾明确要求创作人员不得在影片拍摄期间将连环画对外投稿，但制片完成之后是否投稿，则厂方不干涉。

本院经审理查明，原审法院查明的其他事实属实，本院予以确认。

本院认为：

本院认为，从动画电影的创作过程看，动画电影中的角色形象应有在先的静态造型，该造型如构成美术作品，应受到著作权法的保护。本案中，双方当事人均确认，系争造型即"葫芦娃"角色形象最初由胡进庆创作，经吴云初修改。被上诉人虽称该造型综合了集体的意见，代表了被上诉人的意志而最终形成，但根据现有证据，在《葫芦兄弟》动画片正式立项以前，胡进庆已独立创作了"葫芦娃"造型初稿，经吴云初补充修改，再报美影厂相关部门审核。最终形成的"葫芦娃"造型虽经美影厂其他创作人员的若干修改而成，但与原作相比并无实质性差别，不构成新的作品。故难以证明"葫芦娃"造型是由被上诉人主持，代表其意志而创作的。此外，虽然当时已有

《七兄弟》的文学剧本梗概，但该剧本的内容与后来形成的《葫芦兄弟》有较大差异，且当时尚无角色形象造型，故也不能据此认为"葫芦娃"造型是基于《七兄弟》而产生的。综上，本院确认系争"葫芦娃"造型美术作品不属于《著作权法》第11条第3款规定的情形，即不属于"法人作品"。

另外，上诉人提交了《葫芦兄弟》前三集的分镜头台本，作为"葫芦娃"造型美术作品原件的证据。该分镜头台本因形式要件欠缺，未被原审法院采信，对此本院不表异议。但证明作品的著作权归属并不必然与作品的载体相联系。换言之，即使上诉人未能提交其主张的造型作品的原件，也不意味着就应否认其权利。本案中，根据《葫芦兄弟》动画片的署名、证人证言，以及双方对创作过程的陈述等，足以确认上诉人创作了系争"葫芦娃"角色造型美术作品，且是为完成单位的工作任务所创作的。因此，系争作品属于《著作权法》第16条规定的职务作品。本案的关键就在于该职务作品的著作权归属问题。

本案系争造型美术作品创作于著作权法施行之前，当时的法律法规和政策对职务作品著作权的归属并无规定，因涉案作品尚在著作权保护期内，故本案应适用著作权法的现行规定予以处理。《著作权法》第16条区分了职务作品著作权归属的不同情况，本院认为，系争作品属于该条第2款第2项规定的"特殊职务作品"，（先明确提出结论，下文具体说理）即"法律、行政法规规定或者合同约定著作权由法人或者其他组织享有的职务作品"，理由如下：

首先，本案中，双方当事人的确没有就系争作品的著作权归属签订书面合同，但这是特定历史条件下的行为。正如原审判决所言，难以要求本案当事人在作品创作当时，就预先按照著作权法的规定，对职务作品著作权的归属作出明确约定。同时，因为当时的法律法规对此问题也无规范，故应深入探究当事人行为时所采取的具体形式，及其真实意思表示，在此基础上才能正确判断系争职务作品著作权的归属。

其次，就当时的法律环境来看，我国尚未建立著作权法律制度，社会公众也缺乏著作权保护的法律意识，双方当事人对此也予认可。因此，才有证人所述的，谈论权利问题是"很不光彩的事情"的情况发生。这说明，针对动画电影的整个创作而言，完成工作任务所创作的成果归属于单位，是符合当时人们的普遍认知的。另外，在《葫芦兄弟》动画片拍摄过程中，时任美影厂创作办公室主任的蒋 A 曾明确要求创作人员不得对外投稿，而作为创作人员的本案上诉人并未对此提出异议。现有证据也不能证明上诉人是在《葫芦兄弟》动画片拍摄期间即向《动画大王》投稿的。也就是说，上诉人以实际行为遵守了被上诉人的规定。这一事实表明，双方当事人均认可被上诉人可对包括上诉人在内的创作人员提出上述要求，即被上诉人有权对动画电影的角色形象造型进行支配。因此，从诚信的角度出发，上诉人不得在事后作出相反的意思表示，主张系争角色造型美术作品的著作权。

再次，从被上诉人的行为来看，被上诉人在动画电影拍摄完成后，对上诉人将《葫芦兄弟》连环画对外投稿并出版的行为未加干涉，并不表明其放弃了权利，而只是放弃行使权利，即放弃利用作品所带来的经济利益。因为在此过程中，被上诉人的著作权并未受到质疑，也未产生如本案这样的权属纠纷，故其行为不能看作是对权属问题的表态。同理，被上诉人其后在相关侵权诉讼中未以原告的身份主张权利，也仅能作如上理解，而非如上诉人所言是不具备权利人的资格。

最后，本案中，系争"葫芦娃"角色造型美术作品确由胡进庆、吴云初创作，体现的是二人的个人意志，故对上诉人作为作者的人格应予尊重。具体而言，对于系争作品这样的"特殊职务作品"，应根据《著作权法》第 16 条第 2 款的规定，由上诉人享有署名权，著作权的其他权利由被上诉人享有。（就职务作品著作权归属的核心问题，二审没有像一审那样在外围绕圈，而是"扎硬寨"解决，读者可细细品味。当然，二审得出结论的一个重要基础是补充查明了相关事实）

二审裁判结果：

综上，本案系争的"葫芦娃"角色造型美术作品属于特定历史条件下，上诉人创作的职务作品，由被上诉人享有除署名权以外的其他著作权。因此，原审法院认定事实清楚，适用法律正确，上诉人胡进庆、吴云初的上诉请求不能成立。依照《中华人民共和国民事诉讼法》第 153 条第 1 款第 1 项、第 158 条之规定，判决如下：

驳回上诉，维持原判。

本案二审案件受理费人民币 800 元，由上诉人胡进庆、吴云初负担。

本判决为终审判决。

审判长　芮文彪

审判员　李国泉

审判员　袁秀挺

二〇一二年三月三十日

书记员　袁　博

附：相关的法律条文（判决书附法律条文是裁判文书改革的一个举措，相比以往仅有条文名称的做法，体现了完整性，也便利了当事人）

《中华人民共和国民事诉讼法》

第一百五十三条　第二审人民法院对上诉案件，经过审理，按照下列情形，分别处理：

（一）原判决认定事实清楚，适用法律正确的，判决驳回上诉，维持原判决；

……

第一百五十八条　第二审人民法院的判决、裁定，是终审的判决、裁定。

本案二审对一审判决的事实认定和说理进行了较多剪裁，除文字上的考虑外，在一些方面也反映出二审与一审观点的不同。现将一审判决的核心部分附于后，供读者参考比较。

本院认为：[1] 系争造型诞生于影片创作时的 1986 年，根据我国著作权法的规定，应当依照侵权或违约行为发生时的有关规定和政策处理，但当时的法律法规和政策并没有关于影片中角色造型著作权归属的规定，根据我国著作权法的规定，著作权人在该法施行之日尚未超过该法规定的保护期的，依照该法予以保护，故本案仍应适用我国著作权法的规定予以处理。

---

[1]　上海市黄浦区人民法院（2010）黄民三（知）初字第 28 号民事判决书。

结合双方当事人的诉辩主张及本院查明的事实，本院认为，本案的争议焦点在于：

一、"葫芦娃"角色造型是否构成作品及由谁创作

两原告诉称，原告胡进庆在创作《葫芦兄弟》前三集分镜头台本的同时独立创作了"葫芦娃"角色造型，在被告厂艺术委员会有关葫芦兄弟造型设计的征集评选活动中，由其绘制的设计稿经原告吴云初整理后被最终采用，葫芦七兄弟和"金刚葫芦娃"的造型基本一致。原告胡进庆提供由其绘画的形成于全厂征集之时的"葫芦娃"角色造型美术作品3幅、上述两部影片分镜头台本节选共70页，原告吴云初提供《葫芦兄弟》、《葫芦小金刚》人物美术资料6页予以证实。

被告辩称，"金刚葫芦娃"角色造型只是"葫芦娃"角色造型的延续，不具有独创性，不构成新的作品。"葫芦娃"角色造型艺术性体现在影片获得诸多奖项。两原告确实参与了葫芦兄弟的造型设计，但该设计是集体创作的成果。原告用于主张权利的分镜头台本不完整、无作者署名、无形成时间，每集片名系事后添加或涂改，证据有重大缺陷。原告胡进庆提供的"葫芦娃"角色造型美术作品三幅无形成时间和作者署名，其形象与影片中的角色形象有较大差异，原告吴云初提供的《葫芦兄弟》、《葫芦小金刚》人物美术资料6页形成于《葫芦小金刚》影片完成之后，系事后制作。分镜头台本只是电影摄制过程中的一道工序，是电影摄制的说明书，不可以单独使用，也不构成著作权法意义上的作品，其权利归属于制片人，且台本和角色造型没有关联性，因此，原告的主张缺乏相关证据证实。

本院认为，无论是文言文形式的民间故事《七兄弟》，还是民间流传的十兄弟故事，直至涉案影片的《七兄弟》文学剧本大纲，均系文字作品，即便是《葫芦兄弟》的剧本及其中有关"葫芦娃"的描述，也是一种文字表达，"葫芦娃"造型设计的作者首次以线条勾勒出"葫芦娃"的基本造型，四方的脸型体现出善良和正直，粗短的眉毛、长长的睫毛、明亮的大眼、小嘴红唇透露出孩童的天真与慧黠，粗壮有力的手部与腿部线条暗含蕴藏的无穷力量与本领；上装的坎肩与下装的短裤相配显得精干利落；头顶的葫芦冠饰衬以两边各一片嫩绿的叶子，颈部的黑色项圈上点缀两片葫芦嫩叶，腰部

的葫芦叶围裙清晰可见叶片的茎脉，既富有层次感又相互呼应，其巧妙地将葫芦与中国男童形象相融合，塑造出炯炯有神、孔武有力、天真可爱的"葫芦娃"角色造型，并以七色区分七兄弟，既表明兄弟的身份又以示区别，体现了作者的匠心独运与绘画技巧，其通过手工绘制而形成的视觉图像，结合线条、轮廓、服饰以及颜色的运用形成特定化、固定化的"葫芦娃"角色造型，已不再停留于抽象的概念或者思想，其所具有的审美意义、艺术性、独创性和可复制性，符合我国著作权法规定的作品的构成要件，应当受到我国著作权法的保护。至于"金刚葫芦娃"，因其与"葫芦娃"的基本造型并无二致，仅在衣服的颜色和颈部佩饰方面稍做改动，故不构成新的作品，可归结为一个"葫芦娃"角色造型。综上，本院认定"葫芦娃"角色造型构成美术作品。

关于"葫芦娃"角色造型由谁创作的问题，两原告既未提供定稿的"葫芦娃"角色造型美术作品，也从未就该作品进行版权登记。原告胡进庆提供的据以证明其作者身份的 70 页分镜头台本既不完整，也无作者署名和形成时间，每集片名系事后添加或有涂改，且分镜头台本并不等同于角色造型；原告胡进庆提供的"葫芦娃"造型美术作品 3 幅无形成时间和作者署名；原告吴云初提供的《葫芦兄弟》、《葫芦小金刚》人物美术资料 6 页无形成时间和作者署名，明显形成于《葫芦兄弟》影片完成之后，系事后制作，且上述造型稿与影片中的"葫芦娃"形象仍有差异，而原告提供的证人均未到庭作证，故本院对上述证据均不予采信。因此，两原告提供的上述证据尚不足以证明其独立创作了"葫芦娃"角色造型美术作品。但是，涉案影片的影片目录、每集的完成台本和 1996 年上海美术电影制片厂出品的葫芦兄弟系列 VCD 光盘的每集片尾工作人员名单均显示，造型设计：吴云初、进庆，对该署名自影片创作完成至今双方均无异议，被告亦承认两原告对系争造型所作的贡献。根据我国著作权法有关如无相反证明，在作品上署名的公民、法人或者其他组织为作者的规定，本院据此认定，两原告共同创作了"葫芦娃"角色造型美术作品。（该部分一审审查得很细致，说理也很详尽，但在二审中并非争议的关键所在，故二审作了大幅简化）

二、"葫芦娃"角色造型美术作品的性质

两原告诉称，其从未利用被告的物质技术条件创作《葫芦兄弟》分镜头台本（前三集台本是系争造型的最初源头），被告组织的采风活动与系争造型的创作无关，涉案影片的酬金和获奖奖励已收到，但具体金额不清楚，其性质是劳务费，双方也从未签订著作权归属的协议，因此，系争造型美术作品系职务作品，著作权应归两原告所有。被告辩称，无论是分镜头台本还是人物造型，都是法人作品，系争造型由摄制组及其他参与人员集体讨论确定，在法人的领导下，体现法人的意志，责任由法人承担，著作权应归被告所有。

本院认为，法律制度通常反映了一国的经济、文化、社会和时代特征，对系争权属的判定，同样不能脱离作品创作的时代背景和当时的法律制度。其一，从宏观的社会现实角度来看，被告提供的一系列证据显示，在涉案影片创作的当时，我国正处于计划经济时期，被告作为全民所有制单位，影片的创作需严格遵循行政审批程序，影片的发行放映需严格遵循国家的计划安排，如根据上级单位下达的年度指标任务上报年度创作题材规划，根据年初规划组织安排人员落实，创作成果归属于单位，单位并将创作成果交由相关单位统一出版发行，年底向上级单位、政府部门等汇报各项指标任务的完成情况等。在作品创作的当时，两原告作为被告方的造型设计人员完成被告交付的工作任务正是其职责所在，其创作的成果归属于单位是毋庸置疑的行业惯例，也是整个社会的一种约定俗成。其二，从当时的法律制度来看，1987年1月1日起施行的《中华人民共和国民法通则》第94条仅原则性地规定，公民、法人享有著作权（版权），依法有署名、发表、出版、获得报酬等权利。对于电影作品著作权的归属及电影作品中哪些作品可以单独使用并由作者单独行使著作权均未作出规定。可供参照的1985年1月1日起生效，现已失效的《图书、期刊版权保护试行条例》也仅规定，用机关、团体和企业事业单位的名义或其他集体名义发表的作品，版权归单位或集体所有。我们更无法要求本案当事人在系争造型创作的当时，能够预先按照于1991年6月1日起施行的我国著作权法的规定，就职务作品著作权的归属以合同的形式进行明确约定。因此，认定两原告对其创作的作品于创作的当时享有著作财产权缺乏法律依据。其三，从微观的规章制度来看，被告提供的三位证人证言均证实涉案影片创作的当时，导演等均需完成厂创作办公室每年下达的任务指标，其他创作人员跟随导演完成相应工作量。原、被告均认可被告就涉案影片成立了摄制组，并指派原告胡进庆担任导演，两原告任造型设计，此系完成被告交付的工作任务。可见，完成法人交付的工作指标任务，取得工资、奖金及相关的医疗、分房等福利待遇，创作成果则归属于法人，符合当时社会人们的普遍认知，也是社会公众普遍认同的行为准则。其四，从取得的奖励来看，1986年3月被告的上级公司下达的文件明确规定，自1月1日起创作人员实行酬金制；1986年8月18日广电部电影管理局的发函明确表示，奖金全额发给获奖影片的摄制组，其中60%发给主要创作人员；为鼓励导演努力拍摄出更多的优秀影片，从今年开始分给导演的奖金应适当提高数额，其制度设计的本身亦说明在当时的历史条件下国家对影片主创人员创造性劳动的鼓励、尊重和其劳动价值的体现。上述文件结合两原告陈述、三位证人有关已领取酬金和奖励的证言及被告提供的财务凭证均表明就系争造型的作品创作，两原告已取得远高于工资性奖金的酬金和奖励，自涉案影片最初播映的1986年起至2010年两原告起诉之日前的24年间也没有证据表明两原告曾就此向被告提出过异议。而且，在系争造型创作完成的24年间两原告也从未就系争造型的著作权向被告提出异议。综上，根据系争造型创作当时的时代背景、历史条件和双方当事人的上述行为，可以认定"葫芦娃"角色造型美术作品的著作权由被告享有，两原告仅享有表明其作者身份的权利。（该争议焦点是关键，二审对一审观点基本照录，除突出重要性外，也为二审的说理加以铺垫）

　　至于被告关于系争造型系法人作品的辩称意见，本院认为，虽然两原告系单位职工，造型设计属于其职责范围，系争造型是在单位主持下，为了完成单位的工作任务而进行的创作，责任亦由单位承担，但是，我们不能将法人意志简单地等同于单位指派工作任务、就创作提出原则性要求或提出修改完善意见等，否则，所有的职务作品均可被视为法人作品，作为自然人的创作者将丧失作者地位。系争美术作品的创作无须高度借助单位的物质技术条件，创作的过程也并不反映单位的意志，而是体现了作者独特的思想、感情、意志和人格。无论是"葫芦娃"角色造型的线条、轮廓、色彩还是服饰、颈饰、腰饰、葫芦冠等的选择都体现了作者个人的构思、选择和表达。虽然，被告陈述摄制组其他成员和被告的部门负责人曾提出过修改意见，但这并不影响对"葫芦娃"角色造型作出实质性贡献的仍然是作者个人。而且，从片尾的署名来看，造型设计也已署名两原告个人，因此，"葫芦娃"角色造型美术作品并不是代表法人的意志创作，不应认定为法人作品，对被告的上述主张，本院不予采信。

三、"葫芦娃"角色造型能否作为可以单独使用的作品并由作者单独行使其著作权

两原告认为，动画电影中虚拟人物表演的载体是通过原告创作的美术作品来完成，在人物角色上存在美术作品的著作权，且美术作品先于电影而存在，系争造型作为受著作权法保护的美术作品，属于可以单独使用的作品应由两原告单独行使著作权，被告则以系争造型系法人作品且不得单独使用为由，否认两原告享有系争造型美术作品的著作权。

本院认为，我国《著作权法》第15条第2款"电影作品和以类似摄制电影的方法创作的作品中的剧本、音乐等可以单独使用的作品的作者有权单独行使其著作权"的适用前提有三个：一是身份系作者，其意义在于进一步保护电影作品中合作作者的单独的著作权，如果不是作品的作者，就不能成为适用本条款的合格主体，也就丧失了获得单独保护的前提条件；本案中，被告在影片的片尾将造型设计署名两原告，即是承认两原告系涉案影片角色造型美术作品的作者；二是著作财产权归属于该位作者，即只有在作者已获得著作财产权的前提下，编剧、词曲作者等才能够独立地行使著作权，反之，如著作财产权归属于法人或其他组织，则即使系作品的作者也无权行使该作品的著作财产权，更谈不上独立行使其著作权，即只有根据我国《著作权法》第11条和第16条第1款的规定，著作财产权属于作者时，才能适用本条的规定；本案中，前已论述系争造型美术作品的著作权应属被告所有，两原告仅享有表明其作者身份的权利，故两原告也就丧失了适用本条的前提；三是作品可以单独使用，所谓单独使用，并非是指截取影片中的任何一幅截图进行使用，电影截图是电影整体表达的不可分割的组成部分，其本身并不具有独立于电影的表达，它仍然是在电影设定的背景和场景之下，表达着电影中的人物或故事内容，该等使用仍是对电影的使用，而不是一种对电影中其他作品的单独使用；本法条虽然仅列举剧本、音乐两类作品，但由于系争

造型可以从电影中抽离出来，并独立地使用在其他的商品或服务标识之上，事实上，多年来原、被告分别起诉的众多著作权侵权案件，也从侧面印证了系争造型已被他人进行独立于影片的单独使用，故"葫芦娃"角色造型美术作品属于可以单独使用的作品。上述三个前提条件只有在同时满足的情况下，才能适用本条，由于两原告并不享有系争造型美术作品除署名权以外的著作权，故两原告不得援引该条款获得法律的保护。（该争议焦点在二审中未作为重点）

四、关于"葫芦娃"形象与"葫芦娃"角色造型美术作品的关系

原告在庭审中一再提及其所主张的著作权也包括映射在电影中的每一个"葫芦娃"形象，本院认为，就存在于影片中的每一个"葫芦娃"形象而言，由于两原告已同意被告将其作品拍摄成电影，而且，电影作品的整体著作权应由被告行使双方当事人均无异议，故两原告关于影片中"葫芦娃"形象的著作权归其所有的主张，本院不予采信。

当系争造型美术作品进入影片以后，经动作设计、背景设计、绘制、摄影、编剧、导演、配音等人员的创造性劳动，形成了"葫芦娃"具有个性特征的完整形象，该形象由包含姓名、身份、造型、声音、性格等个性特征、人物在特定环境下的经历和故事等情节以及人物对人的反应和对物的反应等组成，上述形象确认因素构成一个具有整体性的"葫芦娃"形象，当人们看到静态的"葫芦娃"形象时，它已不是单纯的一幅美术作品，而是包含个性特征、情节、反应等要素的生动形象，（此表述二审未予采纳）因此，本院认定被告对于"葫芦娃"形象的整体性作出了贡献。关于"葫芦娃"形象的知名度，结合被告提供的证据及陈述表明，"葫芦娃"形象之所以能够成为家喻户晓、深受观众朋友喜爱的动画形象，其知名度的形成有赖于：一是被告于1986年作出的投资拍摄《葫芦兄弟》系列剪纸动画电影的决定；二是被告在1986年至1991年期间连续不断地推出《葫芦兄弟》、《葫芦小金刚》共19集系列剪纸动画电影；三是二十多年来被告通过电视台播映、电影院放映、发行 VCD 等载体形式，公开、广泛、持续、全面地传播涉案影片及所涉的"葫芦娃"形象，使之成为具有机智、勇敢、正义、协作等精神品质的可爱中国男童的代表，在广大的少年儿童乃至成人社会中产生良好的公众效应，

在社会公众中享有较高的知名度，两原告对于被告的上述投资、出版发行等行为均未表示异议。因此，从民法的公平原则角度出发，对于"葫芦娃"形象的整体性和知名度所作的贡献均应归功于被告。（对此结论二审不持异议，但认为不宜成为裁判理由。一审的观点似从认同"商品化权"出发，但所谓商品化权在我国尚未成为实定法上的规定，在本案中也并非要一定先确认之。故二审还是采取了相对保守的立场，对一审的该段论述从略处理）故两原告关于影片中"葫芦娃"形象的著作权归其所有的主张，本院不予支持。

……

审理心得

胡进庆、吴云初诉上海美术电影制品厂著作权权属纠纷案（以下简称葫芦娃案），可以说是为我带来荣誉最多的一个案件。该案曾被评为2012年度中国法院知识产权司法保护十大案件（排名第四）和上海知识产权保护十大案件（排名第一），并被评为上海市高级人民法院首批参考性案例（第4号），还曾登载在2013年第4期的《最高人民法院公报》"案例"栏目上。当然，围绕这个案子的争议也不少。类似案件的不同处理结果引发对本案法律适用的讨论，败诉当事人也曾就本案提出再审申请。那么，本案作为影响巨大、知名度很高的案件，法官又是如何进行审理并综合考量各种因素的呢？

首先要指出的是，本案在法律适用上是比较复杂、存在较大争议的（从当事人不服裁判就可见一斑），而绝非仅凭当事人及题材的知名度而取胜的案件，这与前述英特尔案形成对照。但是，如果单就案件实体结果而言，相信多数人会有基本判断的。这里存在认识问题的两个基点：第一，在特定历史条件下（如计划经济时代）的创作有其特殊性；第二，目前的动画片制作实践，一般均会约定角色造型的著作权由片方（制片者）享有。

实际上，在本案之前，关于著作权法出台之前，职务创作行为产生的成果归属的纠纷已不乏其例。如在北京法院审理的孟昭瑞诉人民出版社等侵犯著作权纠纷案中，北京市高级人民法院在二审中就认为：

确定本案所涉及的在特定历史环境下完成的作品著作权归属及其权利分

配，应参照现行《著作权法》第16条的规定，同时应考虑作品的创作条件和历史背景。涉案9幅摄影作品系抗美援朝期间孟昭瑞以原解放军画报社记者的身份受解放军画报社的指派拍摄的，应属于职务作品。孟昭瑞作为涉案作品的作者，享有署名权等人身权利及一定范围内的著作财产权利。①

可见，该案对"特定历史环境下完成的作品"的著作权归属作出了一种特殊安排，即作者享有署名权及"一定范围内"的著作财产权。从中足见法官平衡各方利益，调整特定社会关系的良苦用心。然而，令人遗憾的是，该案中我们并没有看到法官对其认定有充分的说理。简单的"应……，应……"句式虽不能由此而否定判决结果，但拿不出法官裁量的具体理由，也就难以令人信服。

而在葫芦娃案一审中，可以明显感觉到法官已大有改进，在努力进行说理了。本案一审判决书中，针对"'葫芦娃'角色造型美术作品的性质"这一争议焦点，法官从当时的社会背景、法律法规的规定、单位的规章制度以及创作人员取得的奖励等四个方面进行阐述，最终得出结论："葫芦娃"角色造型美术作品的著作权由美影厂享有，胡进庆、吴云初仅享有表明其作者身份的权利。但是，不可否认，在观点和理由之间，缺乏紧密联系，整个论证过程显得比较粗浅，给人隔靴搔痒的感觉。

本案二审最终维持了一审判决，法律适用的条款也未变化，但所依据的事实和认定的理由，却与一审有所出入。饶有趣味的是，《最高人民法院公报》刊载本案时，在"裁判摘要"部分实际上是综合了两级法院的做法，兹录如下：

公民为完成法人交付的工作任务所创作的作品是职务作品。但是，20世纪80年代中期，我国著作权法尚未颁布，职工为了单位拍摄动画电影的需要，根据职责所在创作的角色造型美术作品，其创作成果的归属，根据创作当时的时代背景、历史条件和双方当事人的行为综合分析，应判定作品的性质为特殊职务作品，作者仅享有署名权，而著作权的其他权利由法人享有。所谓历史背景，包括经济体制、法律制度、社会现实和约定俗成的普遍认知；

① （2004）高民终字第900号民事判决书。

当事人的行为则可以从单位的规章制度、明令禁止、获得报酬、双方的言行等方面进行深入探究。①

而在公布 2012 年中国法院知识产权司法保护十大案件时，对本案的介绍则完全沿用了二审判决书中的说法：

双方当事人的确没有就系争作品的著作权归属签订书面合同，但这是特定历史条件下的行为，故应深入探究当事人行为时所采取的具体形式及其真实意思表示，在此基础上才能正确判断系争职务作品著作权的归属。针对动画电影的整个创作而言，完成工作任务所创作的成果归属于单位，是符合当时人们的普遍认知的。且双方均认可被上诉人有权对动画电影的角色形象造型进行支配，故从诚信的角度出发，上诉人不应在事后作出相反的意思表示，主张系争角色造型美术作品的著作权。②

其实，在我看来，时代背景、历史条件等因素都比较间接，说服力不强，本案的一个关键之处是从当事人的言行着手，在二审中补强了相关事实，进而才具备适用《著作权法》第 16 条第 2 款第 2 项的基础。③

就请求权基础而言，本案的情形有四个法律条文可供选择，分别是《著作权法》第 11 条第 3 款（法人作品）、第 16 条第 1 款（一般职务作品）、第 16 条第 2 款第 1 项（特殊职务作品 1）和第 16 条第 2 款第 2 项（特殊职务作品 2）。本案被告认为涉案作品是法人作品，但一、二审法院均未支持。且不论法人作品的合理性，在立法论上，法人作品的关键是代表法人意志创作，本案所涉动画角色形象显然不满足这一点。当然，此观点并非没有分歧。在一审和二审中，合议庭均有少数意见赞成认定为法人作品。我个人的看法是法人作品应慎用，在实践中也较稀有。

本案原告主张的是一般职务作品，著作权应由作者享有，单位享有优先

---

① "胡进庆、吴云初诉上海美术电影制片厂著作权权属纠纷案"，载《最高人民法院公报》2013 年第 4 期。

② "2012 年中国法院知识产权司法保护十大案件简介"，载《人民法院报》2013 年 4 月 22 日。

③ 这里补充一个花絮。本案的二审合议庭，被认为是上海市第二中级人民法院知识产权庭的"最强阵容"，由正、副庭长和我这个博士组成。在审理中我们也的确发挥了团队的作用，如二审中上诉人坚持要求证人出庭作证（一审中未出庭），对此我本有些不以为然，正是审判长芮文彪提醒我需进一步查明事实，才使相关关键事实通过证人证言而得以固定。

使用权。关于职务作品的定性，两级法院法官和原告的认识均一致，即涉案作品是为完成法人工作任务而创作的。但对其著作权的归属，法院与原告的观点却大相径庭。按照原告的观点，著作权的归属规则应适用著作权法现在的规定，但事实上，正如一审判决书所言：无法要求当事人在当时，就预先按照著作权法的规定，就职务作品著作权的归属进行明确约定。也就是说，根据著作权法确定权属的条件在当时并不具备。同时，《著作权法》第60条第1款关于溯及力的规定，仅涉及权利保护期的问题，也不能成为适用现行法确定职务作品权属的依据。

本案中，法官否定了原告机械适用《著作权法》第16条第1款的观点，进一步的，就需在第16条第2款的两项中作出选择。针对第16条第2款第1项规定的"工程设计图、产品设计图、地图、计算机软件等职务作品"，二审中，一开始确有观点认为涉案的美术作品也可归于该项的规范对象而"等"进来。但是，对属于同一范围概念的解释，应认为其具有共同的种类特征。美术作品虽然与该项规定的数类作品都属"图形"，但"此图非彼图"，二者本质上有明显差别。工程设计图、产品设计图、地图等首先应属于科学作品，这类作品的创作，往往需要团队的协作，非一人所能完成。也正是基于这一点，这些"图形作品"才和计算机软件并列，考虑到法人在创作中的作用，而对职务作品的权属作出特殊安排。如将涉案的连环画美术作品划入此类，实在太过牵强。经过讨论，二审在法律适用时抛弃了这一方案。

最终，就剩下第16条第2款第2项"法律、行政法规规定或者合同约定"的类型了。在当时的情况下，法律、行政法规尚付阙如，故二审认定是从"合同约定"出发予以破解。对此，"析案释疑"部分有详尽说明。并且，前文已提到，虽然二审认可了一审的法律适用，但在具体说理时，还是有所不同。这也是笔者对于二审判决较为自得的一个地方。

葫芦娃案的影响是巨大的，在很多场合被反复提起。只要是涉及动漫角色形象或者计划经济时代创作的职务作品的案件，本案都要被拿出来做比较。即使是被《最高人民法公报》刊载和被评为知识产权保护十大案件，围绕相似情况的处理，还是有不同的声音。比如，坊间就曾有"阿凡提不是葫芦娃"的说法，指的是同为上海美术电影厂创作的动画片，阿凡提角色形象美术作品的著作权却被法院认定应归创作该形象的画家个人享有。①　笔者在此不对其他法院的判决进行评论，只是想说明两点：第一，相关案件因不涉及权属纠纷，实际上争议焦点与葫芦娃案并不相同，难以直接比较；第二，葫芦娃案并未否认在确定权属时对创作者的尊重，其实质仍然是针对特定背景和个案事实作出的特殊安排。就价值而言，应关注其思路方法，而非个案结论。

值得注意的是，这个问题在最高司法机构层面也受到充分重视。继葫芦娃案后，2014 年第 9 期《最高人民法院公报》再次刊载了一个涉及动画角色形象的著作权权属纠纷案，该案的裁判摘要提到：

> 动画影片中的角色形象可以作为美术作品受到《著作权法》的保护；并且只有对该角色形象付出独创性贡献的公民才能成为作者。在《著作权法》制定实施之前的计划经济年代，不具备保护作者权利的观念基础和制度环境。因此，人民法院在确定这一特定历史时期所创作的动画影片角色形象著作财产权归属时，需要在法律适用过程中运用利益衡量方法，综合考虑历史、现状、公平等各项因素，实现个人权利与集体利益的平衡。②

应该说上述认识反映了最高人民法院在这个问题上的完整观点，③　笔者对此也是认可的。

析案释疑：动画角色造型著作权归属的认定

动画角色造型著作权归属的认定④

一审案号：（2010）黄民三（知）初字第 28 号
二审案号：（2011）沪二中民五（知）终字第 62 号

［案情］
原告：胡进庆

---

① 参见北京市第二中级人民法院（2007）二中民初字第 210 号民事判决书。
② "上海美术电影制片厂诉珠海天行者文化传播有限公司等侵犯著作财产权纠纷案"，载《最高人民法院公报》2014 年第 9 期。
③ 该裁判摘要表达完全是公报编辑所为，在该案裁判文书中未见。
④ 原载《人民司法》2013 年第 4 期，作者：袁秀挺、孙巾淋。

原告：吴云初

被告：上海美术电影制片厂

原告胡进庆、吴云初诉称，两原告系被告职工，为"葫芦娃"角色造型形象的原创作者。角色造型美术作品先于电影而存在，可以独立于影片而由作者享有著作权，而且映射在影片中的"葫芦娃"形象的著作权也应归两原告所有。两原告从未利用被告的物质技术条件创作涉案影片的分镜头台本，该作品属于一般职务作品，在双方未就著作权进行约定的情况下，"葫芦娃"角色造型形象的著作权应归两原告所有。遂诉至上海市黄浦区人民法院，请求判令：确认《葫芦兄弟》及其续集《葫芦小金刚》系列剪纸动画电影中"葫芦娃"（即葫芦兄弟和金刚葫芦娃）角色形象造型原创美术作品的著作权归原告胡进庆、吴云初所有。

被告上海美术电影制片厂辩称：涉案影片的摄制是在计划经济体制的背景下完成的，当时著作权法尚未颁布，双方不可能签订合同约定著作权的归属。系争角色造型是由两原告等人绘制草稿张贴于摄制组内，经组内人员集体讨论修改，最终由厂艺术委员会审定，作品的创作系在被告领导下，体现法人的意志，并由法人承担责任，系法人作品，原告已从被告处获得报酬和奖励。此外，影片中的"葫芦娃"形象是连续的、动态的，角色造型不可以脱离影片单独使用，即使可以单独使用，也应由被告享有著作权，这样更有利于动漫产业的发展。故请求驳回原告的诉讼请求。

上海市黄浦区人民法院审理查明：原告胡进庆于1953年进入被告处工作，历任动画设计、动作设计、造型设计、导演、艺术委员会副主任等职。原告吴云初于1964年8月进入被告处工作，历任动作设计、造型设计、作监、导演等职。

1984年被告方的文学组编剧杨A根据民间故事创作了《七兄弟》文学剧本大纲。1985年底被告成立《七兄弟》影片摄制组，指派胡进庆、周A、葛A担任导演，胡进庆、吴云初担任造型设计。两原告绘制了"葫芦娃"角色造型稿，葫芦七兄弟的造型一致，其共同特征是：四方的脸型、粗短的眉毛、明亮的大眼、敦实的身体、头顶葫芦冠、颈戴葫芦叶项圈、身穿坎肩短裤、腰围葫芦叶围裙，葫芦七兄弟的服饰颜色分别为赤、橙、黄、绿、青、蓝、紫。原告胡进庆先后绘制《葫芦兄弟》13 集分镜头台本。经比对，分镜头台本中的"葫芦娃"角色造型与影片中的"葫芦娃"外形基本一致，前者为黑白、笔法简略、前后呈现细节上的诸多不一致。后者为彩色、画工精致、前后一致，影片中的"葫芦娃"造型配合情节、对话、配音、场景，呈现出正义善良、机智勇敢、团结协作等人物性格特征。1988 年原告胡进庆先后绘制《葫芦小金刚》6 集分镜头台本，"金刚葫芦娃"的造型与"葫芦娃"基本一致，仅改为身穿白衣、颈项佩戴金光闪闪的葫芦挂件，以示"金刚葫芦娃"由葫芦七兄弟合体而成。

被告于 1986 年、1987 年完成《葫芦兄弟》共 13 集的制作；1989—1991 年陆续完成《葫芦小金刚》共 6 集的制作。涉案影片上映时先是以剪纸动画片的形式在电视台播出，后在电影院公映。1996 年被告将涉案两部影片制作成 6 盒 VCD 进行出版发行，2008 年又将《葫芦兄弟》13 集合成制作成一部电影进行公开放映。《葫芦兄弟》、《葫芦小金刚》影片每集的美术设计基本上均署名为吴云初、进庆、常保生。《葫芦兄弟》每集完成台本和 1996 年上海美术电影制片厂出品的葫芦兄弟系列 VCD 光盘的每集片尾工作人员名单中造型设计均署名吴云初、进庆。《葫芦小金刚》每集完成台本的片尾工作人员名单亦显示造型设计：吴云初、进庆。

证人沈 A（时任涉案影片的动作设计）、龚 A（时任涉案影片的动作设计和绘景）、沈 B（时任涉案影片的动作设计）均证实：1986 年左右导演等创作人员均需完成厂创作办公室每年下达的任务指标，主要由被告指派任务，其他创作人员跟随导演完成相应工作量，创作成果均归属于单位。自《葫芦兄弟》影片开始，被告取消每月 5 元的奖金，对创作人员实行酬金制。就涉案影片证人沈 A、沈 B 均证实除工资、福利外，在影片完成后，均取得了相应的酬金和奖励分配。

证人严 A（时任美影厂厂长）、蒋 A（时任美影厂创作办公室主任）证实：其时，被告方并无关于作品权利归属的规定，厂方与作者均缺乏著作权的概念，谈论权利的问题，是"很不光彩的事情"。《葫芦兄弟》动画片在拍摄时，蒋 A 曾明确要求创作人员不得在影片拍摄期间将连环画对外投稿，但制片完成之后是否投稿，则厂方不干涉。

另查明，1988 年 1 月 15 日被告厂创作办公室向广电部电影管理局推荐包括剪纸片《葫芦兄弟》（第三、第四集）在内的共四部影片评选 1986 年优秀影片。同年 8 月 19 日被告向《葫芦兄弟》影片的创作人员发放 1986 年优秀影片奖的奖金 7000 元。此外，《葫芦兄弟》还获得 1987 年儿童电影"童牛奖"。

[审判]

上海市黄浦区人民法院审理认为，系争造型诞生于影片创作时的 1986 年，但当时的法律法规和政策并没有关于影片中角色造型著作权归属的规定，根据著作权法的规定，本案仍适用我国著作权法予以处理。

"葫芦娃"造型设计的作者通过手工绘制而形成的视觉图像，结合线条、轮廓、服饰以及颜色的运用形成特定化、固定化的"葫芦娃"角色造型，符合我国著作权法规定的美术作品的构成要件，应当受到我国著作权法的保护。"金刚葫芦娃"因其与"葫芦娃"的基本造型并无二致，仅在衣服的颜色和颈部佩饰方面稍做改动，故不构成新的作品。两原告是涉案影片的影片目录、台本和 VCD 光盘中署名的造型设计者，在无相反证明的情况下，可以认定为是"葫芦娃"角色造型的作者。

关于"葫芦娃"角色造型著作权的归属问题，在涉案影片创作的当时，我国正处于计划经济时期，两原告作为被告方的造型设计人员完成被告交付的工作任务是其职责所在，其创作的成果归属于单位是毋庸置疑的行业惯例，当时的法律制度尚不健全，无法要求本案当事人在系争造型创作的当时，能够就作品著作权的归属以合同的形式进行明确约定。而且就系争造型的作品创作，两原告已取得远高于工资性奖金的酬金和奖励，自涉案影片最初播映的 1986 年起至 2010 年两原告起诉之日前的 24 年间两原告也从未就系争造型的著作权向被告提出异议。综上，根据系争造型创作当时的时代背景、历史条件和双方当事人的上述行为，可以认定"葫芦娃"角色造型美术作品的著作权由被告享有，两原告仅享有表明其作者身份的权利。系争美术作品的创作体现了作者独特的思想、感情、意志和人格，摄制组其他成员和被告的部门负责人提出的修改意见，并不影响对"葫芦娃"角色造型作出实质性贡献的仍然是作者个人。而且，从片尾的署名来看，造型设计也已署名两原告个人，因此，"葫芦娃"角色造型美术作品并不是代表法人的意志创作，不应认定为法人作品。

当系争造型美术作品进入影片以后，形成了"葫芦娃"具有个性特征的完整形象，当人们看到静态的"葫芦娃"形象时，它已不是单纯的一幅美术作品，而是包含个性特征、情节、反应等要素的生动形象。"葫芦娃"形象之所以能够成为家喻户晓、深受观众朋友喜爱的动画形象，其知名度有赖于被告投资拍摄影片并对之进行了持续传播，从民法的公平原则角度出发，对于"葫芦娃"形象的整体性和知名度所作的贡献均应归功于被告，故两原告关于影片中"葫芦娃"形象的著作权归其所有的主张，不予支持。上海市黄浦区人民法院遂判决驳回两原告的诉讼请求。

宣判后，两原告不服一审判决，提起上诉。

上海市第二中级人民法院审理后认为，本案中，双方当事人的确没有就系争作品的著作权归属签订书面合同，但这是特定历史条件下的行为。故应深入探究当事人行为时所采取的具体形式，及其真实意思表示，在此基础上才能正确判断系争职务作品著作权的归属。针对动画电影的整个创作而言，完成工作任务所创作的成果归属于单位，是符合当时人们的普遍认知的。双方均认可被上诉人有权对动画电影的角色形象造型进行支配，因此，从诚信的角度出发，上诉人不得在事后作出相反的意思表示，主张系争角色造型美术作品的著作权。本案中，系争"葫芦娃"角色造型美术作品确由胡进庆、吴云初创作，体现的是二人的个人意志，故对上诉人作为作者的人格应予尊重。综上，系争作品属于《著作权法》第16条第2款规定的"特殊职务作品"，由上诉人享有署名权，著作权的其他权利由被上诉人享有。遂判决驳回上诉，维持原判。

[评析]

本案原、被告双方争议的主要焦点有二：一是动画角色造型能否构成单独的作品从而获得著作权法的保护；二是如果动画角色造型可以脱离动画片独立享有著作权，作品的性质又该如何认定，其权利归属应当如何认定。

一、动画角色造型能否构成单独的作品

1. 静态的动画角色造型属于美术作品

从动画角色造型和动画片的创作规律来看，动画角色造型的最初形成一般应早于该动画作品的完成，并以静态造型方式所呈现。这种静态的动画角色造型通常是创作者凭借自身丰富的想象力而创作的虚拟人物、动物或其他生物。由于动画角色的虚拟性，动画角色的创造基本都会经历从无到有的过程，角色造型一般由相貌、形状、服饰等部分组成，这些组成部分的有机结合体现了创作者独具匠心的选择和安排，使之成为区别其他角色的显著性特征。静态的动画角色造型通常以线条、色彩、形状等元素的组合而具有被他人客观感知的外在形式，具有一定的审美意义，构成著作权法所规定的美术作品。

2. 动态的动画角色造型[①]系对静态动画角色造型的复制

动画角色造型是动画片最重要的要素之一，其与故事情节、画面背景、道具、台词等元素紧密结合而形成一部完整的动画作品。在动画片的拍摄过程中，创作者会以静态的动画角色造型为基础，另行绘制不同表情、特殊动作、侧面、背影等多个版本的角色造型，并拍摄形成连续的画面以满足故事情节发展的需要。因此，如果以最终形成的动画片来看，从动画片中截取任何一帧画面，其中所呈现的动画角色造型与原始静态的角色造型之间都不会完全相同，其表现千变万化。但同时，我们也会发现，无论该角色的动作、表情如何变化，我们总能一眼认出它们，并与其他角色予以区分。究其原因，在于该角色形象虽然处于变化之中，但万变不离其宗，其始终保留了最具显著性和识别性的特征，从而与原始静态的角色造型之间构成"实质性相似"。鉴于只有具有"独创性"的外在表达才能成为著作权法意义上的作品，[②]故动态的动画角色造型虽然对静态动画角色造型进行了一定的改变，付出了一定的劳动，但是由于其与原始静态动画角色造型之间存在的差异不明显，不能构成新的美术作品而受著作权法保护。

---

① 将动画片定格在任一画面，其所呈现的动画角色造型都是静态的。为表述之便，文中所言之动态的动画角色造型特别针对原始的静态动画角色造型而言，笼统指动画片中连续画面中所呈现出的不同静态动画角色造型。

② 王迁：《知识产权法教程》（第三版），中国人民大学出版社 2011 年版，第 25 页。

以本案为例，葫芦娃造型的基本特征为四方的脸型、粗短的眉毛、明亮的大眼、敦实的身体、头顶葫芦冠、颈戴葫芦叶项圈、身穿坎肩短裤、腰围葫芦叶围裙。这样的造型设计结合了线条、轮廓、服饰以及颜色的运用，体现了作者的匠心独运与绘画技巧，其原始的静态动画角色造型手稿当然可以作为美术作品受著作权法保护。至于"金刚葫芦娃"，因其与"葫芦娃"的基本造型并无二致，仅在衣服的颜色和颈部佩饰方面稍做改动，当然不构成新的作品。同理，葫芦娃动画片中每一帧画面所呈现的葫芦娃造型虽各有所异，但未改变葫芦娃静态角色造型的最具显著性的特征，因此，也不构成多个新的美术作品而获著作权法保护。

3. 动画角色造型美术作品可独立于动画片单独使用

与物权法"一物一权"原则有所不同，著作权法不排斥"一物多权"。一件由多个元素有机组合而成的作品，完全可能存在多个由不同权利人享有的著作权。例如，我国《著作权法》第 15 条规定："电影作品和以类似摄制电影的方法创作的作品中的剧本、音乐等可以单独使用的作品的作者有权单独行使其著作权。"根据我国《著作权法实施条例》的规定，电影作品及以类似摄制电影的方式创作的作品，是指摄制在一定介质上，由一系列有伴音或者无伴音的画面组成，并且借助适当装置放映或者以其他方式传播的作品。而《现代汉语词典》则将动画片定义为"把人、物的表情、动作、变化等分段画成许多画幅，再用摄影机连续拍摄而成的美术片"。[①] 从这个意义上讲，动画作品属于电影作品的一种，最起码，将之归入以类似摄制电影的方式创作的作品毫无异议。因此，动画角色造型能否成为独立的作品受版权保护在于其能否从动画作品中分离。

对此，我们认为，答案是肯定的。理由如下：第一，动画角色形象的塑造虽与动画作品密不可分，但就动画角色造型而言仍具有一定的独立性。这种独立性主要表现为每一个动画角色造型均具有区别于其他角色的显著性特征，从而使得即使将其从动画作品中抽离出来，观者仍能够通过其独

---

① 中国社会科学院语言研究所词典编辑室编：《现代汉语词典》（第 5 版），商务印书馆 2005 年版，第 327 页。

特的相貌、着装或其他显著性特征将之与其他动画角色予以区分。事实上，众多的动画角色造型也早已在出版物或者商品上独立于动画作品单独使用，并由此引发了许多纠纷。第二，实践中，有的动画角色造型是专为特定动画作品的制作而设计的，也有的动画角色造型早于动画作品而存在，后因符合该动画作品需要而被动画作品所利用。单就后一种情况而言，动画角色造型作为美术作品在动画作品产生之前已经受到著作权法独立的保护，如果否认动画角色造型可独立于动画作品单独使用，这不仅会造成法律逻辑上的矛盾，也会导致实质上的不公平，不利于鼓励创作，也不利于文化的传播。

二、动画角色造型著作权归属的认定

根据著作权法的一般规则，创作作品的公民为作者，作者享有作品的著作权。但是，在某些特殊情况下，著作权也可能依约定或者法定而归属于作者以外的其他自然人、法人或其他组织。例如，如果作品系委托作品或职务作品，作品的著作权则可能依双方约定而归属于委托人或者单位；如果作品符合法律规定的法人作品的构成要件，则作品虽由具体个人完成，但著作权仍归属于法人。

本案中，当事人双方的另一个争议焦点便是，葫芦娃动画角色造型的著作权应当归谁享有？对此，双方各执一词，原告主张涉案动画角色造型美术作品系职务作品，由于原被告之间无特殊约定，因此，著作权应当由作者享有；被告则主张涉案动画角色造型美术作品系法人作品，其著作权当由单位享有。由于涉案作品及涉案动画片创作时尚处于计划经济时期，著作权法未颁布实施，无相应法律可供参照，双方对涉案作品的权利归属亦未有过明示约定，故本案一二审法院综合考量涉案作品的性质、时代背景、双方实际履行情况等因素，作出了正确的判断。

1. 涉案动画角色造型不属于法人作品

我国《著作权法》第 11 条第 3 款规定，由法人或者其他组织主持，代表法人或者其他组织意志创作，并由法人或者其他组织承担责任的作品，法人或者其他组织视为作者。同时，《著作权法》第 16 条第 1 款规定，公民为完成法人或者其他组织工作任务所创作的作品是职务作品。鉴于法人意志的执行者只能且必然是自然人，其即便在执行法人意志的过程中也不免会带有强烈的主观能动性；而职务作品的作者为完成工作任务而创作作品，其创作本身亦不可避免需要符合单位所设定的工作要求，某种程度上也体现了一定的单位意志，因此，法人作品和职务作品常常成为诉讼双方争议的焦点，也是司法判定的难点。司法实践中，法人作品和职务作品的区分，需要从创作者与单位之间的关系、创作过程、物质技术条件的提供、作品体现的意志、作品责任的承担等方面综合予以判断。

以本案为例，首先，两原告系被告的员工，其创作葫芦娃动画角色造型是基于被告的工作安排，也是其工作职责所在。对此，双方均无异议，从这个角度而言，涉案作品符合职务作品的基本构成要件。其次，从涉案作品的创作过程来看，被告陈述涉案作品系由两原告绘制草稿，经组内人员集体讨论修改，最终由厂艺术委员会审定，并据此认为其系集体创作，应属法人作品。我们认为，涉案作品系美术作品，其创作带有强烈的创作者个性化色彩，而且被告关于两原告绘制涉案作品草稿的陈述恰巧印证了系两原告完成了涉案作品"从无到有"的过程，作品体现了两原告的思想、意志和情感。被告没有提供证据证明摄制组的集体讨论结果或厂艺术委员会的审定对两原告的涉案作品草稿进行了实质性改变，故最多只能认为是为两原告的创作提供了帮助，不能认为作品是被告单位集体意志的体现。正如一审判决所言，"这并不影响对'葫芦娃'角色造型作出实质性贡献的仍然是作者个人"。最后，根据法律规定，法人作品的作者是法人或者其他组织，即单位。换言之，单位对于法人作品享有包括署名权在内的完全的著作权，如果认定涉案作品系法人作品，则其署名应为单位而非个人，而被告在涉案动画片中多次将造型设计署名为两原告，其主张显然与事实不符。综合以上因素，我们认为，涉案葫芦娃动画角色造型美术作品系由两原告创作完成，属于职务作品而非法人作品。

2. 涉案动画角色造型属于特殊职务作品

《著作权法》第16条规定的职务作品有两类：一类是一般职务作品，即著作权由作者享有，但单位有权在业务范围内优先使用；另一类是特殊职务作品，即作者只享有署名权，著作权的其他权利由单位享有。① 我们认为，双方当事人的确没有就系争作品的著作权归属签订书面合同，但这是特定历史条件下的行为，难以要求本案当事人在作品创作当时，就预先按照著作权法的规定，对职务作品著作权的归属作出明确约定。同时，因为当时的法律法规对此问题也无规范，故应深入探究当事人行为时所采取的具体形式及其真实意思表示，在此基础上才能正确判断系争职务作品著作权的归属。

首先，就当时的法律环境来看，我国尚未建立著作权法律制度，社会公众也缺乏著作权保护的法律意识。针对动画电影的整个创作而言，完成工作任务所创作的成果归属于单位，是符合当时人们的普遍认知的。其次，在《葫芦兄弟》拍摄完成以后，被告已经就两原告创作系争造型的作品予以奖励，符合当时的政策规定及行为人的行为预期。再次，在《葫芦兄弟》动画片拍摄过程中，时任美影厂创作办公室主任的蒋 A 曾明确要求创作人员不得对外投稿，而作为创作人员的两原告并未对此提出异议。也就是说，两原告以实际行为遵守了被告的规定。最后，在系争造型创作完成后至两原告本案起诉前的 24 年间，两原告从未就涉案"葫芦娃"角色造型的著作权向被告提出异议，即未产生权属纠纷。被告在一些涉及侵权的场合未以权利人身份主张权利，只能理解为放弃权利的行使，而非放弃权利。这一系列事实表明，双方当事人均认可被告有权对动画电影的角色形象造型进行支配。

《最高人民法院关于适用〈中华人民共和国合同法〉若干问题的解释（二）》第 2 条规定："当事人未以书面形式或者口头形式订立合同，但从双方从事的民事行为能够推定双方有订立合同意愿的，人民法院可以认定是以合同法第十条第一款中的'其他形式'订立的合同。但法律另有规定的除

---

① 《著作权法》第 16 条规定：公民为完成法人或者其他组织工作任务所创作的作品是职务作品，除本条第 2 款的规定以外，著作权由作者享有，但法人或者其他组织有权在其业务范围内优先使用。作品完成两年内，未经单位同意，作者不得许可第三人以与单位使用的相同方式使用该作品。

有下列情形之一的职务作品，作者享有署名权，著作权的其他权利由法人或者其他组织享有，法人或者其他组织可以给予作者奖励：

（一）主要是利用法人或者其他组织的物质技术条件创作，并由法人或者其他组织承担责任的工程设计图、产品设计图、地图、计算机软件等职务作品；

（二）法律、行政法规规定或者合同约定著作权由法人或者其他组织享有的职务作品。

外。"结合上述分析，我们认为，基于涉案作品产生于计划经济时代，在当时特殊的时代背景下，虽然原被告双方之前未有关于涉案作品权利归属的任何书面或口头约定，但原被告双方多年来以实际行为达成了"涉案作品由单位支配"的默契，从而形成了事实契约关系，属于前述法条所规定的"以其他形式订立的合同"。因此，涉案作品属于《著作权法》第 16 条第 2 款第 2 项规定的特殊职务作品，即"合同约定著作权由法人或者其他组织享有的职务作品"，作者享有署名权，著作权的其他权利由法人享有，可给予作者一定的奖励。从诚信的角度出发，两原告不得在事后作出相反的意思表示，主张系争角色造型美术作品的著作权。这一结论恰当划分了权属，平衡了当事人的利益，符合正确的知识产权政策导向。

第四章

相关案件如何影响裁判

雷迪案

原告雷迪公司诉称①：原告是注册证号为第 1638223 号"雷迪"商标的商标专用权人。2002 年 11 月 10 日，原告的执行董事吴基胜未经原告许可，恶意将"雷迪"商标无偿转让给被告华趣多公司。后被告吴基胜又担任被告上海雷迪公司总裁。上海雷迪公司在其网站上和对外经营中擅自使用原告的"雷迪"商标，并发表声明公开宣传"雷迪"商标归上海雷迪公司所有。原告认为，被告吴基胜作为原告公司的执行董事，利用职务之便，未经许可擅自向被告华趣多公司无偿转让"雷迪"商标，被告华趣多公司并非善意取得，不能取得"雷迪"商标的商标专用权；被告上海雷迪公司在对外经营中宣传"雷迪"商标是自己所有，引起了市场混淆。据此，原告请求法院判令：1. 被告吴基胜擅自将注册号为第 1638223 号的"雷迪"商标转让给被告华趣多投资有限公司的行为无效；2. 第 1638223 号"雷迪"商标归原告所有，被告华趣多投资有限公司向原告返还该商标；3. 被告上海雷迪机械仪器有限公司与被告华趣多投资有限公司的商标许可使用合同无效；4. 被告华趣多投资有限公司和被告上海雷迪机械仪器有限公司立即停止使用第 1638223 号"雷迪"商标；5. 三被告向原告支付原告为本案所支付的合理费用，包括调查费、公证费、律师费等共计人民币 346827.53 元；6. 本案的诉讼费由三被告共同承担。

被告华趣多公司辩称：不同意原告提出的全部诉讼请求。华趣多公司是合法受让，合法持有原告主张的有争议的商标，所以不应当返还。原告提出

---

① 中华人民共和国上海市第二中级人民法院（2007）沪二中民五知（初）字第 25 号民事判决书。

的第三项、四项诉讼请求，不属于本案处理范围。原告提出的第五项诉讼请求缺乏法律依据，本案是权属纠纷，不存在合理费用支付的问题，且该费用的相当一部分曾在另案中主张，法院已经处理过。

被告上海雷迪公司辩称：原告要求返还商标的请求和我国现行法律相冲突。原告的其他诉讼请求没有法律依据，故请求法院驳回原告的诉讼请求。

被告吴基胜辩称：原告针对第三被告的诉讼请求是第一项、五项。在之前的案件中已经明确，第三被告是代表公司对外转让商标，并非个人的转让行为，故原告第一项诉讼请求称第三被告系个人的转让行为，缺乏法律依据；原告的第五项诉讼请求系针对第三被告同一个侵权行为，之前已经提出过赔偿请求，现在再提出，属于一案两诉。

经审理查明：

2001 年 9 月 21 日，中华人民共和国国家工商行政管理总局商标局（以下简称国家商标局）授予原告"雷迪"注册商标专用权，注册证号为 1638223，核定使用商品为第 9 类，包括塑料管线定位仪、井盖探测仪、电缆故障定位仪等，专用期限为 2001 年 9 月 21 日至 2011 年 9 月 21 日。2002 年 11 月，吴基胜作为原告公司的执行董事，同意将"雷迪"商标无偿转让（注意是"无偿"）给华趣多公司。2003 年 10 月 14 日，国家商标局对"雷迪"注册商标专用权的变更进行公告。后华趣多公司授权上海雷迪公司使用"雷迪"商标。

2007 年 1 月 12 日，上海市第一中级人民法院受理了雷迪（中国）有限公司诉吴基胜董事、监事、经理损害公司利益纠纷一案。（因需以该案审理的结果为依据，本案因此而中止了一段时间）该案中，原告雷迪（中国）有限公司诉称，被告吴基胜作为其公司的执行董事，擅自将"雷迪"商标的专用权无偿转让给华趣多公司，属恶意处分公司财产的行为，违反了公司董事的信托义务，对公司造成巨大经济损失，为此，请求判令：1. 被告擅自处分"雷迪"注册商标专用权的行为无效；2. 被告向原告公开赔礼道歉；3. 被告赔偿原告经济损失人民币 300 万元；4. 被告赔偿原告因调查侵权事实而支付的费用人民币 303643 元。上海市第一中级人民法院经审理认为，"雷迪"注册商标的专用权系原告所有，属原告公司的合法资产。被告作为原告公司的执行董事，在未提交公司董事会决议并通过的情况下，擅自无偿将"雷迪"

商标专用权转让给他人，该处置原告无形资产的行为明显损害了原告的合法权益，违反了公司董事对公司所负有的忠实及勤勉的法定义务，构成对原告合法权益的侵犯。但原告未能提供其自身因"雷迪"商标专用权转让所遭受损失或被告通过系争商标专用权转让获得过个人利益的事实依据，故原告要求被告赔偿损失人民币 300 万元的诉讼请求，缺乏事实依据。原告要求被告公开赔礼道歉，因案件纠纷不涉及人身权的侵害，故对其诉讼请求不予支持。原告要求被告赔偿因调查侵权事实所支付的费用，系由公证费、翻译费及交通费组成，因该诉讼请求缺乏相应的事实及法律依据，故也不予支持。（该案的处理结果也颇特别）该案中，上海市第一中级人民法院同时明确，原告主张被告代表原告对外转让系争商标专用权的行为无效，因该项诉请所涉及的法律关系与公司董事损害公司利益纠纷不属同一法律关系，故该院对此不予处理。据此，上海市第一中级人民法院于 2008 年 3 月 21 日对该案作出判决：驳回原告雷迪（中国）有限公司的诉讼请求。判决后，雷迪（中国）有限公司和吴基胜均不服而提起上诉。上海市高级人民法院经审理认为，原审判决认定事实清楚，法律适用正确，遂于 2009 年 8 月 3 日作出判决：驳回上诉，维持原判。

上述事实，由第 1638223 号商标注册证、上海市第一中级人民法院（2007）沪一中民五（商）初字第 18 号民事判决书、上海市高级人民法院（2008）沪高民四（商）终字第 33 号民事判决书以及当事人的陈述意见等证明，本院予以确认。

根据当事人的诉、辩称和举证、质证意见，本案的争议焦点是：第一，被告吴基胜向被告华趣多公司转让"雷迪"商标的行为是否有效；第二，原告要求各被告支付合理费用有无事实和法律依据。

关于第一个争议焦点，原告认为，上海市第一中级人民法院（2007）沪一中民五（商）初字第 18 号民事判决书已认定吴基胜擅自将原告的第 1638223 号"雷迪"商标以原告名义无偿转让给华趣多公司，侵犯了原告合法权益的事实。被告华趣多公司认为，原告不能证明商标转让合同无效，华趣多公司作为合同相对人，并无义务去注意原告公司的内部管理规定，从形式上看，原告已经在商标转让合同上加盖公章，应当认为是原告的真实意思表示，不能因为吴基胜的行为损害原告利益，就否认商标转让合同的对外效力。被告上海雷迪公司认为，上海市第一中级人民法院的案件是原告起诉自己的员工，是其公司内部的问题，与本案无关。被告吴基胜认为，转让商标的行为是代表原告公司所为，并非个人行为。

本院认为，吴基胜向华趣多公司转让"雷迪"商标的行为，已被上海市第一中级人民法院的生效判决确认为违反公司董事对公司所负有的忠实及勤勉的法定义务，侵犯了原告的合法权益，故该行为的实质系吴基胜擅自对外无偿转让公司资产，属无权处分行为。（严格讲应是无权代表行为）该无权处分行为所导致的吴基胜与原告之间的内部关系，已为上海市第一中级人民法院生效判决所确认；而能否对外发生法律效力，则要看作为交易第三方的华趣多公司是否善意并支付了合理的对价。本案中，华趣多公司和吴基胜均承认，为受让"雷迪"商标，华趣多公司委托吴基胜代为办理商标转让注册事宜。在向国家商标局递交的"转让注册商标申请书"上，也是吴基胜代华趣多公司在"受让人"处签名。也就是说，吴基胜在转让"雷迪"商标时，既"代表"转让方原告公司，也是受让方华趣多公司的代理人。由此，华趣多公司在受让"雷迪"商标时，应知道吴基胜没有得到原告公司的授权，无权代表原告作出转让商标的决定。在此情况下，华趣多公司仍以无须了解原告公司的内部管理为由，进而主张商标转让的效力，显然不能认为具有善意。（一审判决并未从根本上否定商标权的善意取得，但否认了本案中被告是善意的）另一方面，华趣多公司受让"雷迪"商标专用权系无偿取得，并未支付任何对价。虽然华趣多公司称，因上海雷迪公司使用"雷迪"字号在先，原告对商标予以抢注，故双方约定由原告在获得商标注册后，再无偿转让给上海雷迪公司指定的华趣多公司。但各被告并未就此提供书面证据，且上述意见也不能否认原告对"雷迪"注册商标享有合法权利。因此，"雷迪"商标被无偿转让并不合乎常理。结合前述对华趣多公司主观认知状态的分析，可确认华趣多公司在受让"雷迪"商标时，不符合善意第三人的条件，故吴基胜向华趣多公司转让"雷迪"商标的行为是无效民事行为，（从无效民事行为的角度说理也无不可，但要注意法律适用依据）被告华趣多公司应向原告返还非法取得的第 1638223 号"雷迪"商标。

关于第二个争议焦点,原告提交了相应财务票据以证明其实际支出(本案中合理费用的主张很具体),包括:律师费1计22000美元,系支付给上海恒方知识产权咨询有限公司;律师费2计5500美元,系支付给上海市汇业律师事务所;原告董事Paul Rendell宣誓书的公证、认证费计585.75英镑;香港律师取证费87000港币;上海市黄浦区第一公证处(2006)沪证内经字第5561号、第6704号公证书的公证费人民币2000元;证据材料翻译费人民币8221元;其他支出(差旅、交通、邮寄、复印等)人民币11786元;香港律师法律意见书费用21460港币。以上共计人民币346827.53元(其他币种按当时汇率折算)。被告华趣多公司认为:本案是权属纠纷,原告要求支付合理费用缺乏法律依据。就证据而言,原告主张的律师费1针对的实际上是公民代理,根据规定,公民代理不能提供有偿服务,故该笔费用不合理;律师费2缺乏收费标准依据;香港律师法律意见书费用不是合理费用;其他费用原告已在上海市第一中级人民法院的案件中主张过,故不能再提出。被告上海雷迪公司和被告吴基胜同意华趣多公司的意见。

本院认为,原告因注册商标被擅自转让而提起本案诉讼,为调查事实和参加诉讼,客观上确已支付相关费用,即因本案有实际损失,故对其主张的该项请求,可在合理的范围内予以支持。具体而言:第一,原告主张的律师费1并非支付给律师事务所,故该笔费用不能得到支持;第二,对原告主张的律师费2,本院将根据本案纠纷的实际情况,确定属于合理开支范围的数额;第三,因香港律师意见书欲证明的被告吴基胜作为执行董事与原告公司之间的内部关系,已为上海市第一中级人民法院的生效民事判决书所证实,故本院不认可该笔费用为本案的合理费用;第四,对于原告主张的其他曾在上海市第一中级人民法院审理的案件中主张过的费用,因该判决明确表明不予处理涉及转让系争商标专用权的知识产权纠纷,故本院将对原告主张的费用中与本案有关的合理部分,根据案件的具体情况,酌情加以确定。(虽然最终仍适用法定赔偿,但有些款项是明确支持了的)

审理中,被告华趣多公司提出,原告提起本案诉讼,已超过诉讼时效期间。本院认为,本案是商标专用权权属纠纷,原告提起诉讼,是因为对注册商标的归属有争议,而请求法院予以确认。原告所行使的,类似于物权的确认请求权，而非基于商标专用权被侵犯而产生的债权请求权。（一审的此观点偏学理化）根据《最高人民法院关于审理民事案件适用诉讼时效制度若干问题的规定》第 1 条的规定，"当事人可以对债权请求权提出诉讼时效抗辩"。显然，本案原告行使的请求权不在此列，对该请求权不能适用诉讼时效的规定，故被告华趣多公司的主张不能成立。

此外，关于原告主张的要求确认被告上海雷迪公司与被告华趣多公司的商标许可使用合同无效，以及判令被告华趣多公司和被告上海雷迪公司立即停止使用"雷迪"商标的诉讼请求，涉及的法律关系与本案的商标专用权权属纠纷并非同一法律关系，故本院对其不予处理。在本案确认"雷迪"商标专用权归属之后，如原告认为被告的行为侵犯其商标专用权，可另行提起诉讼。

综上，本院认为，被告吴基胜在未获原告许可的情况下，擅自以原告名义对外转让其"雷迪"注册商标，侵犯了原告的权益；被告华趣多公司明知吴基胜无权转让原告商标，仍无偿受让，主观上不具有善意。两被告恶意串通，损害了原告的合法权益，故该转让商标的行为系无效民事行为，"雷迪"商标专用权应归原告所有。原告因其商标被不法转让而提起本案诉讼，被告吴基胜和被告华趣多公司应赔偿原告因本案而支出的合理费用。据此，依据《中华人民共和国民法通则》第 96 条、第 134 条第 1 款第 7 项、《中华人民共和国合同法》第 52 条第 2 项（错误）、第 59 条的规定，判决如下：

1. 被告吴基胜擅自将第 1638223 号"雷迪"注册商标转让给被告华趣多投资有限公司的行为无效；

2. 第 1638223 号"雷迪"注册商标专用权归原告雷迪（中国）有限公司所有，被告华趣多投资有限公司于本判决生效之日起 30 日内，将第 1638223 号"雷迪"注册商标返还原告雷迪（中国）有限公司；

3. 被告华趣多投资有限公司和被告吴基胜于本判决生效之日起 10 日内，赔偿原告雷迪（中国）有限公司合理费用人民币 30000 元；

4. 驳回原告雷迪（中国）有限公司的其他诉讼请求。

本案二审虽维持了一审判决，但在法律适用上纠正了一审的一处错误，在说理上也从不同角度进行了阐述。必须承认，真正具备法律效力的是二审判决。

上诉人华趣多公司请求撤销一审判决第一、二、三项①；改判确认雷迪公司与华趣多公司订立的转让"雷迪"商标的合同有效，"雷迪"商标系华趣多公司合法持有；一、二审案件受理费由被上诉人雷迪公司负担。其主要上诉理由为：第一，原审法院认定事实错误。1. 原审法院错误地将吴基胜代表被上诉人将"雷迪"商标转让给华趣多公司的职务行为认定为吴基胜的个人行为。2. 原审法院错误地认定华趣多公司在受让"雷迪"商标时"应知道吴基胜没有得到原告公司的授权，无权代表原告作出转让商标的决定"。法律并不禁止同一代理人可以作为商标转让双方的代理人办理手续，从吴基胜的双方代理行为也不能得出华趣多公司应当知道吴基胜没有得到公司授权的事实。相反，吴基胜是被上诉人的法定代表人，且被上诉人还将公司公章交予吴基胜使用，华趣多公司应相信吴基胜得到了公司授权，有权代表被上诉人实施转让商标的行为。3. 原审法院错误地否定了上海雷迪公司对"雷迪"字号的在先权利和被上诉人抢注对上海雷迪公司侵权在先的事实。"雷迪"商标转让行为的实质系侵权人向受害人返还抢注的商标，而不是商标买卖行为，无须支付对价。华趣多公司是善意的受让人，不可能也没有必要采取"恶意串通"的手段受让商标。第二，原审法院适用法律错误。1. 原审法院关于本案不适用诉讼时效的认定错误。本案应当适用诉讼时效的规定，而被上诉人提起诉讼时，已经超过了两年的诉讼时效期间。2. 原审法院依据《中华人民共和国合同法》第 52 条第 2 款认定吴基胜擅自转让"雷迪"商标的行为无效，该法条与本案系争行为不能对应（点中要害）3. 原审法院在本案中认定的"合理费用"不能适用《中华人民共和国民法通则》第 134 条的规定。

上诉人上海雷迪公司请求撤销一审判决，并依法改判驳回被上诉人雷迪公司的诉讼请求。其主要上诉理由为：第一，原审判决认定事实有误，错误地将商标转让行为界定为个人行为，致使判决在法律适用上出现偏差。"雷

① 中华人民共和国上海市高级人民法院（2011）沪高民三（知）终字第 8 号民事判决书。

迪"商标的转让是发生在雷迪公司与华趣多公司之间的，该转让行为并不是吴基胜的个人行为。第二，原审法院错误地将转让行为认定为无效。"雷迪"商标的转让行为属于公司行为，该转让行为无法归属于我国民法通则和合同法上规定的任何一种无效行为。（该合同最终的后果归于无效，但的确不是"无效合同"）第三，关于本案转让商标的行为，华趣多公司以及上海雷迪公司在主观上都是善意的。上海雷迪公司使用"雷迪"商号在前，被上诉人雷迪公司注册"雷迪"商标的行为是一种抢注行为，侵犯了上海雷迪公司的合法权益。华趣多公司在受让商标时不存在恶意，相反是为了维护上海雷迪公司的合法权益。第四，原审法院适用法律错误。《中华人民共和国合同法》第 52 条第 2 项的规定是针对合同无效的，而本案判决并不涉及合同无效。

上诉人吴基胜请求撤销一审判决，依法改判驳回被上诉人雷迪公司的诉讼请求。其主要上诉理由为：第一，原审法院错误地将被上诉人转让商标的行为认定为吴基胜的个人行为。商标的转让行为是发生在被上诉人与华趣多公司之间的，吴基胜的职务行为不可能认定为吴基胜的个人行为。原审法院关于吴基胜个人转让商标行为无效的判决缺乏事实依据和法律依据。第二，原审法院关于吴基胜赔偿被上诉人合理费用的判决缺乏事实依据。本案中，转让商标的行为是被上诉人的行为，因此吴基胜不应当承担任何责任。原审法院将吴基胜列为被告并要求吴基胜承担赔偿责任，违反了"一事不再理"的原则。第三，原审法院认定吴基胜与华趣多公司有恶意串通的行为缺乏事实和法律依据。

针对上诉人华趣多公司、上诉人上海雷迪公司、上诉人吴基胜的上诉请求以及所依据的事实和理由，被上诉人雷迪（中国）有限公司一并答辩称：第一，吴基胜转让"雷迪"商标的行为系无权转让行为，吴基胜的行为也构成无效民事行为中的"双方代理"。本案中，吴基胜未得到公司其他董事的许可，擅自将"雷迪"商标转让给了与自己密切相关的其他公司，该行为并非职务行为。第二，商标权的取得不适用善意取得原则。第三，本案中，华趣多公司不构成善意第三人。华趣多公司无偿受让"雷迪"商标，不符合善意取得的适用条件。华趣多公司通过其实际控制人吴基胜实施双方代理受让"雷迪"商标，主观上不具备善意条件。第四，本案是商标专用权权属纠纷，被上诉人行使的是我国物权法中规定的确认物权请求权，不适用诉讼时效制度的规定。第五，确认合同无效不适用诉讼时效的规定。第六，原审法院判决上诉人华趣多公司、吴基胜承担的"合理费用"于法有据。上诉人华趣多公司、吴基胜的行为侵犯了被上诉人的商标所有权和专用权，依法应当承担赔偿损失的民事责任。据此，请求驳回各上诉人的上诉请求，维持一审判决。

二审中，上诉人华趣多公司、上诉人上海雷迪公司、上诉人吴基胜以及被上诉人雷迪公司均未向本院提交新的证据材料。

经审理查明，原审法院将第1638223号"雷迪"注册商标的专用期限误写为"2001年9月21日至2011年9月21日"，实际应为"2001年9月21日至2011年9月20日"，（细节是魔鬼）对原审法院的上述笔误，本院予以纠正。原审法院查明的其余事实属实，本院予以确认。

本院认为，被上诉人雷迪公司作为"雷迪"注册商标的所有权人，该商标的转让应当得到其同意并经其明确授权。

关于"雷迪"注册商标的转让是否有效的问题。本院认为，民事活动应当遵循自愿、公平、等价有偿、诚实信用的原则，违反诚实信用原则的交易行为不受法律保护。上诉人华趣多公司、上诉人上海雷迪公司均称，上海雷迪公司使用"雷迪"字号在先，雷迪公司系抢注"雷迪"商标，故双方约定由雷迪公司获得商标注册后，再无偿转让给上海雷迪公司指定的华趣多公司。但是，对于上述主张，华趣多公司以及上海雷迪公司均未能提供充分的证据加以证明，本院对该主张难以采信。虽然在向国家商标局递交的"转让注册商标申请书"上盖有被上诉人雷迪公司的公章，但是该盖章行为是作为被上诉人雷迪公司执行董事的上诉人吴基胜在未经公司董事会同意的情况下擅自作出的，且吴基胜擅自无偿将"雷迪"商标专用权转让给他人的行为，业已被上海市第一中级人民法院的生效判决确认为违反公司董事对公司所负有的忠实及勤勉的法定义务，侵害了雷迪公司的合法权益。上诉人华趣多公司受让"雷迪"注册商标专用权时未支付任何对价，系无偿取得；同时，华趣多公司系委托吴基胜代为办理"雷迪"注册商标转让注册事宜，吴基胜并在"转让注册商标申请书"上代华趣多公司在"受让人"处签名，因此事实上吴基胜在转让"雷迪"商标时，既"代表"转让方雷迪公司，同时又是受让方华趣多公司的代理人。根据上述事实可以认定，华趣多公司在受让"雷迪"注册商标时，应当知道吴基胜并未得到雷迪公司的授权，无权代表雷迪公司作出转让该商标的决定。《中华人民共和国合同法》第50条规定，法人或者其他组织的法定代表人、负责人超越权限订立的合同，除相对人知道或者应当知道其超越权限的以外，该代表行为有效。（正确的条款）本案中，华趣多公司在受让"雷迪"注册商标时，应当知道作为被上诉人雷迪公司执行董事的吴基胜并未得到雷迪公司的授权，故吴基胜未经雷迪公司许可擅自将"雷迪"注册商标无偿转让给华趣多公司的代表行为无效。从而，吴基胜以雷迪公司名义与华趣多公司签订的"雷迪"注册商标无偿转让合同亦无效〔学理上似应区分处分行为（合同）和负担行为（商标转让）的效力，但从现行法的操作层面，两者结果是一致的〕，上诉人华趣多公司应当向被上诉人雷迪公司返还"雷迪"注册商标专用权。原审法院适用《中华人民共和国合同法》第52条第2项的规定认定涉案商标转让合同无效，属适用法律不当，应予纠正。但原审法院对该法条的适用，并不影响本案的实体处理结果。

关于上诉人华趣多公司以及上诉人吴基胜是否应当赔偿被上诉人雷迪公司合理费用的问题。本院认为，上诉人吴基胜在未获得雷迪公司授权的情况下，擅自以雷迪公司名义对外无偿转让"雷迪"注册商标，上诉人华趣多公司在应知吴基胜无权转让系争商标的情况下，仍无偿受让"雷迪"注册商标。被上诉人雷迪公司因其"雷迪"注册商标被不法转让而提起本案诉讼，并确实为调查事实和参加诉讼而支付了相关费用。因此，被上诉人雷迪公司因本案而遭受了实际损失，原审法院在合理范围内确定吴基胜和华趣多公司应赔偿雷迪公司因本案而支出的合理费用，并无不当。

关于本案是否适用诉讼时效的问题。本院认为，包括商标在内的知识产权是一种无形财产权，本案又是一起商标专用权权属纠纷，被上诉人雷迪公司行使的是确认涉案注册商标专用权权利归属的请求权。（言简意赅）因此，上诉人华趣多公司主张对本案商标权权利归属的确认请求权适用诉讼时效制度，缺乏法律依据，本院不予支持。

综上所述，原审判决认定事实基本清楚，判决结果正确，应予维持。依照《中华人民共和国民法通则》第 4 条、第 96 条、第 134 条第 1 款第 7 项，《中华人民共和国合同法》第 50 条、第 56 条、第 58 条，《中华人民共和国民事诉讼法》第 153 条第 1 款第 1 项、第 158 条之规定，判决如下：

驳回上诉，维持原判。

审理心得

在我审理的案件中，雷迪（中国）有限公司诉吴基胜等商标权权属纠纷案（以下简称雷迪案）也是非常特殊的一起案件。如果说海明威案是我最得意的案件，葫芦娃案是最成功的案件，那么，雷迪案则可称为我最难忘的案件。最难忘，不是因为这个案件有多大影响，或者为我带来了什么荣誉。恰恰相反，印象中雷迪案并没有入选过什么案例，哪怕本院的精品案也不是。之所以本案令我印象深刻最为难忘，其实是因为我在法律适用时犯了一个错误，一个看起来不起眼，却无从辩驳的错误，虽然并没有影响案件的最终结果，但对我是一个实实在在的沉痛教训，终生难忘。

这个案件审理周期很长，我也是中途接手。因为存在与本案相关的案件在审理，故本案中止了一段时间，原承办法官后来调动工作了。到我继续审理时，已经过去了两年多，对案情的梳理基本上是从头再来一遍。本案从事实上讲并不复杂，因为另案查明的事实和审理结果为本案提供了重要依据。民事诉讼证据规定明确，已为生效裁判确认的事实，当事人无须举证证明。理论上，这样的事实可以由相反证据所推翻。而实践中，法官一般均将其作为"本院查明"的内容。

本案的情形是：由上海市第一中级人民法院一审、上海市高级人民法院二审，已发生法律效力的一起董事、监事、经理损害公司利益纠纷案中（当事人为本案原告和第一被告），法院确认，被告擅自对外置原告商标的行为，违反了公司董事对公司所负的忠实及勤勉的法定义务，构成对原告合法权益的侵犯。但因证据的原因，该案驳回了原告关于赔偿的请求，并称"原告主张被告代表原告对外转让系争商标专用权的行为无效，因该项诉请所涉及的法律关系与公司董事损害公司利益纠纷不属同一法律关系"，因而对此"不予处理"。正是出于这一原因，才有了本案的诉讼。因此，审理中，我们面临的问题就是：第一被告作为原告的法定代表人，对外无偿转让原告商标的行为，已被另案生效判决认定为侵犯了原告的权益，该商标转让是否发生效力，商标权权属应归于谁?

应该说，本案的结论并不难得出。形式上，涉案商标的转让已经核准公告，但该商标权的归属仍然要看基础事实关系。显然，前案判决认定的"商标转让侵犯了原告的权益"这一事实，构成了本案处理的基本出发点。审理中，为慎重起见，我查阅了相关案例。记得是在《人民法院案例选》的一部合订本中查到北京法院审理的，与本案案情相似的一则案例。因年代较早，该案最终适用的是《民法通则》第58条的规定，通过直接认定对外转让行为的无效而否定了商标权权属的变更。但我在考虑本案的法律适用时，还查到了另一个条款，即《合同法》第52条，与《民法通则》第58条相比，两者的内容完全一样。① 既然如此，当然应新法优于旧法。所以本案一审依据《合同法》第52条第2项的规定，判决被告吴基胜擅自将第1638223号"雷迪"注册商标转让给被告华趣多投资有限公司的行为无效，涉案商标应返还原告雷迪（中国）有限公司。

一切看起来都很正常。其实我对一审判决还颇感满意，觉得自己对商标善意取得的问题有所阐释，算是作出了一点贡献。然而，这种良好的感觉没有持续多久。一审宣判后不久，三被告同时提起上诉，虽然理由不一，但均直接指向一审法律适用的一个错误。收到上诉状的那天，我才明白出问题了。我在办公室枯坐到很晚，晚饭也没吃。书记员陪着我，我对他说道，这个案子我犯了一个错误，被当事人抓到了，但所幸对案件的结果不会有太大影响。

事实上，一审所犯的错误完全可以用"一字之差，谬以千里"来形容。《民法通则》第58条第4项和《合同法》第52条第2项的规定，看起来仅有一字之差，实质内容似无差别，但其实两者的适用范围是不同的。

---

① 《民法通则》第58条规定"下列民事行为无效：（四）恶意串通，损害国家、集体或者第三人利益的;"，《合同法》第52条规定"有下列情形之一的，合同无效：（二）恶意串通，损害国家、集体或者第三人利益;"，看上去两者仅有一字之差。

前者针对的是所有民事行为，比如 A 和 B 是当事人，只要两者恶意串通，损害了第三人 C 的利益，其行为就归于无效；而后者仅适用于合同行为，即当 A 和 B 作为合同当事人，串通损害 C 的利益时，其合同关系无效。本案的情形则是合同一方当事人 B 和第三人 C 串通，损害了合同另一方当事人 A 的利益，因此不属于合同法该条规范的对象。事后看来，我在一审时真的是"想多了"。如果当初就直接适用《民法通则》第 58 条"民事行为无效"的规定，来否定本案商标转让合同的效力，虽然针对性不是最强，但并无大碍。反而是追求"新法"的想法未经仔细推敲，犯下了明显错误。

最终结果在二审判决中已有说明，"原审法院适用《中华人民共和国合同法》第 52 条第 2 项的规定认定涉案商标转让合同无效，属适用法律不当，应予纠正。但原审法院对该法条的适用，并不影响本案的实体处理结果。"虽然二审未予改判，但不得不承认一审是有缺陷的，留下了一份带有"污点"的判决书。

那么，本案正确的法律适用应该是什么，到底有没有可能在"新法"中找到合适的依据？关于这一点，二审判决已有精彩论述，在此我再简单谈一下个人的理解。本案的一个关键是涉案商标转让合同的效力，而要认识这一点，需从合同效力分类的角度着手。从案情看，本案被告吴某某作为原告公司法定代表人，在明知公司未授权的情形下，对外私自无偿转让原告商标的行为，的确难以被认定为有效，但这并非可简单归于该商标转让合同无效。实际上，该合同在效力类型上应属于效力待定合同。具体而言，应属《合同法》第 50 条规范的无权代表行为，即涉案合同属于"法人或者其他组织的法定代表人、负责人超越权限订立的合同"，因"相对人知道或者应当知道其超越权限"，故该合同不发生效力。也就是说，本着"新法优于旧法"的原则，本案仍然有恰当的条款可以适用。然而，一审判决却没有发现这一点，最终虽然判决结论正确，但依据的法律条款错误，留下了深深的遗憾。

注册商标善意取得的法律依据①

案号

一审：（2007）沪二中民五（知）初字第 25 号

二审：（2011）沪高民三（知）终字第 8 号

[裁判要旨]

商标专用权适用善意取得制度，但是适用标准必须严格把握。第一，受让方必须对转让方无权处分的事实不知情或者没有理由知情；第二，受让方必须支付合理的对价。

[案情]

原告雷迪（中国）有限公司（以下简称雷迪公司）是"雷迪"商标的商标专用权人。2002 年 11 月，被告吴基胜（原告的执行董事）未经原告许可将"雷迪"商标无偿转让给被告华趣多投资有限公司（以下简称华趣多公司）。后吴基胜又担任被告上海雷迪机械仪器有限公司（以下简称上海雷迪公司）总裁，该公司获得华趣多公司授权许可使用"雷迪"商标。雷迪公司认为吴基胜的恶意转让行为不能使得华趣多公司善意取得"雷迪"商标，遂于 2007 年 1 月 10 日请求法院判令该商标转让行为无效，并要求将该商标返还给原告。

[裁判]

上海市第二中级人民法院经审理认为，吴基胜擅自将原告的"雷迪"商标以原告名义无偿转让给华趣多公司，违反了公司董事对公司忠实勤勉的法定义务，侵犯了原告的合法权益。这一事实已被上海市第一中级人民法院（2007）沪一中民五（商）初字第 18 号民事判决（已生效）所确认，吴基胜的转让行为系无权处分行为。在商标转让中，华趣多公司并不具有善意，且未支付对价，所以不符合善意第三人的条件。法院遂判决：吴基胜向华趣多

---

① 原载《人民司法》2011 年第 22 期。本文为我当时的书记员袁博在我的指导下撰写，现征得他的同意，录于此处。

公司转让"雷迪"商标的行为无效;"雷迪"商标专用权归原告所有,被告应将该商标返还。三被告不服一审判决,提起上诉。二审法院判决驳回上诉,维持原判。

[评析]

一、注册商标专用权善意取得的可行性分析

善意取得制度起源于日耳曼法的"以守护手"原则,指动产占有人在无权处分其占有的动产的情形下将该动产转让给第三人,受让人取得该动产时出于善意,则受让人将依法及时取得对该动产的所有权或他物权。随着我国物权法的颁布实施,善意取得制度在我国的适用范围打破了动产物权的界限,扩展到不动产领域。善意取得制度的根本目的在于维护善意第三人的利益和市场交易安全,而可以进行市场交易的财产除了动产物权和不动产物权之外,还存在着其他财产类型,如知识产权中的商标权。在注册商标转让已经十分普遍的今天,善意第三人利益的保护和商标市场交易的安全同样成为十分必要的问题。由于善意取得制度的适用范围与财产客体的具体类型无关,既可以适用有形财产,也可以适用无形财产,这就为商标权适用善意取得提供了理论上的支持。而商标权的公示制度,则为商标权善意取得制度的建立奠定了现实可行的基础。一般认为,善意取得制度的内容包括五个方面,即表征权利与实际权利不一致、无权处分、受让人善意、转让有偿以及完成公示。其中,基于保护善意受让人因为对表征权利的信赖利益,而让受让人取得转让权利。因此,表征权利必须满足足够的公信力,才能使得受让人的善意得以体现,同时也才能获得虽与实际权利不一致却得到法律承认的正当化依据。由于我国对商标权的设立和商标权的变动设立了比较严格的审查程序,商标权登记状态与实际权利状态能够达到高度的一致。换言之,第三人通过商标登记信息所了解的表征权利人与真实权利人几乎不发生分离。基于强大的表征权利的公信力,第三人的信赖和善意就有了应受法律保护的理由,从而满足了善意取得适用的内在要求。

二、注册商标专用权善意取得的构成要件

以下结合本案具体情况对注册商标专用权善意取得的构成要件作逐一分析。

（一）商标转让人具有令人合理信赖的理由

商标善意取得的前提条件，就是要求转让商标的主体在外观上具有令第三人信赖其有权处分的理由。这种理由可以来自于商标管理机关的登记信息所产生的公信力。本案中，第三人可以通过在商标局的登记信息知悉雷迪公司是"雷迪"商标的专用权人，还可以通过工商登记信息知悉吴基胜是雷迪公司的执行董事，所以，从外观上看，公众信赖吴基胜有权转让"雷迪"商标的理由是非常充分和合乎常理的，这种信赖应该受到法律的保护。

（二）对商标的转让系无权处分

对商标权的转让必须是无权处分，否则，就没有适用善意取得的必要了。本案中，吴基胜虽然是雷迪公司的执行董事，但是无权未经董事会许可擅自转让商标权，所以，其转让商标权的行为系无权处分。该无权处分行为，已被上海市第一中级人民法院的生效判决所认定。

（三）第三人受让商标出于善意

第三人受让商标出于善意，这是善意取得制度牺牲原所有权人和保护第三人利益的重要考虑因素。关于如何确认善意，理论上有"积极观念说"和"消极观念说"，我国学者倾向于"消极观念说"，即受让人不知或者不应当知道转让人无权处分所转让的权利。但是，受让人如果是出于重大过失而不知道的，则不适用善意取得。例如，在交易中获得的信息，足以引起一般人对处分人的合理怀疑，而第三人却置之不理，出于懈怠而贸然从事，即属于重大过失。关于重大过失的判断标准，有学者认为，明显欠缺普通人之注意、稍加思考即可避免的，即为重大过失。判断受让人的善意，可以参考以下事实综合判断：1. 交易价格明显低于市场价格且无正当理由；2. 让与人身份可疑或交易时行踪可疑；3. 于关系亲密者处取得的财产。本案中，华趣多公司和吴基胜均承认，为受让"雷迪"商标，华趣多公司委托吴基胜代为办理商标转让注册事宜。在向国家商标局递交的转让注册商标申请书上，也是吴基胜代华趣多公司在"受让人"处签名。也就是说，吴基胜在转让"雷迪"商标时，既代表转让方原告公司，也是受让方华趣多公司的代理人。不难看出，华趣多公司明知吴基胜是雷迪公司的执行董事，却委托其作为己方在受让商标中的代理人，这种密切的关系要么说明华趣多公司知悉吴基胜并无授权转让商标，要么说明华趣多在信赖吴基胜有权转让商标方面存在重大过失。无论哪种情况，都不能支持受让人的善意。

（四）第三人以合理价格有偿取得商标权

善意取得制度的宗旨之一是保护交易安全，因此，受让人只有通过买卖、互易、出资、债务清偿等行为继受取得财产，才能适用善意取得。善意取得制度的另一个宗旨是保护第三人利益，而对于第三人无偿取得的情形而言，则失去了对第三人利益保护的必要，原权利人在对无权处分人的求偿方面也会更加困难。同时，第三人有偿取得财产，也是判断第三人善意的一个重要标准。因此，第三人不但应该有偿取得转让的权利，而且应该以合理价格取得。本案中，华趣多公司在受让商标时是无偿取得的，这不但不符合善意取得保护第三人的初衷，也印证了华趣多公司善意的缺失。

（五）商标转让行为本身有效

有效的法律行为才能产生当事人预期的法律后果，从而受到法律保护。根据善意取得理论，善意第三人的善意取得仅能补正权利来源方面的瑕疵，但不能补正交易行为方面的瑕疵。如果交易行为因欺诈、胁迫和串通损害第三人利益等因素而发生，或行为人缺乏相应的行为能力，则受让人仍有返还标的物之义务，善意取得不能适用。本案中，吴基胜未经公司许可而转让商标，固然是无权处分，而其作为受让人华趣多公司的代理人又与自己签订转让合同，如果华趣多公司对此又是知情的（案件种种事实均指向这一点），那么这个转让合同就属于串通损害他人利益，本身就是无效的，更不会引起善意取得的法律后果。

三、注册商标专用权善意取得的法律后果

（一）构成善意取得的法律后果

如果交易行为构成了善意取得，那么将在三个方面产生法律效力：就善意受让人而言，即时取得受让财产权利；就原权利人来说，其拥有的权利归于消灭，消失的权利转化为对无权处分人的损害赔偿之债的债权；就无权处分人而言，其在无权转让中取得的对价没有法律上和合同上的依据，属于不当得利，应返还原权利人。如果其再无权转让中没有取得对价或者取得的对价不足以赔偿原权利人受到的损失，就要继续承担对原权利人损失的赔偿责任。

（二）不构成善意取得的法律后果

如果交易行为不构成善意取得，那么交易行为就是无效法律行为，不发生善意取得的法律效果。根据合同法的规定，合同无效或者被撤销后，因该合同取得的财产应当予以返还；不能返还或者没有必要返还的，应当折价补偿。有过错的一方应当赔偿对方因此所受到的损失，双方都有过错的，应当各自承担相应的责任。本案中，由于受让人华趣多公司取得注册商标并未支付对价，因此只需将注册商标返还雷迪公司即可。

避风塘案

一审法院审理查明①：避风塘公司于1998年9月15日注册登记成立，经营范围包括饭、菜、酒、点心、饮料、咖啡的堂吃服务等。经国家工商行政管理总局商标局核准，避风塘公司注册了第3117194号"BI FENG TANG"商标（附图一，本案一审判决书对原被告的标识附图加以比较，有助于读者形成直观印象，值得推广）及第2024253号"避风塘"图文商标（附图二）。其中，"BI FENG TANG"商标有效期自2007年4月14日至2017年4月13日止，核定服务项目为第43类〔餐馆、自助餐馆、茶馆、咖啡馆、旅馆、快餐馆、住所（饭店、供膳寄宿处）〕；"避风塘"图文商标有效期自2009年4月7日至2019年4月6日止，核定服务项目为第42类〔餐馆、自助餐馆、临时餐馆、咖啡馆、旅馆、快餐馆、蒸汽浴室、美容室、包装设计、住所（饭店、供膳食寄宿处）〕。自2001年起，避风塘公司开始在广告宣传中使用上述两商标。

自1999年10月起，《经贸导报》《新民晚报》《青年报》《东方日报》等对避风塘公司及其分店进行了相关报道。报道称，"避风塘"起源于香港铜锣湾避风塘，是沿海渔民为躲避台风而将船只驶进维多利亚湾的多个海湾，利用其地理位置形成的避风集中地。后来，香港渔民为了生计，利用他们对海鲜产品的深刻认识，加上一些独特的烹调技术，以自己的船只为店在铜锣湾避风塘经营此类特色的美食。避风塘美食公司登陆上海滩，以其独特的装

---

① 上海市第二中级人民法院（2011）沪二中民五（知）终字第2号民事判决书、上海市黄浦区人民法院（2010）黄民三（知）初字第82号民事判决书。

潢风格，营造出另类的饮食文化，成为沪上时尚人士的新宠儿。"避风塘"餐厅采用渔民常用的渔网、竹篓等作为装饰，具有浓郁的渔家气息。

2007 年 1 月，《新闻晨报》《劳动报》等分别对避风塘公司速冻点心进驻卖场超市进行了报道。2001 年至 2008 年期间，避风塘公司在《静安时报》《现代消费导刊》《新闻晨报》等报刊上刊登过广告，并通过互联网及户外广告牌进行广告宣传。这些广告均在显著位置以较大字体使用了"避风塘"文字。与此同时，避风塘公司陆续开设了多家分店，截至 2010 年 1 月，避风塘公司已开设打浦、八佰伴、常熟路等 17 家分店，各分店的店堂牌匾广告上亦突出使用了"避风塘"文字。

2002 年，避风塘公司被中国烹饪协会授予"中华餐饮名店"荣誉称号；2008 年，避风塘公司被上海市中小企业品牌建设推进委员会推荐为"品牌企业"，其提供的餐饮服务同时被推荐为"品牌服务"；2009 年，该公司入选中国 2010 年上海世博会园区公共区域餐饮服务供应商。

2009 年 12 月 31 日，最高人民法院作出（2007）民三监字第 21-1 号民事裁定书。该裁定书载明，上海避风塘美食有限公司（即本案被上诉人）诉上海东涌码头餐饮管理有限公司不正当竞争纠纷一案，上海避风塘美食有限公司不服上海市高级人民法院作出的（2003）沪高民三（知）终字第 50 号民事判决和（2005）沪高民三（知）监字第 18 号驳回再审申请通知，向最高人民法院提出申诉。最高人民法院依法组成合议庭进行审查后查明，在餐饮行业，有经营者普遍使用"避风塘炒蟹""避风塘茄子"等作为代表特色风味菜肴的菜品名称；认为该案可以认定"避风塘"一词在上海地区是申诉人提供的知名餐饮服务的特有名称（再审裁定中有明确认定）；同时认可双方当事人自愿达成的和解协议，准许上海避风塘美食有限公司撤回申诉。

人间缘公司成立于 2004 年 3 月 29 日，经营范围为"中型饭店（含熟食卤味）"。

2010 年 1 月 26 日，避风塘公司委托代理人在公证员的监督下，对人间缘公司位于静安区陕西南路 106 号乙的餐厅内使用"避风塘"文字及有关标识的情况进行公证保全。上海市卢湾公证处对上述公证过程出具了（2010）

沪卢证经字第 321 号公证书。该公证书所附照片显示，人间缘公司在其经营场所及其经营活动中，实施了下列行为：

1. 店招上使用"香港避风塘"文字标识；

2. 店招、入门店招牌匾、结算清单上使用"人间缘避风塘"文字标识；

3. 灯箱、店堂宣传招贴、玻璃门、灯笼、菜单、加单联、筷套、订餐卡上使用"避风塘"文字标识；（附图三、四）

4. 灯箱、店堂宣传招贴上使用"BI FENG TANG"及其艺术体标识；

5. 入门店招牌匾、店堂宣传招贴、菜单、订餐卡上使用"避风塘"椭圆形图文标识；（附图五）

6. 加单联、筷套上使用"避风塘人间缘"椭圆形图文标识。（附图六）

避风塘公司据此认为，人间缘公司的行为足以导致消费者对其服务来源产生混淆和误认，侵犯了避风塘公司享有的知名服务特有名称的权利及"避风塘"图文商标、"BI FENG TANG"商标的专用权，遂诉至法院，请求判令：1. 人间缘公司在《新民晚报》上刊登声明，消除影响；2. 人间缘公司赔偿避风塘公司经济损失人民币 20 万元及包括律师费、公证费在内的合理费用人民币 3 万元；3. 本案诉讼费用由人间缘公司承担。

一审法院认为，本案的主要争议焦点有三：一是人间缘公司使用"避风塘"文字的行为是否构成对避风塘公司的不正当竞争；二是人间缘公司使用各类标识的行为是否侵犯了避风塘公司的注册商标专用权；三是若人间缘公司的行为构成商标侵权、不正当竞争，应当承担何种民事责任。

关于争议焦点一。首先要回答的问题是"避风塘"一词是否是避风塘公司知名服务的特有名称。本案中，避风塘公司自 1998 年成立起即在上海地区提供餐饮服务，至今已十余年，其多家分店的陆续开设也说明避风塘公司在上海地区的经营时间较长、经营规模较大。避风塘公司自成立起即使用"避风塘"一词在上海地区提供餐饮服务，并为此进行了一定的广告宣传和媒体报道，也获得了诸多荣誉。根据避风塘公司提供的证据，足以证明其提供的餐饮服务在上海地区具有一定的市场知名度，为相关公众所知悉，可以认定为《反不正当竞争法》第 5 条第 2 项规定的"知名商品"。"避风塘"一词既具有地理概念上的"船舶避风港湾"的本意，也可作为特定菜肴的菜品名称。"避风塘"文字既是避风塘公司的字号，又自避风塘公司成立起即被广泛用于其餐饮服务及广告宣传中，经过避风塘公司在商业标识意义上的长期使用，"避风塘"一词在上海地区的餐饮服务行业中，已经具有区别服务来源的作用，可以认定为避风塘公司在上海地区提供的知名服务的特有名称。

其次，人间缘公司的行为是否构成对避风塘公司的不正当竞争。人间缘公司成立于2004年，而避风塘公司自1998年起即开始在企业名称及餐饮服务中使用"避风塘"一词，避风塘公司使用"避风塘"一词的时间远远早于人间缘公司。人间缘公司自认于2007年起开始使用"避风塘"文字，对此避风塘公司未提供反证，故对人间缘公司的自认可予认可。人间缘公司作为同业竞争者，其企业名称中并不包含"避风塘"文字，却在其店招、入门店招牌匾、菜单、店内广告招贴等处多次组合使用"人间缘避风塘""香港避风塘"或单独使用"避风塘"文字，在使用"人间缘避风塘"时亦主要突出使用"避风塘"文字，人间缘公司的这种使用显然是将"避风塘"文字作为服务提供者的身份标识予以使用，而非地理概念本意上的使用或特定菜肴菜品名称意义上的使用，足以导致消费者对其服务来源产生混淆、误认。人间缘公司的上述行为具有明显的"搭便车"故意，违背了经营者应当遵守的诚实信用原则及公认的商业道德，构成对原告的不正当竞争。

关于争议焦点二。避风塘公司依法享有第3117194号"BI FENG TANG"商标及第2024253号"避风塘"图文商标的注册商标专用权，其合法权利受法律保护。本案中，"BI FENG TANG"商标及"避风塘"图文商标核定服务项目分别为第43类、第42类，均包括餐馆、自助餐馆等。人间缘公司提供的餐饮服务与涉案两注册商标核定使用的服务相同，属于同类服务。经比对，人间缘公司在灯箱上使用的"BI FENG TANG"标识与避风塘公司的"BI FENG TANG"商标在视觉上基本无差别，属于相同商标；在店堂宣传招贴上使用的"BI FENG TANG"艺术体标识与避风塘公司的"BI FENG TANG"商标相比，除字体不同外，字母构成、发音及含义均相同，足以导致消费者产生混淆、误认，应当认定为近似商标。[本案审理在2013年商标法修改之前，当时的思路是通过判断商品相同（类似）和商标相同（近似）来认定侵权。要注意的是，修改后的商标法（非"新商标法"）已确立了侵权判定的混淆原则]

人间缘公司使用的"避风塘"椭圆形图文标识与避风塘公司的"避风塘"图文商标相比，两者在图形的构图上基本相同，图形上部亦基本相同，不同的是人间缘公司标识的图形下部采用了"人间缘"文字与花朵图案的结合；人间缘公司使用的"避风塘人间缘"椭圆形图文标识与避风塘公司的"避风塘"图文商标相比，两者在图形的构图上基本相同，图形下部亦基本相同，不同的是人间缘公司标识的图形上部组合使用了"避风塘"和"人间缘"文字。"避风塘"文字作为避风塘公司的"避风塘"图文商标的识记和诵读部分，是商标的重要组成部分，而人间缘公司使用的上述两图文标识均突出强调了"避风塘"文字。整体观之，人间缘公司使用的两图文标识与避风塘公司"避风塘"图文商标的图形构图基本相同、图形与"避风塘"文字组合后的整体结构相似，足以导致消费者对其服务来源产生混淆或误认，构成近似商标。（此处实已涉及混淆理论的运用）

综上，人间缘公司未经避风塘公司许可，擅自使用与避风塘公司注册商标相同、近似的"BI FENG TANG"两标识及"避风塘""避风塘人间缘"两椭圆形图文标识的行为分别侵犯了避风塘公司第3117194号、第2024253号注册商标专用权。

关于争议焦点三。避风塘公司主张人间缘公司赔偿经济损失人民币20万元及合理费用人民币3万元，但未提供相应的证据证明避风塘公司因侵权所受到的损失或人间缘公司因侵权所获得的利益。故需综合考量侵权行为的性质、期间、后果，避风塘公司商标的声誉及制止侵权行为的合理开支等因素，酌情确定赔偿数额。

鉴于人间缘公司的不正当竞争行为及侵犯注册商标专用权的行为给避风塘公司造成了不良影响，避风塘公司要求人间缘公司消除影响的诉讼请求，于法有据，应予支持。

综上，依照（略），一审法院判决：1. 人间缘公司于判决生效之日起10日内赔偿避风塘公司包括合理开支在内的经济损失人民币60000元；2. 人间缘公司于判决生效之日起30日内在《新民晚报》上刊登声明，消除影响（内容须经该院审核）；3. 对避风塘公司的其他诉讼请求不予支持。

判决后，人间缘公司不服，向本院提起上诉，请求撤销原判，改判驳回避风塘公司的全部诉讼请求。其主要上诉理由为：1. 一审判决认定"避风塘"系被上诉人知名服务的特有名称依据不足。"避风塘"一词并非被上诉人独创，而是在长时期、不断发展的经营活动中，逐步成为被广大消费者普遍接受的一类特色风味菜肴和饮食经营方式的名称。"避风塘"不能成为被上诉人所从事的餐饮服务与同行业其他经营者之间相区别的显著性标志。2. 一审判决认定上诉人使用"避风塘"文字的行为构成对被上诉人的不正当竞争是错误的。2007年上诉人开始在店招等上面使用人间缘避风塘的表述，在使用之前，上诉人曾向国家商标局查询，被明确告知，包括被上诉人在内的任何一家企业的商标申请都没有获得批准。而且在2005年前后，上海法院的一系列生效判决表明：被上诉人不能排斥其他经营者使用"避风塘"文字，其他经营者使用"避风塘"一词并不构成对被上诉人的不正当竞争。这些判决同时说明，"避风塘"一词还被其他经营者广泛使用，并非被上诉人的特有名称。作为一名经营者，国家商标局的答复及法院的一系列生效判决足以使其作出使用"避风塘"文字的行为并不违法的判断。3. 2010年1月14日，被上诉人的"避风塘"图文商标注册公告，上诉人在得知这一消息后，立即停止使用避风塘文字及图文，这一事实也为被上诉人当庭确认。因此，即使上诉人使用相关标识的行为被认定为侵犯了被上诉人的注册商标专用权，侵权开始的时间也只能从2010年1月14日开始计算。一审法院以被上诉人于2001年已经实际使用涉案两注册商标，上诉人的行为不符合商标法规定的在先权利的保护要件为由，认定上诉人侵权是适用法律错误。同时，从2010年1月14日被上诉人的"避风塘"图文商标注册公告之日起到2010年2月被上诉人向法院起诉这短短不足一个月的时间，根本不可能造成严重影响。一审法院判决上诉人刊登声明、消除影响完全没有必要。4. 一审判决中判令上诉人对被上诉人赔偿经济损失人民币60000元，没有合理依据。

被上诉人避风塘公司未提供书面答辩意见，但在本院庭审过程中辩称：不同意上诉人的上诉请求，上诉人的上诉请求及理由，缺乏事实及法律依据。关于不正当竞争问题，"避风塘"一词是被上诉人的知名服务特有名称，为证明其知名度，被上诉人提交的证据包括广告宣传、荣誉证书等，尤其是

2009 年，避风塘公司成功入选世博园区餐饮服务提供商，这些都充分说明避风塘公司在社会上的知名度及实力；被上诉人还向法院提交了证明"避风塘"一词具有特有性即显著性的证据，因此，一审法院认定"避风塘"是属于被上诉人的权利，具有事实和法律依据。其次，关于商标侵权问题，上诉人自己也并未否认侵权，只是觉得其使用避风塘图文商标的时间很短，造成的影响很小，所以不应承担相应的责任。而事实上一审法院判决上诉人承担的侵权责任是综合考虑其侵权情节，不仅包括使用被上诉人的商标，还包括使用被上诉人的知名服务特有名称。所以一审法院判决上诉人承担赔偿损失、消除影响的责任，符合情理，也是有法律依据的。

本院经审理查明，一审法院查明的事实属实，本院予以确认。

另，在二审庭审中，上诉人自认于 2007 年 9 月开始使用"避风塘"的拼音，本院对此予以认可。

本院认为：

第一，对"知名商品"或"知名服务"的判断，应根据相关情况加以综合衡量。本案中，根据避风塘公司提供的证据，如曾进行的广告宣传和媒体报道，获得的荣誉称号等，结合避风塘公司成立十余年来持续发展的事实，一审法院认为，足以证明避风塘公司提供的餐饮服务在上海地区具有一定的市场知名度，为相关公众所知悉，故构成反不正当竞争法所规定的"知名商品"。对此认定，本院认为并无不当。至于某一名称是否构成特有名称，不因该名称是否由该知名商品或服务的经营者首先使用而有所不同。客观上，"避风塘"一词的确具有地理概念上的本意，此外还被餐饮业经营者作为特定菜肴菜品的通用名称而广泛使用，如"避风塘炒蟹""避风塘茄子"等。但在本案中，不可否认，被上诉人在其提供的餐饮服务名称和商业标识意义上使用"避风塘"，经过持续的使用和宣传，已使该词汇在上海地区的餐饮服务业中，具有了识别经营者身份和服务来源的作用。一审法院据此认定"避风塘"一词为避风塘公司在上海地区提供的知名服务的特有名称，（严格讲，应是"知名"的特有名称）本院亦表赞同。

第二，上诉人已自认于 2007 年起开始使用"避风塘"文字，上诉人的行为是否构成对被上诉人的不正当竞争，要看该使用行为是否扰乱市场秩序，以及上诉人是否遵循诚实信用原则和遵守公认的商业道德。本案中，作为餐饮企业，上诉人理当知道"避风塘"一词来源于地理概念，并逐渐演化用于特定菜肴菜品的通用名称。同时根据上诉的陈述，其也应当知道"避风塘"系被上诉人企业名称中的字号。但上诉人在实际使用过程中，显然并非在地理意义上使用"避风塘"文字，也不仅限于在特定菜肴菜品名称意义上使用。如上诉人在其店招、店内广告招贴等处单独或突出使用"避风塘"文字，实际上是作为服务提供者身份的标识。这类使用行为客观上足以导致与被上诉人提供的知名服务相混淆，使消费者对服务来源产生误认。而且，上诉人并未证明其有恰当的理由使用"避风塘"文字，如享有某种在先权利等。也就是说，上诉人在餐饮服务中使用"避风塘"文字不能认为具有善意，从而违背了诚实信用原则和公认的商业道德。虽然上诉人称，其系依据当时的生效判决作出使用"避风塘"文字并不违法的判断，但个案的生效判决中的事实认定并不具有普遍的拘束力，且既判力也不能及于该案当事人之外的主体，故上诉人的此上诉理由不能成立。一审认定上诉人构成对被上诉人的不正当竞争，本院予以认可。

第三，上诉人称，因被上诉人的避风塘图文商标于 2010 年 1 月 14 日才核准公告，故即使构成侵权，侵权时间也应自 2010 年 1 月 14 日开始计算。对此，本院认为，被上诉人注册的第 2024253 号"避风塘"图文商标于 2009 年 4 月 7 日已取得注册商标专用权，但因未予公示，故在 2010 年 1 月 14 日之前，权利人并不能禁止他人使用该标识。上诉人因侵犯第 2024253 号"避风塘"图文商标的注册商标专用权所造成的后果，确应从 2010 年 1 月 14 日起算。（这似乎是一个不起眼的问题，但确实影响到责任的承担，后文有具体分析）但本案中，上诉人的相关行为既构成对被上诉人的知名服务特有名称的不正当竞争，又侵犯了被上诉人享有的两个注册商标的专用权，故上诉人应承担的民事责任系针对三类侵权行为而言。一审法院判令上诉人承担民事责任，是在综合考虑其侵权行为损害后果的基础上作出的。而且上诉人业已承认，自 2007 年起分别开始使用"避风塘"文字和拼音，所以上诉人针对被上诉人的"避风塘"知名服务特有名称的不正当竞争行为和第3117194号"BI FENG TANG"注册商标的侵权行为,均已持续2年以上。(侵权行为持续2年以上,但侵权责任还是限定在2年以内)一审法院在被上诉人未提供证据证明其因侵权所受到的损失或上诉人因侵权所获得的利益,上诉人亦未提供证据证明其获利的情况下,综合上诉人侵权行为的性质、期间、后果等因素,酌情确定的赔偿数额,属合理的自由裁量,本院予以认可。一审法院鉴于上诉人的不正当竞争行为及侵犯被上诉人注册商标专用权的行为给被上诉人商誉造成不良影响,判处上诉人承担消除影响的民事责任,也无不当,本院表示认可。

综上,一审法院认定事实清楚,适用法律正确,上诉人上海人间缘餐饮有限公司的上诉请求不能成立。依照《中华人民共和国民事诉讼法》第153条第1款第1项、第158条之规定,判决如下:

驳回上诉,维持原判。

BI FENG TANG

附图一（原告商标）

附图二（被告标识）

附图三（被告标识）

附图四（原告商标）

对比图（2）

避风塘公司商标(第2024253号)

人间缘侵权商标

附图五（被告标识）

附图六（被告标识）

审理心得

　　上海避风塘美食有限公司（以下简称避风塘公司）诉上海人间缘餐饮有限公司侵犯商标专用权及不正当竞争纠纷案（以下简称避风塘案）在审理时也受到了广泛关注，而且该案是同期避风塘公司向多家企业提起的商标侵权及不正当竞争系列纠纷案之一，具有典型性和示范意义。该案的一个特别之处是之前分别有上海市高级人民法院的生效判决和最高人民法院的裁定对相关事实作出不同认定，而本案中双方当事人均从自身立场出发，要求以既有裁判认定的、对己方有利的事实为依据。本案的"析案释疑"部分对此问题略有说明，但重点在探讨另一个具体的法律问题。这里主要就相关案件的影响再阐明一下笔者的观点。

本案涉及商标侵权和不正当竞争。在民事案件案由规定中，商标侵权纠纷和不正当竞争纠纷是分立的。严格地讲，对于同一主体，基于商标侵权关系和基于不正当竞争关系提起的诉讼是两个诉讼标的，本不应在一个诉中解决。但实践中商标侵权和不正当竞争往往交织在一起，如当事人在起诉时同时主张，法院也倾向于一并处理。本案双方当事人对商标侵权的事实争议并不大（差异在于侵权的期间，涉及商标公示效力的起算点问题，详见本案"析案释疑"），主要的争议在于被告使用"避风塘"文字的行为是否构成不正当竞争，即属擅自使用原告享有的知名服务特有名称的行为。而恰恰是在这一点上，之前的裁判曾作出过不同的认定。

在上海市第一中级人民法院一审，上海市高级人民法院终审的避风塘公司诉德荣唐公司不正当竞争纠纷案中，两级法院均认定，"避风塘"除具有避风港湾的原有含义外，已被餐饮行业经营者作为一种烹调方法及菜肴的通用名称广泛使用，因此"不能成为避风塘公司与同行业其他经营者之间相区别的显著标志"。该案还曾入选《最高人民法院公报》。公报上该案的裁判摘要是"餐饮业的经营者在经营活动中，使用已广泛代表一类特色风味菜肴和饮食经营方式的称谓为其服务说明的行为，根据反不正当竞争法的相关规定应属于合理使用，不构成不正当竞争。"[①] 可见当时最高人民法院也是认可其结论的。

然而，时过境迁，数年后最高人民法院在处理避风塘公司与另一家公司的不正当竞争纠纷申请再审案时，尝试创新的审查处理方式，"对于原判确有错误，但当事人达成和解协议的，在准予撤回再审申请裁定中一并对原判错误之处作出明确的审查认定"。[②] 该案中，最高人民法院明确认定：

经过申诉人在其企业名称中的长期使用和在商业标识意义上的广泛宣传，在上海地区的餐饮服务业中，"避风塘"一词同时具有识别经营者身份的作

---

① "避风塘公司诉德荣唐公司不正当竞争纠纷案"，载《最高人民法院公报》2004 年第 6 期。
② 《最高人民法院知识产权案件年度报告（2009）》43：对原判确有错误但当事人已经达成和解协议的申请再审案件的处理。

用，能够表明特定餐饮服务的来源……本案可以认定"避风塘"一词在上海地区也是申诉人提供的知名餐饮服务的特有名称。①

虽然并非针对前述公报案例，但截然不同的认定意味着推翻了前案的结论。这就带来一个矛盾之处：在上海市高级人民法院之前审理的案件中，"避风塘"一词不被认可为知名服务的特有名称，其后最高人民法院的观点虽然相反，但至少在2009年12月31日最高人民法院作出（2007）民三监字第21-1号民事裁定之前，"避风塘"并非可受保护的反不正当竞争法规范的对象，仍然是"已为人民法院发生法律效力的裁判所确认的事实"。而本案中原告主张的被告侵权行为，是从2007年开始，一直延续到2010年起诉时。因此，本案必然涉及在最高人民法院的裁定之前，对"避风塘"是否能作为知名服务特有名称受到保护，以及被告行为是否构成不正当竞争的评价。

通常而言，在审理案件时，法官是有动力去搜索生效案件尤其是上级法院的案件并予以参考的。如前文所述，上级法院以各种形式发布的"权威""经典"案例，客观上对下级法院的裁判有一定的拘束力。这反映在下级法院的在后判决虽未直接引用上级法院在先判决相关内容，但多接受其观点并保持结论的一致。本案中，我们需要考量的，是最高人民法院通过年度报告公布的典型案例和上海市高级人民法院曾入选公报、并仍有效力的案例各自的影响何在。

民事诉讼证据规定第9条规定，当事人无须举证证明"已为人民法院发生法律效力的裁判所确认的事实"，除非"有相反证据足以推翻"。② 对于这样的"事实"，法官一般视为理所当然，虽然理论上可由当事人举证推翻，但实践中极为少见。显然，如果没有强有力的理由，上海市高级人民法院之前判决关于"避风塘"非显著标志的认定在本案中也会被采纳。本案面临的特殊之处在于，最高人民法院在处理另案申请再审时，颇为罕见地在允许当事人撤诉的裁定中，明确就"避风塘"标识的显著性问题发表观点，并指出，二审法院的认定"无充分证据支持"。两相比较，最高人民法院的认定

---

① 最高人民法院（2007）民三监字第21-1号民事裁定书。
② 已为现民事诉讼法司法解释第93条吸收。

在后，足以构成"相反证据"推翻上海市高级人民法院的认定，故本案最终采纳了最高人民法院关于"避风塘"已构成知名服务特有名称的观点，并在此基础上作出了裁判。

其实在二审判决书中，是从生效裁判既判力范围的角度，驳回上诉人（被告）的。这固然有法律和事实依据，因为2003年非特有名称不意味着2007年仍非特有名称。但坦率地说，本案之所以作出那样的认定，根本上还是受最高人民法院裁定影响，服从于最高人民法院的权威使然。

最后，有必要指出，本案一、二审都是先认定避风塘公司提供的餐饮服务在上海地区具有一定的市场知名度，为相关公众所知悉，故构成反不正当竞争法所规定的"知名商品"，进而认为"避风塘"一词除具有地理概念以及特定菜肴菜品通用名称的含义之外，还在上海地区的餐饮服务业中，具有了识别经营者身份和服务来源的作用，因而"避风塘"一词为避风塘公司在上海地区提供的知名服务的特有名称。这样的认定步骤是符合反不正当竞争法司法解释的要求的。① 然而，反不正当竞争法对商业标识仿冒行为的规制，本质上是对未注册商标作出类似于注册商标专用权的保护。② 那么，具有法律意义、需要设定保护要件的，应该是注册商标之外的商业标识，如商品或服务的名称，而不应该是商品或服务本身。出于这样的认识，要保护的是"特有"名称，实际上"知名"也是对商品或服务名称的限定，是对其显著性的强调，反而"知名商品"的提法显得不伦不类了。当然，以上只是我在审理本案时的一点总结和思考，实践中法官在审理涉及《反不正当竞争法》第5条第（2）项的案件时，还是应按照司法解释的规定进行审查。③

---

① 《反不正当竞争法司法解释》第1条第1款规定：在中国境内具有一定的市场知名度，为相关公众所知悉的商品，应当认定为反不正当竞争法第5条第2项规定的"知名商品"。人民法院认定知名商品，应当考虑……进行综合判断。第2条第1款规定：具有区别商品来源的显著特征的商品的名称、包装、装潢，应当认定为反不正当竞争法第5条第2项规定的"特有的名称、包装、装潢"。

② 孔祥俊：《商标与不正当竞争法：原理和判例》，法律出版社2009年版，第647页。

③ 新修订的《反不正当竞争法》对此已作出修改。根据该法第6条第1项的规定，"擅自使用与他人有一定影响的商品名称、包装、装潢等相同或者近似的标识"引人误以为是他人商品或者与他人存在特定联系的，属于不正当竞争行为中的混淆行为。

已经核准未予公告的注册商标不能禁止他人使用①
——上海二中院判决避风塘公司诉人间缘公司
侵犯商标专用权及不正当竞争纠纷案

[裁判要旨]

申请商标被商标局核准注册后，商标注册人享有商标专用权。但在商标局公告之前，该注册商标尚未取得公示效力，不能对抗第三人的使用。因此，侵犯注册商标专用权所造成的后果，应自商标注册公告之日起算。

[案情]

原告上海避风塘美食有限公司（以下简称避风塘公司）从 1998 年成立时起即使用"避风塘"一词在上海地区提供餐饮服务，后来注册了"BI FENG TANG"商标和"避风塘"图文商标，经过十余年的经营，在上海地区取得了一定的市场知名度，为相关公众所知悉。2010 年，避风塘公司发现被告上海人间缘餐饮有限公司（以下简称人间缘公司）在其经营的餐厅的店招、入门店招牌匾、菜单、店内广告招贴处多次组合使用"人间缘避风塘"、"香港避风塘"或单独使用"避风塘"文字，足以导致消费者对其服务来源产生混淆、误认，遂以侵犯商标专用权为由诉至法院。

[裁判]

上海市黄浦区人民法院经审理认为，"避风塘"一词已成为避风塘公司知名服务的特有名称，人间缘公司不当使用该名称的行为构成不正当竞争；人间缘公司使用的标志经对比，与原告的两注册商标构成近似，侵犯了其商标权。法院判令被告承担赔偿原告经济损失 6 万元等民事责任。

人间缘公司不服一审判决，提起上诉。

上海市第二中级人民法院经审理认为，"避风塘"一词虽有地理概念上的含义并被餐饮业经营者作为特定菜肴的通用名称广泛使用，但本案中经过避风塘公司的持续使用和宣传，已经具有了识别经营者身份和服务来源的作

---

① 原载 2011 年 9 月 22 日《人民法院报》，作者：袁秀挺、袁博。

用，构成该公司提供的知名服务的特有名称。人间缘公司并非在地理概念上和特定菜肴名称上使用"避风塘"文字，违反了诚实信用原则，侵犯了避风塘公司的注册商标专用权，构成不正当竞争。2011 年 3 月 2 日，法院判决：驳回上诉、维持原判。

[评析]

本案的主要争议焦点是"避风塘"文字是否构成原告知名服务的特有名称，而应受到保护。一、二审法院对此均作出了明确的回答。除此之外，本案还有两个法律问题值得注意。

第一，商标注册核准后公告之前，商标权人是否有权禁止他人使用该商标。根据《商标法》第 31 条和第 37 条的规定，对于核准注册的商标，应发给商标注册证，并予公告，商标专用权自商标局核准注册之日起计算。本案中，避风塘公司的"避风塘"商标于 2009 年 4 月 7 日经核准注册取得商标专用权，但直到 2010 年 1 月 14 日才被公告。这就产生了一个问题：从 2009 年 4 月 7 日到 2010 年 1 月 14 日这段时间，商标权人有权禁止他人使用其注册商标吗？商标权是一种绝对权、对世权，其效力及于一切人，即义务人为不特定的任何人，权利人可以排除其他任何人的商标侵权行为。但是，要成为绝对权必须有一个前提，就是权利状态必须以一定的方式为其他人所知晓。对于知识产权而言，除了著作权自作品创作完成自动产生外，一般须经过法定的授权程序，并向公众告知。如果一项绝对权没有为公众所知悉，客观上就无法对抗他人。正是基于公示的需要，商标法设置了商标公告制度。商标公告之后，法律上推定任何人都应当知悉该商标权的存在，从而对侵权人的主观状态的谴责获得正当性的依据。

具体到本案，避风塘公司于 2009 年 4 月 7 日获得"避风塘"图文商标的核准注册，自该日起获得了"避风塘"图文商标专用权。但是，直到 2010 年 1 月 14 日商标公告之后，避风塘公司才取得了禁止任何人在与其注册的商品或服务相同或类似的类别内，使用与该商标相同或类似商标的权利。换言之，在注册商标被公告之前，商标权的效力体现于权利人有权自行使用其注册商标，却不能禁止他人使用。如果其他人未经许可的使用行为持续到商标核准公告之后，则构成侵权，该侵权行为的起算点以注册商标的核准公告日为准。因此，本案中，二审法院认定，人间缘公司侵犯"避风塘"图文商标专用权所造成的后果，应从2010年1月14日起算。

第二，当事人援引与案情有关的其他生效判决作为抗辩理由，法院是否认可。本案中，人间缘公司援引了上海市高级人民法院（2003）沪高民三（知）终字第50号等生效判决作为抗辩理由，认为在2007年其使用"避风塘"标识时，有关生效判决已认定"避风塘"一词非原告独创，而是一类特色风味菜肴和饮食经营方式的名称。作为已被餐饮行业经营者广泛使用的代表一类特色风味菜肴和饮食经营方式的名称，"避风塘"一词不能成为原告所从事的餐饮服务与同行业其他经营者之间相区别的显著性标志，原告不能排斥其他经营者使用该文字。人间缘公司据此主张自己的行为不构成侵权。

应当指出，在法院的裁判过程中，相关判例确有一定的参考作用。但个案的生效判决中的事实认定并不具有普遍的拘束力，且既判力也不能及于该案当事人之外的主体。事实上，个案的判决都是基于个案当时的具体事实和情节所作出的法律评判，而经过一定时间之后，随着一些事实的变化，个案的生效判决在新的条件之下并不必然符合新的事实。比如，人间缘公司援引的生效判决认定的是2003年之前的事实，即使当时情况属实，到了本案审理时，法院依据当事人提供的证据，作出新的认定，也属正常。本案中，法院认为，避风塘公司经过十余年的经营和宣传，已经使得"避风塘"一词在通用名称之外还具有了第二含义，即在上海地区的餐饮服务行业中具有区别服务来源的作用，因而可以认定为避风塘公司在上海地区提供的知名服务的特有名称。综上所述，当事人援引与案情有关的其他生效判决作为抗辩理由，法院要具体分析判断，并不当然认可。

技术事实的查明

启翔案

原告启翔（针车）上海有限公司诉称①：启翔股份有限公司拥有一项名称为"柱筒型缝纫机的送料装置"的实用新型专利，专利号为 ZL200420007104.7，授权公告日为 2005 年 6 月 22 日。授权后，启翔股份有限公司将专利独占许可给原告实施。2007 年 9 月，原告在"2007 中国国际缝制设备展览会"上发现被告参展的摊位上展出并许诺销售侵犯原告"柱筒型缝纫机的送料装置"实用新型专利的缝纫机设备，具体型号为 KM－957 系列/KM－967 系列的缝纫机。原告为此进行了相关的公证取证。2008 年 4 月，原告又通过公证购买的形式，购买到被告的 KM－957SR 工业缝纫机一台。经比对，原告发现被告产品的技术特征与涉案专利完全相同，被告的产品已落入涉案专利的保护范围。原告认为，被告未经原告许可，长期擅自制造、销售、许诺销售侵权产品，严重侵害了原告的合法权益，给原告造成了巨大的经济损失，请求法院判令：1. 被告立即停止侵犯 ZL200420007104.7 专利权的行为，即立即停止生产、销售、许诺销售侵权的缝纫机产品；2. 被告立即销毁现存侵权产品、半成品及专用于生产侵权产品的材料、工具、设备等；3. 被告赔偿原告经济损失 423900 元；4. 被告承担原告因调查、制止侵权行为所支付的合理费用合计 35663 元；5. 被告承担本案的诉讼费、保全费、鉴定费。

被告日星缝纫机（上海）有限公司辩称：1. 原告主体不适格；2. 原告没有提供充分的证据证明被告实施了生产、销售、许诺销售被控侵权产品的

---

① 上海市第二中级人民法院（2009）沪二中民五（知）初字第 67 号民事判决书。

行为；3. 被控侵权产品未落入涉案专利的保护范围；4. 原告提出的侵权损害赔偿证据不足；5. 原告提出的调查、制止侵权所支付的费用不合理。故请求驳回原告的诉讼请求。

经审理查明，2004年3月12日，启翔股份有限公司向国家知识产权局申请了一项名为"柱筒型缝纫机的送料装置"的实用新型专利。国家知识产权局于2005年6月22日授予其实用新型专利权，专利号为ZL200420007104.7。该实用新型专利权利要求1记载的内容为：一种柱筒型缝纫机的送料装置，包括固定在底盘上而具有针棒机构、天平机构、上送料机构的车头，及与车头内的各机构同步运转达成车缝的具送料机构的釜台座所组成，执行送料的轮钱及送料齿安装于面对针的左侧，而用来支撑旋梭的釜台座设在针的右侧；其特征在于：釜轴设置在釜轴中套管的中央，并以轴承支撑于釜台座上可自由转动，旋梭固定在釜轴的上端；一针板座是以螺丝固定在釜台座上；一冠状齿轮固定在轴上，并与以螺栓固定于针板座上的一中继齿轮相啮合，该中继齿轮在一导引板作用下可在针板座上自由转动，中继齿轮外围齿形与送料齿一致，且和送料齿相啮合，该中继齿轮另一端与冠状齿轮相啮合；上述冠状齿轮与送料齿、中继齿轮的传动机构，在外观形状上是呈可以缩小针至针板座垂直面端距离的纵向排列。

2007年4月2日，国家知识产权局专利复审委员会第9795号《无效宣告请求审查决定》认定涉案专利具有创造性，决定"维持200420007104.7号实用新型专利权有效"。2008年9月2日，国家知识产权局专利复审委员会第12342号《无效宣告请求审查决定》亦认定该专利权有效。

2006年6月6日，启翔股份有限公司与原告签订《专利实施许可合同》一份，约定由原告独占许可使用前述专利，许可使用费为90000美元，合同有效期为2006年6月6日至2014年3月12日。2007年6月14日，双方将上述合同报国家知识产权局备案。

本案被告是一家外商独资有限责任公司，企业的经营范围包括：开发、生产高技术含量的特种工业缝纫设备、高精度缝纫设备、电动缝纫设备、电脑控制缝纫设备及其零部件，销售自产产品并提供相关的技术服务；上述产品同类商品的批发、佣金代理及进出口业务，并提供相关配套服务等。

2007 年 9 月 28 日，原告代理人随同上海市卢湾区公证处公证人员，在上海新国际博览中心举办的"2007 中国国际缝制设备展览会"W1 馆 D22 号展位上领取被告发放的《机械总目录》1 本、产品介绍 5 本 2 份，其中包含被控侵权的 KM－957 系列/KM－967 系列缝纫机的图片和介绍文字。

2008 年 4 月 17 日，原告代理人随同上海市卢湾区公证处公证人员，在被告处提取了所订购的型号为 KM－957SR 工业缝纫机 1 台，价格为 10600 元。同时取得编号为 17161244 的"上海增值税专用发票"1 张，其上显示"销售单位"为"上海东炫针车有限公司"。

以上事实由原告提供的第 706401 号实用新型专利证书和专利登记簿副本，涉案实用新型专利权利要求书和检索报告，国家知识产权局专利复审委员会第 9795 号、第 12342 号无效宣告请求审查决定书，启翔股份有限公司与原告签订的《专利实施许可合同》以及专利实施许可合同备案证明，被告的营业执照，上海市卢湾区公证处（2007）沪卢证经字第 3365 号、（2008）沪卢证经字第 1015 号公证书等证据佐证，本院予以确认。

本院认为，原告依据与专利权人的实施许可合同，享有涉案"柱筒型缝纫机的送料装置"实用新型专利（专利号为 ZL200420007104.7）的独占许可使用权。在合同有效期内，原告如认为专利权受到侵害，有权向人民法院提起诉讼。虽然被告称合同双方有关联关系，故对合同的真实性有异议，但被告并未举证证明其主张，本院对被告这一意见不予采信。原告通过公证形式，业已证明被控侵权产品是被告生产的。被告称公证书存在瑕疵，但公证书经补正不影响其效力；被告称原告购买被控侵权产品的发票上的"销售单位"并非被告，但原告的购买过程说明该产品是被告直接提供的，故原告的证据足以证明被告实施了被控侵权行为。

根据当事人举证、质证，本案的主要争议焦点是：1. 被控侵权产品是否落入涉案专利权保护范围；2. 原告提出的赔偿数额是否有事实及法律依据。

关于第一个争议焦点。原告认为，被告被控侵权产品的技术特征和涉案的实用新型专利完全相同。被告认为，被控侵权产品和涉案专利相比，具有很多区别特征，不落入涉案专利的保护范围。2009 年 6 月 12 日，应原告的申请，本院委托科学技术部知识产权事务中心就被控侵权产品是否与涉案的

"柱筒型缝纫机的送料装置"实用新型专利（ZL200420007104.7）的必要技术特征相同或等同进行技术鉴定。2009年10月27日，该鉴定机构出具了"国科知鉴字0908号"鉴定报告书，鉴定结论为：原告实用新型专利（ZL200420007104.7）独立权利要求1记载的主题名称和A、B、C、D、E、F、G、H共8项必要技术特征共同限定原告专利权的保护范围，被控侵权产品与原告实用新型专利（ZL200420007104.7）独立权利要求记载的技术方案相比较，主题名称相同，被控侵权产品A1、B1、C1、D1、E1、F1、G1、H1共8项技术特征与原告专利A、B、C、D、E、F、G、H共8项必要技术特征一一对应相同。原告对鉴定结论无异议，被告则认为鉴定程序不当，鉴定报告内容不具有公正性和客观性。

本院认为：首先，关于鉴定程序的问题。本案的鉴定机构具有合法资质，被告对其的异议不能成立；对于鉴定人员的组成，被告虽曾提出异议，但未说明适当理由，且此后又予以确认，庭审中被告就此再提出异议，本院不予认可。因此，本案的鉴定程序并无不当。其次，在鉴定报告书提出的主题名称和8项技术特征的对比中，被告对其被控侵权产品的主题名称以及A1、B1、D1、F1项技术特征与涉案专利的主题名称以及相应技术特征相同并无异议，本院对此不再评价。再次，关于被告认为不同的技术特征部分。1.被告称，涉案专利的技术特征C是"用来支撑旋梭的釜台座设在针的右侧"，而被控侵权产品的技术特征C1是"设有下送料机构的柱体座位于针的下方"，故两者并不相同。实际上，从被控侵权产品的工人操作位置面向缝纫机方向观察，柱体座即釜台座的确设在针的右侧，故双方的本对应技术特征相同。2.被告提出被控侵权产品的技术特征E1与涉案专利的技术特征E不同，其实质也是釜台座位置问题，如前述，双方的技术特征C1和C相同，故本对应技术特征E1与E相同。3.被告称，涉案专利的技术特征G是"中继齿轮在一导引板作用下可在针板座上自由转动，中继齿轮外围齿形与送料齿一致，且和送料齿相啮合，该中继齿轮另一端与冠状齿轮相啮合"，而被控侵权产品并无"导引板"这一部件，发挥同样功能和效果的是一个圆形部件，在结构上和导引板不同；另外，被控侵权产品的送料齿轮和端面齿轮是与中继齿轮的同一端相啮合。对此，本院认为，被控专利产品的该圆形部件从结构上讲，是由薄的板料形成的，与涉案专利中提到的"导引板"并无差别；被控侵权产品的送料齿轮和端面齿轮与中继齿轮是在弧面的同一侧啮合，但根据一般的理解，齿轮的端面应理解为平面，故该送料齿轮和端面齿轮是在中继齿轮的两端与其啮合。因此，双方的本对应技术特征相同。4. 被告称，涉案专利的技术特征 H 是"冠状齿轮与送料齿、中继齿轮的传动机构，在外观形状上是呈可以缩小针至针板座垂直面端距离的纵向排列"，而被控侵权产品的送料齿轮、中继齿轮与端面齿轮是呈横向排列结构，故两特征不相同。本院认为，涉案专利的技术特征 H 指的是"传动机构"在外观形状上的特点，即包括送料齿轮、中继齿轮、冠状齿轮以及这些齿轮上的轴，在整体上的排列关系。被控侵权产品中冠状齿轮（端面齿轮）虽然齿面向下安装，仍属于涉案专利所界定的"纵向排列"，同样能够实现外观形状上呈可缩小针至针板座垂直面端距离的功能和效果。故双方的本对应技术特征也相同。（专利案件的一个问题是，涉及技术事项的叙述很枯燥，也令人费解，如能尽量结合图示，效果会好一些）

综上，本院对本案的技术鉴定结论予以采信，认定被控侵权产品包含了涉案专利独立权利要求所记载的全部必要技术特征，落入专利权的保护范围。被告生产销售被控侵权产品的行为已构成专利侵权。

关于第二个争议焦点。原告提供了其主张的经济损失的计算方法，即根据原告作为涉案专利独占许可使用权人在授权期限内所支付的许可使用费，结合被告实施专利侵权的时间，以同期专利许可使用费的 3 倍来计算。据此得出的数额应为 355356 元。庭审中，原告承认，起诉状中经济损失 423900 元系计算有误，但原告仍坚持 423900 元的诉讼请求。原告另提供了相应票据，以证明其为本案诉讼支出的合理费用，包括公证费、诉讼代理费、购买侵权产品费、取证费等。原告在庭审中并提出，本案的鉴定费 58000 元也属合理费用，应由被告承担。被告认为，原告提供的专利实施许可合同的真实性不能确定，故对原告以许可使用费为基础计算的损失不认可；原告提供的证据不能证明其支付的费用属合理支出。

本院认为，本案中，原告未提供证据证明自己因侵权受到的损失以及被告因侵权的获利，而要求以 3 倍以上的专利许可使用费来确定赔偿数额，明显不合理；同时考虑到原告与专利权人之间的关联关系，该专利许可使用费不具有普遍性，故本院对原告的此项主张不予认可。本院将综合参考涉案专利的类别、被告实施侵权行为的手段、规模、情节、主观故意程度等因素，并适当参考原告与专利权人的专利许可使用费，酌情确定被告赔偿原告经济损失及合理费用支出的具体数额。（适当参考许可使用费，但仍然是法定赔偿）

综上，本院认为，原告依法享有涉案"柱筒型缝纫机的送料装置"实用新型专利（专利号为ZL200420007104.7）的独占许可使用权，该专利权在有效期内，应受法律保护。被告未经专利权人许可，在涉案专利有效期内为生产经营目的制造、销售、许诺销售的 KM－957SR 工业缝纫机中，含有落入涉案实用新型专利（专利号为ZL200420007104.7）保护范围的柱筒型缝纫机的送料装置，系专利侵权行为，应承担停止侵权、赔偿损失的民事责任。关于原告要求销毁被告立即销毁现存侵权产品、半成品及专用于生产侵权产品的材料、工具、设备等的诉请，因不属于民事责任的承担方式，本案不作处理。（在本案中必要性和紧迫性不大）

据此，依据《中华人民共和国民法通则》第 134 条第 1 项、第 7 项，《中华人民共和国专利法》（2000 年 8 月 25 日修正）第 11 条第 1 款、第 56 条第 1 款，《最高人民法院关于审理专利纠纷案件适用法律问题的若干规定》第 21 条、第 22 条之规定，判决如下：

1. 被告日星缝纫机（上海）有限公司立即停止侵害 ZL200420007104.7 号实用新型专利权的行为；

2. 被告日星缝纫机（上海）有限公司应于本判决生效之日起 10 日内赔偿原告启翔（针车）上海有限公司包括合理费用在内的经济损失人民币 250000 元；

3. 对原告启翔（针车）上海有限公司的其余诉讼请求不予支持。

（本案二审最终虽维持了一审判决，但诸多观点与一审并不一致。尤其是在对鉴定结论的态度上。兹录二审判决主要内容如下。）

日星公司不服一审判决，[①] 向本院提起上诉，请求撤销一审判决，判决

① 上海市高级人民法院（2010）沪高民三（知）终字第 11 号民事判决书。

驳回一审原告启翔公司的诉讼请求。上诉人日星公司上诉的主要理由是：第一，一审法院认为启翔公司具有原告主体资格依据不足。第二，一审法院认定日星公司实施了制造、销售、许诺销售行为没有事实依据。第三，本案技术鉴定程序违法。第四，被控侵权产品中至少有四项技术特征与涉案专利相应的技术特征不同。根据涉案专利权利要求的记载，釜台座设在针的右侧，针板座固定在釜台座上，且涉案专利说明书中记载"本实用新型的目的在于提供一种柱筒型缝纫机的送料装置，该送料装置是将习知固定在针左侧的针板座，变更为固定在针右侧的釜台座上……"因此，涉案专利的针板座必然位于针的右侧，而被控侵权产品的针板座位于针的左侧。被控侵权产品中没有涉案专利中所述的"导引板"。被控侵权产品中，送料齿与冠状齿轮均设置于中继齿轮同一端（上端），而涉案专利中，送料齿设置于中继齿轮上端，冠状齿轮设置于中继轮的另一端（下端）。被控侵权产品中，送料齿、中继齿轮与冠状齿呈横向排列结构，而涉案专利中，送料齿、中继齿轮及冠状齿轮呈纵向排列。第五，一审判决确定的经济赔偿数额没有事实依据。（技术特征的对比是争议关键）

被上诉人启翔公司辩称，上诉人推测认为涉案专利技术方案中针板座必然位于针的右侧是错误的，如涉案专利说明书附图 5 所示，针正好处于釜台座的临界位置，针的左侧是针板座，右侧是釜台座。在机械领域，涉案专利中的"导引板"来源于日本人的一种叫法，从物理上分为圆柱体部分与圆盖板部分，其中，圆柱体部分的作用是"导引"中继齿轮，使其自由转动；圆盖板部分是一个保护盖板，是为了防止中继齿轮滑脱。涉案专利权利要求所述"该中继齿轮另一端与冠状齿轮相啮合"中的"另一端"是指中继齿轮的右端，包括上、下两侧的周边位置。由于"另一端"是指中继齿轮的右端，包括上、下两侧的周边位置，因此，当冠状齿轮与中继齿轮在上、下侧相啮合时，都能达到"在外观形状上是呈可以缩小针至针板座垂直面端距离的纵向排列"。

二审中，上诉人未向本院提供证据材料。

二审中，被上诉人向本院提供了 1 份证据，即发文日期为 2010 年 3 月 11 日的专利复审委员会第 14517 号无效宣告请求审查决定书，该份证据要证明所属领域的技术人员能够理解涉案专利权利要求中"导引板"的结构。经质证，上诉人对该份证据的真实性、关联性及合法性均无异议，但不同意专利复审委员会在该决定书中对涉案专利权利要求中"导引板"的理解。

本院认为，由于上诉人对被上诉人提供的该份证据的真实性、关联性及合法性均无异议，故对该份证据的真实性、关联性及合法性予以确认，对该份证据予以采纳。

经审理查明，原审判决认定的事实属实。

另查明，对于涉案专利权利要求中记载的"导引板"，技术鉴定机构的鉴定专家认为，本领域普通技术人员通过阅读专利说明书可知悉，中继齿轮在正常工作状态下是被动转动的，即在与之啮合的其他齿轮的驱动下转动，该导引板的作用是定位中继齿轮，使中继齿轮固定在与送料齿轮和冠状齿轮相啮合的特定位置，并保证中继齿轮能够自由转动。

根据技术鉴定机构对涉案专利权利要求的分解，涉案专利权利要求中技术特征 H 为"冠状齿轮与送料齿、中继齿轮的传动机构，在外观形状上是呈可以缩小针至针板座垂直面端距离的纵向排列"。被控侵权产品的相应技术特征 H1 为"冠状齿轮与送料齿、中继齿轮的传动机构，在外观形状上是呈可以缩小针至针板座垂直面端距离的纵向排列"。对于原告该特征中记载的"外观形状上是呈可以缩小针至针板座垂直面端距离的纵向排列"的理解，鉴定专家认为，根据原告专利的发明目的（见专利说明书第 2/4 页第 11—14 行）可知，该专利将公知的位置上独立于旋梭传动机构的送料齿传动机构，改变为把送料齿传动机构内附于釜台座内，有效地缩小了针中心到针板座外端的距离，送料齿与中继齿纵向排列，中继齿轮与冠状齿轮啮合，将冠状齿轮的动力传递到送料齿，以此实现缩小针中心到针板座外端的距离的目的，使之能够缝制曲率更小的立体物。

本领域普通技术人员通过阅读专利说明书及附图能够获知，冠状齿轮轴向与送料齿和中继齿轮轴向垂直，冠状齿轮与送料齿、中继齿轮不是一般意义上的"纵向排列"，而是特定的"外观形状上呈可以缩小针至针板座垂直面端距离的纵向排列"，即无论是原告专利说明书附图 5 所示的中冠状齿轮齿面向上安装，还是被控侵权产品中冠状齿轮齿面向下安装，均属于原告专利所界定的"纵向排列",均能够实现外观形状上呈可缩小针至针板座垂直面端距离的功能和效果。因此,鉴定专家认为,被控侵权产品技术特征 H1 与原告专利技术特征 H 相比较,双方的冠状齿轮与送料齿、中继齿轮的传动机构,在外观形状上均是呈可以缩小针至针板座垂直面端距离的纵向排列,因此,双方本技术特征相同。

再查明,专利复审委员会第 14517 号无效宣告请求审查决定书中记载:关于"导引板",合议组认为,根据专利说明书第 4 页第 8 行"中继齿轮 30 在图示未表示的导引板作用下可在针板座 6 上自由转动"以及第 13—19 行的动作过程"动力传递至釜轴中套管 23,并带动冠状齿轮 25、中继齿轮 30 以及送料齿 10 组成的传动机构"可知,该"导引板"应为一类似于轴的导引件,它用于将中继齿轮可旋转地支撑于针板座上,中继齿轮转动的动力来源为冠状齿轮。尽管权利要求 1 并未对该"导引板"的具体结构和位置作出限定,但是本领域技术人员在本专利说明书以及附图的基础上可以理解该"导引板"并非是中继齿轮的驱动机构,而是类似于轴的引导中继齿轮在针板座上转动的构件。

本院认为:关于启翔公司是否具有原告主体资格,日星公司是否实施了制造、销售、许诺销售的被控侵权行为,本案一审中技术鉴定程序是否违法,一审判决均作了相应的陈述并作出了相应的认定,日星公司在二审程序中并没有提供新的足以推翻一审判决相应认定的事实与理由,对日星公司相应上诉理由不予支持,理由不再陈述。

上诉人认为专利技术方案中针板座必然位于针的右侧,并无事实依据。由于实物部件几何尺寸的不同,固定在针右侧釜台座上的针板座并非必然会处于针的右侧,从涉案专利说明书附图 4 及附图 5 可以清晰地看出,专利技术方案中,固定在针右侧釜台座上的针板座位于针的左侧。上诉人关于专利技术方案中针板座必然位于针右侧的上诉理由不能成立。

尽管涉案说明书及附图没有具体描述专利权利要求中记载的"导引板",但所属领域的技术人员能够理解在专利技术方案中,该"导引板"的功能是定位中继齿轮,使中继齿轮固定在与送料齿轮和冠状齿轮相啮合的特定位置,并保证中继齿轮能够自由转动。为了实现"导引板"的功能,所属领域的技术人员在阅读涉案说明书及附图后，能够理解该"导引板"的具体结构应当是采用常规的小空间的一体化的带有中继齿轮轴的位置调节结构部件，结合专利复审委员会在其第 14517 号无效宣告请求审查决定书中的陈述，可以认定"导引板"是带有中继齿轮轴的引导中继齿轮在针板座上转动的构件。因此，尽管涉案说明书及附图没有具体描述专利权利要求中记载的"导引板"的具体结构，但所属领域的技术人员根据涉案专利说明书及附图可以确定该"导引板"的具体结构为带有中继齿轮轴的引导中继齿轮在针板座上转动的构件。（强调本领域"技术人员"的认知）被控侵权产品中的圆形部件与所属领域技术人员根据涉案专利说明书及附图所理解的"导引板"的具体结构相同，上诉人关于被控侵权产品中没有涉案专利要求中所述的"导引板"的上诉理由不能成立。

上诉人认为涉案专利权利要求中"该中继齿轮另一端与冠状齿轮相啮合"中的"另一端"是指中继齿轮的上端，并无事实依据。所属领域的技术人员（再次强调）根据涉案专利说明书及附图会将权利要求中的"另一端"理解为中继齿轮的右端，而非理解为上诉人所说的中继齿轮的上端。上诉人关于被控侵权产品中，送料齿与冠状齿轮均设置于中继齿轮同一端（上端），而涉案专利中，送料齿设置于中继齿轮上端，冠状齿轮设置于中继齿轮的另一端（下端）的上诉理由不能成立。

根据技术鉴定机构对涉案专利权利要求的分解，涉案专利权利要求中技术特征 H 为"冠状齿轮与送料齿、中继齿轮的传动机构，在外观形状上是呈可以缩小针至针板座垂直面端距离的纵向排列"，该技术特征 H 并没有描述冠状齿轮、送料齿与中继齿轮之间的具体位置关系，而只是将三者之间的位置关系限定为在效果上是"在外观形状上是呈可以缩小针至针板座垂直面端距离的纵向排列"，故该技术特征 H 为功能性或者效果性特征。（一审并无此认识）《最高人民法院关于审理侵犯专利权纠纷案件应用法律若干问题的解释》第 4 条规定："对于权利要求中以功能或者效果表述的技术特征，人民法院应当结合说明书和附图描述的该功能或者效果的具体实施方式及其等同的实施方式，确定该技术特征的内容"。涉案专利说明书中，实现技术特征 H

功能的具体实施方式只有一个，即"冠状齿轮的左侧表面上的轮齿与中继齿轮的右侧下方齿轮啮合，中继齿轮的左侧上方轮齿与送料齿下方轮齿啮合"。被控侵权产品中的相应技术特征 H1 为"冠状齿轮的左侧表面上的轮齿与中继齿轮的右侧上方齿轮啮合，中继齿轮的左侧上方轮齿与送料齿下方轮齿啮合"。被控侵权产品中技术特征 H1 与涉案专利说明书中记载的实现专利权利要求中技术特征 H 的具体实施方式相比，属于等同实施方式。（一、二审观点不同）因为，对于所属领域的技术人员来说，技术特征 H1 与说明书中记载的实现专利权利要求中技术特征 H 的具体实施方式相比，两者使冠状齿轮、送料齿与中继齿轮组成的传动机构在"外观形状上是呈可以缩小针至针板座垂直面端距离的纵向排列"的功能相同或者基本相同，由此能够产生的技术效果相同或者基本相同，并且对于所属领域的技术人员来说，由专利说明书中记载的实现专利权利要求中技术特征 H 的具体实施方式联想到技术特征 H1 也无需创造性劳动就能想到。因此，被控侵权产品中的技术特征 H1 属于涉案专利权利要求中技术特征 H 的内容，技术特征 H1 与技术特征 H 属于相同的技术特征。尽管技术鉴定机构对专利权利要求与被控侵权产品相应的技术特征评定不准确，但其认为相应技术特征相同的结论并不受影响（明确指出鉴定结论不对，一般案件中较为少见）。上诉人关于专利权利要求与被控侵权产品相应技术特征不同的上诉理由不能成立。

由于被上诉人因侵权所遭受的损失、上诉人因侵权获得的利益均难以确定，且直接参照专利许可使用费确定损害赔偿数额明显不合理，原审法院根据专利权的类型、侵权行为的性质和情节等因素，并适当参考被上诉人与专利权人的专利许可使用费，酌情确定的经济赔偿数额，并无不当。上诉人关于一审判决确定的经济赔偿数额没有事实依据的上诉理由不能成立。

综上所述，上诉人日星公司的上诉请求与理由没有事实和法律依据，应予驳回。依照《中华人民共和国民事诉讼法》第 153 条第 1 款第（1）项、第 158 条之规定，判决如下：

驳回上诉，维持原判。

审理心得

1. 专利案件难在技术吗

启翔（针车）上海有限公司诉日星缝纫机（上海）有限公司侵犯实用新型专利权纠纷案（以下简称启翔案），是选入本书的唯一一起涉及技术问题的专利案件。众所周知，知识产权案件的管辖具有特殊性。最高人民法院通过多个司法解释明确专利、著作权、商标等知识产权案件的集中管辖原则，即主要根据案件类型而不是地域范围或标的大小，由若干家法院相对集中审理知识产权案件。其中，专利等技术类案件尤其特别，原则上由中级法院一审。① 如最高人民法院对中级法院建制的知识产权法院的管辖范围就作出明确规定，将"专利、植物新品种、集成电路布图设计、技术秘密、计算机软件民事和行政案件"作为知识产权法院辖区范围内的第一审案件。② 究其原因，恐怕在于这类案件通常给人以复杂、疑难的印象，特别是在事实认定方面，往往涉及专业问题，对法官的知识储备提出了挑战。

客观上，包括专利案件在内的知识产权案件的确存在一定的特殊性，因而在司法实践中有必要实行专业化审判。但这并不意味着知识产权案件较之其他民商事案件就更难审理，而专利案件更甚。案件的专业性与审理的难度并不能简单画等号。审判资源的消耗是由方方面面的因素决定的，除案件所涉的事实与法律关系之外，还包括主体因素乃至社会背景等。总体而言，知识产权案件比较"纯粹"，大多数案件事实清楚、争议不大，当事人对此也心知肚明。我想，这与我国当前知识产权侵权与保护的现状以及知识产权的重要性程度是相适应的。一个表现就是，历年全国法院知识产权民事一审案

---

① 最高人民法院《关于审理专利纠纷案件适用法律问题的若干规定》第 2 条规定，专利纠纷第一审案件，由各省、自治区、直辖市人民政府所在地的中级人民法院和最高人民法院指定的中级人民法院管辖。最高人民法院曾指定北京市海淀区人民法院、朝阳区人民法院等 7 家基层法院审理实用新型和外观设计专利纠纷案件。但随着跨区域审理的知识产权法院和知识产权法庭的设立，相应的专利案件管辖也在发生变化。

② 最高人民法院《关于北京、上海、广州知识产权法院案件管辖的规定》（法释〔2014〕12号）第 1 条。

件的调撤率均在 60% 以上,① 这表明将近 2/3 向法院提起的知识产权纠纷并没有由法院一纸判决作出最终结论。而且,这一数据较之所有民商事案件的调撤率明显为高。② 一般认为,调解或撤诉案件的关系相对简单,处理效果也较好,所以知识产权案件整体更难的观点在大数据上是得不到支撑的。就我个人的经验感受,10 件知识产权案件可能只有 2 件确实比较复杂或者疑难,然而却是人们关注的重心所在,故留下知识产权案件难的印象也属正常。

其实,在我看来,专利案件在总体上较之其他知识产权案件也并不更复杂。这首先因为,从数量上讲,大量专利案件是实用新型、外观设计案件,技术问题不是主要难点,甚至根本就不涉及技术。③ 其次,很多专利纠纷并非对侵权与否有争议,而是集中在责任的方式、大小或承担主体上。实践中的疑难专利案件,很多是与侵权损害赔偿的确定或者程序事项有关,而这与著作权、商标案件相比,未见得体现了专利的"技术"特性。

一直以来,还存在一种似是而非的观点,认为从事专利审判或者研究专利法者,最好有理工科背景。而在法院的知识产权庭,也倾向于选拔有复合学科背景的法官。在我任知识产权法官期间,前后同事中有理工科学历的,大约占 30%。这与美国负责审理专利案件的联邦巡回上诉法院(Court of Appeals for the Federal Circuit,CAFC)的情形大致相当,④ 比例并不特别高。而且据我观察,有无理工背景与专利案件的办案质量并无相关性。反而是丰富的生活经验起的作用可能更大。我本人即是理工本科出身(化学工程专业),但并没有感觉到在审理专利案件时有什么优势。碰到医药专利案件时

---

① 根据最高人民法院发布的《中国法院知识产权司法保护状况》,近三年(2014—2016 年)来,地方法院知识产权民事一审案件的调撤率分别是 65.96%、63.12%、64.21%。

② 有统计表明,我国民商事案件的调撤率从 2007 年的 56.20% 开始,先呈稳步上升趋势,后又出现一定回落,2014 年基本接近 2007 年水平,全年全国法院审结的一审民商事案件中,以调解和撤诉方式结案的案件占一审案件的 57.04%。参见马剑:"实现审判服务经济社会发展的新常态——2014年全国法院审理民商事案件情况分析",载《人民法院报》2015 年 5 月 14 日。

③ 当然,这不是说实用新型的技术就不复杂,或者外观设计案件的难度就更低,只是从概率上讲,发明专利的技术一般更难,理解起来也更不容易。

④ CAFC 共有 18 名法官,其中有科学学位的(美国法学院是研究生教育,所以法学院学生的本科都是其他专业的)6 名,占 1/3。而且前后两任首席法官 Judge Rader 和 Judge Prost 都是文学学士出身。参见 CAFC 网站法官介绍(http://cafc.uscourts.gov/judges)。

同样头疼，分子式都看不明白。相对而言，有时机械或电子类的专利技术还好懂一些。所以，与专利代理人或专利工程师不同，我不觉得专利法官也需具备专业技术知识。审理案件时，只要法官认真、细致调查，充分发挥当事人两造的作用，对个案中的技术问题一般还是能理解的。理工背景如果说还起作用，大概是面对技术问题时有信心去搞清楚吧。

2. 查明技术事实的方法

虽然遭遇技术难题的专利案件在数量上并不太多，但一旦遇上，技术事实的查明对法官来讲，确实面临不小的挑战。实践中，作为技术的外行（哪怕有相关学科的学习和研究背景，但对于众多技术领域仍远远不够，很难要求法官达到"普通技术人员"的水准），法官须借助多种手段来了解专利及所涉领域的技术。

为帮助法官在审理案件时查明技术事实，最高人民法院于 2014 年 12 月发布《关于知识产权法院技术调查官参与诉讼活动若干问题的暂行规定》，要求北京、上海、广州三家知识产权法院配备技术调查官，由具备专业技术知识的技术调查官以司法辅助人员的身份参加诉讼，为法官破解案件审理中的技术疑点，扫清技术障碍，提供专业支持，解决专业问题。这一举措目前已得到试点，如上海知识产权法院已建立技术调查室，旨在构建"技术调查、技术咨询、专家陪审、技术鉴定'四位一体'的知识产权案件技术事实查明体系。"[1]

技术调查官是一个舶来的制度，在我国的运行效果如何，还有待检验。我认为，由法院承担技术事实查明的成本，固然有明显的好处，如可减轻当事人负累、提高诉讼效率，但技术种类实在太多、太复杂，而涉及每一个类别的案件也不可能太多，所以在法院编制内设立技术调查室，能保持多大规模，是令人怀疑的。而如果采取兼职的形式，又会带来如何保持中立性及程序保障等问题。总之，技术调查官作为专业审判的一个配套制度，其愿景是美好的，但仍需和其他手段相结合而共同发挥作用。

过去的案件在进行技术调查时，多是通过争议双方各自聘请专家辅助人

① 参见《上海知识产权法院 2016 年度审判白皮书》。

来帮助代理人阐述相关意见。这种情况下要求法官耐心、细致倾听，兼听则明。因为进程是由法官主导的，只要法官想听，当事人及其辅助人当然不厌其烦阐述己方观点。但法官如准备不足，往往陷入哪方说时就觉得该方有理的困局。所以在有专家辅助人的场合，法官也要加强学习，有一定的基础，才不会轻易相信他人。显然，这对法官的能力提出了较高要求，诉讼效率也常受到影响。

我在审理专利案件时，曾数次向相关领域专家提出咨询。上海法院曾建立一个技术专家库，在高校和科研机构聘请了诸多专家，覆盖各技术领域，法官在审理中如遇技术问题，可通过数据库查询，求教于这些术业有专攻的专家。我个人觉得这是非常好的做法，法官只有主动去学，才能深入理解涉案技术，而专家的指点确实能有效地帮助法官。在特殊情况下，这些专家甚至可以以陪审员的身份参加审理，为合议庭认定事实把关。当然，专家陪审涉及特殊的制度安排，陪审员的选任也应有专门的渠道。

为查明相对复杂的技术事实，当前的专利审判实践中，最常见的还是通过技术鉴定的方式来实现。在一些专利纠纷案中，原告起诉时会附上专业机构作出的鉴定报告，但被告多以系单方委托为由而不予认可。有时被告也出具对自己有利的鉴定报告，同样会遭到原告否认。在审理过程中，如果双方争议很大，而法官又没有把握，则可在征得当事人同意的基础上，以法院的名义（费用一般先由原告垫付，最后根据诉讼结果分配）对外委托中立的专门机构进行技术鉴定。只要能在公正的程序下确定鉴定机构和鉴定人，技术鉴定这种形式本身问题不大。但与此同时带来的成本上升、周期延宕等弊处也不容忽视。而且，有时由于鉴定机构专业性不足，或者法院与鉴定机构的沟通不够，鉴定报告从程序到结论都可能存在问题，法院也不能盲目采信，而应在充分质证的基础上审慎认定。启翔案就反映出一、二审法院对鉴定报告的不同认识。

3. 本案技术事实认定的难点及过程①

启翔案中，涉案专利是一项"柱筒型缝纫机的送料装置"的实用新型专

---

① 本案因无现成的分析文章，故在此将案件的关键之处加以整理介绍，并以之替代"析案释疑"。

利，其权利要求 1 可具体分解为包含 8 项必要技术特征：送料装置包括固定在底盘上而具有针棒机构、天平机构、上送料机构的车头，及与车头内的各机构同步运转达成车缝的具送料机构的釜台座所组成（A）；执行送料的轮钱及送料齿安装于面对针的左侧（B）；用来支撑旋梭的釜台座设在针的右侧（C）；釜轴设置在釜轴中套管的中央，并以轴承支撑于釜台座上可自由转动，旋梭固定在釜轴的上端（D）；一针板座是以螺丝固定在釜台座上（E）；一冠状齿轮固定在轴上，并与以螺栓固定于针板座上的一中继齿轮相啮合（F）；该中继齿轮在一导引板作用下可在针板座上自由转动，中继齿轮外围齿形与送料齿一致，且和送料齿相啮合，该中继齿轮另一端与冠状齿轮相啮合（G）；冠状齿轮与送料齿、中继齿轮的传动机构，在外观形状上是呈可以缩小针至针板座垂直面端距离的纵向排列（H）。

审理中，根据原告的申请，法院委托科学技术部知识产权事务中心就被控侵权产品是否与涉案的"柱筒型缝纫机的送料装置"实用新型专利的必要技术特征相同或等同进行技术鉴定。鉴定专家将被控侵权产品技术方案与原告专利技术方案进行对比分析，得出的结论是：被控侵权产品 A1、B1、C1、D1、E1、F1、G1、H1 共 8 项技术特征与原告专利 A、B、C、D、E、F、G、H 共 8 项必要技术特征一一对应相同。而被告对其产品的 A1、B1、D1、F1 项技术特征与涉案专利的相应技术特征相同并无异议，因此，本案事实方面争议的核心在于被告产品的 C1、E1、G1、H1 项技术特征与涉案专利的相应技术特征是否相同或等同。

一审中，针对鉴定结论，合议庭组织进行了详尽的质证。原被告双方均充分发表了各自意见并提交了书面说明，鉴定人员也出庭接受询问。在此基础上，我作为承办法官，对本案的技术问题基本做到了然于胸。本案主要涉及几个部件的构造及相互位置，理解起来应该说并不太复杂。因此，我在一审判决中，全面接受了鉴定结论，就被告主张的 C1、E1、G1、H1 项技术特征与 C、E、G、H 项不同的观点，一一作出回应，最终认定前后均构成相同。

而在二审中，上海市高级人民法院（本案承办法官是张晓都）在事实争点上的意见与一审却有些微差别。比如，对于 C、E 项涉及的釜台座问题，一审接受了鉴定结论的意见，即认为"从被控侵权产品的工人操作位置面向缝纫机方向观察，用来支撑旋梭的釜台座设在针的右侧"，故与涉案专利的相应特征相同。二审虽认为上诉人关于专利技术方案中针板座必然位于针右侧的上诉理由不能成立，但理由则是"由于实物部件几何尺寸的不同，固定在针右侧釜台座上的针板座并非必然会处于针的右侧"。事实上，因为釜台座尺寸远较针大，所以一审认为的"针的右侧"指的是釜台座整体位置偏针的右侧，这当然是符合实际的。而二审则进一步指出釜台座上的针板座不是如上诉人所言只能在针的右侧，这是对上诉理由的具体回应，但是与技术特征的对比其实并无直接关系（因为专利特征描述的是釜台座而非釜台座上的针板座）。

再如，对 G、H 项技术特征，如下图所示，左边是专利技术方案，右边是被控侵权产品（其中的端面齿轮即冠状齿轮）。一审认为 G 项特征描述的"中继齿轮另一端与冠状齿轮相啮合"中的"另一端"是相对于平面的左端而言的"右端"；而根据二审观点，中继齿轮虽有上端、下端、左端、右端之分（即"端"并不仅相对平面而言），但根据所属领域技术人员的通常理解，此处应是指"右端"。可见，两级法院对这一问题的最终观点没有差别。只是二审是从虚拟的"所属领域技术人员"角度出发，而一审只是阐明自身的理解，应该还是二审更符合专利审判的要求。

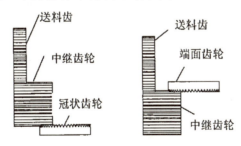

关于 H 项特征提到的冠状齿轮与送料齿、中继齿轮传动机构的"纵向排列"，一审同样是从通常理解出发，认为无论是送料齿、中继齿轮、冠状齿轮从上到下的排列（图左），还是冠状齿轮纵向介于送料齿与中继齿轮之间的排列（图右），均属于涉案专利界定的"纵向排列"，两者构成相同。但二审中则认为"纵向排列"没有明确送料齿、中继齿轮、冠状齿轮三种之间的

位置关系，只是将其限定在效果为"可以缩小针至针板座垂直面端距离"，因此该项特征属于功能性特征。对其的解释应结合说明书中的实施例，[①] 从而迂回认定被控侵权产品的该项技术特征与涉案专利技术构成等同。二审由此也指出，鉴定机构（实际上也包括一审法院）对该对应技术特征构成相同的评定不准确，但结论并不受影响。在写作本书时，我再次认真思考了这个问题，还是认为二审将"纵向排列"的技术特征认定为功能性特征稍嫌牵强，鉴定结论的意见也没有大的问题，但一审的认定确实过于简单，如能以所属领域技术人员的"通常理解"为根据展开说理或许更好。

　　总之，在经过委托鉴定相关技术问题的场合，法院对鉴定结论认定的事实也不能当然接受，而应严格按照民事证据规定的要求，将鉴定报告（结论）视为一类证据，在举证质证的基础上，形成法官内在的认知，进而才能生成案件的法律事实。

---

① 最高人民法院《关于审理侵犯专利权纠纷案件应用法律若干问题的解释》第4条规定：对于权利要求中以功能或者效果表述的技术特征，人民法院应当结合说明书和附图描述的该功能或者效果的具体实施方式及其等同的实施方式，确定该技术特征的内容。

第六章

其他类型案件中的知识产权思维

月星案

本诉原告上海月星家居市场经营管理有限公司（以下简称月星公司）诉称①：原、被告于 2008 年 11 月 2 日签订了《品牌使用经营管理合同》，约定被告将其拥有的经营物业提供给原告成立的管理公司独立进行品牌经营和管理，该经营物业挂名为"温州月星家居广场＊联结福店"。合同签订后，原告按约履行了自己的义务，并派出了经营团队。但被告始终拒绝按照合同将该经营物业完整移交原告的管理公司经营，拒绝将该经营物业店招挂名为"温州月星家居广场＊联结福店"，拒绝向管理公司移交人事、财务等经营管理权，同时被告擅自干预管理公司经营管理。被告的上述行为致使月星品牌优势不能得到发挥，消费者误认为被告在继续经营，因而物业招商的租金上不去，招商率达不到合同预定的目的。另据《品牌使用经营管理合同》第 4－1 条和第 4－3 条约定，被告每年应当向原告支付 200 万元的品牌使用费，被告签约后第一年仅支付了 100 万元，尚欠原告 100 万元。原告曾多次书面呼吁被告履行合同，双方曾于 2009 年 5 月 22 日就商场深化经营管理、商场改造等事项，达成会谈纪要。会后，原告按纪要的内容积极开展工作。但 2009 年 6 月 30 日，原告却收到被告发出的解除《品牌使用经营管理合同》的《律师函》。原告认为，被告擅自解除合同不符合合同约定和法律规定的解除条件，是一种严重的违约行为。据此，根据《品牌使用经营管理合同》相关约定，原告请求法院判令：1. 确认被告于 2009 年 6 月 30 日作出的解除《品牌使用经营管理合同》行为为无效行为；2. 被告继续履行《品牌使用经

---

① 上海市第二中级人民法院（2009）沪二中民五（知）初字第 184 号民事判决书。

营管理合同》；3. 被告支付原告第一年品牌使用费余款人民币 100 万元；4. 被告支付原告垫付的管理公司人员工资款人民币 21.38 万元；5. 被告支付原告违约金人民币 1400 万元；6. 本案诉讼费由被告承担。

本诉被告浙江大众实业有限公司（以下简称大众公司）辩称：1. 月星公司未按约履行合同义务，经告知仍无改善，系严重违约，造成大众公司巨额经济损失，大众公司为防止损失扩大而解除合同，合法有效；2. 月星公司起诉大众公司违约及要求赔偿无任何事实和法律依据；3. 因月星公司违约，造成大众公司巨大经济损失，故大众公司提出反诉。

反诉原告大众公司的诉称意见与本诉辩称意见相同，另反诉称：由于月星公司不按照合同约定履行自己的义务及承诺，严重违反了合同第 1 - 1、第 1 - 3、第 1 - 4、第 3 - 1、第 3 - 2、第 3 - 4、第 3 - 5、第 4 - 1 - 3、第 6 - 1、第 6 - 2、第 7 - 1 - 1、第 7 - 4 - 2、第 7 - 4 - 3、第 7 - 4 - 6、第 7 - 4 - 7、第 7 - 4 - 8、第 7 - 4 - 9、第 8 - 1 - 1 条等条款，造成大众公司巨额经济损失，且通过诉讼诋毁大众公司的商业信誉。为维护自身合法权益，大众公司特向法院提起反诉，请求判令：1. 解除双方于 2008 年 11 月 2 日签订的《品牌使用经营管理合同》；2. 被反诉人归还反诉人 100 万元品牌使用费；3. 被反诉人赔偿反诉人 2009 年 2 月至 2009 年 6 月应得收益损失 2584573 元；4. 被反诉人就起诉反诉人违约一事进行书面道歉，消除影响；5. 本案所有诉讼费用由被反诉人承担。

反诉被告月星公司辩称：1. 大众公司请求月星公司返还 100 万元品牌使用费的诉请，没有事实和法律依据；2. 大众公司诉请月星公司赔偿 2584573 元的收益损失，只是单方陈述，没有证据证明；3. 月星公司提起诉讼是法律赋予的权利，赔礼道歉、消除影响适用于人身权或商誉受到侵害的情形，不适用于本案。

诉讼中，双方均认可合同已实际解除，月星公司表示将本诉第一项诉讼请求变更为：确认被告于 2009 年 6 月 30 日作出的解除《品牌使用经营管理合同》行为构成违约，并表示放弃本诉第二项诉讼请求，即不再要求继续履行合同；大众公司表示放弃反诉第一项诉讼请求，即不再请求法院判令解除合同。

审理中，双方当事人对如下事实无异议，本院予以确认。（按时间顺序列出）

1. 2008 年 11 月 2 日，月星公司与大众公司在上海市普陀区签订《品牌使用经营管理合同》，约定甲方（大众公司）将所拥有的相关物业以及设备设施委托乙方（月星公司）进行品牌经营管理，合同的有关条款如下：（以下仅列出双方主张的条款，即当事人的请求权基础）

1－1 甲方提供本合同约定的经营物业，在此基础上由乙方在温州设立"温州月星家居市场经营管理有限公司"（最终以工商核准登记为准，以下简称管理公司），由管理公司独立对该经营物业进行品牌经营和管理。管理公司在本合同正式生效后 3 个月内设立。

1－3 在本合同约定的有效合作期内，乙方授权许可管理公司在其企业名称和企业经营过程中使用"月星"字号、标识和标志，同意其在经营物业外立面使用"月星"店招，并将该经营物业作为乙方集团管理成员之一，在经营、形象、培训以及相关商业资源等方面进行统一管理。

1－4 甲乙方一致同意，由乙方提供优秀经营管理团队独立负责管理公司的日常经营管理，按本合同约定完成相应的经营管理责任，负责对甲方提供的经营物业实施招商、经营管理、营销推广等管理活动，达到按本合同约定的经营管理目标。

3－1 由乙方派专业人员运作管理公司，按乙方成熟的管理模式负责经营管理"温州月星家居广场 * 联结福店"项目，包括对外招商和日常经营管理。

3－2 管理公司注册资本由乙方出资设立。乙方委派总经理、财务经理、招商策划营运等管理人员；甲方委派财务总监和出纳负责财务工作；其他工作人员由管理公司根据具体经营管理需要另行聘用。为减少成本，管理公司应尽量招录本地员工。人员费用（包括工资、差旅费、福利等）由甲方承担，具体标准参照乙方集团同类商场的标准及温州当地的标准。

3－4 管理公司总经理独立负责管理公司的经营管理，享有管理公司人事任免权以及日常经营管理决策权，但应于每月 10 日前或黄金周后向甲方书面通报上月或本月的经营情况。

3 – 5 在签订本合同一个月后和每个经营年度 11 月前，乙方应根据当地市场情况与甲方共同确定管理公司下一年度财务预算（包括公司人员费用、经营管理费用、当地广告策划费用、培训费用、财务费用、各项经营税费等），并由管理公司在年度财务预算范围内使用相应资金，可由总经理根据正常经营需要和财务制度直接支配使用，超过 5000 元由甲方委派副总经理或指定人员会签，以保障管理公司的正常经营管理活动。

4 – 1 甲方每年向乙方支付人民币 200 万元作为取得乙方的品牌使用费。

4 – 1 – 3 甲方同意每年用于管理费用（工资、办公费、差旅费、物业费等）详见计划方案，但若市场发生变化时甲乙双方另行商定。

4 – 2 乙方经营业绩考核：

4 – 2 – 1 乙方承诺本合同生效一年以后招商入驻率不低于 95% 。

4 – 2 – 2 在我国当前宏观经济形势继续恶化，导致当地整体行业租金下降时，年平均租金价格应相应下降，不得低于甲方现行价格标准。

4 – 3 本合同生效后 10 日内，甲方需向乙方支付品牌使用费的 50% ，剩余 50% 在合同生效 3 个月内全额支付。以后每年度品牌使用费在下一年度的前 30 天一次性支付。

6 – 1 管理公司应按照《会计法》、《企业财务通则》和《会计准则》制定财务制度，对经营发生的所有交易（包括资产、负债和各项收支）做好及时、完整、真实和准确的记录，并设置相应的账簿。

6 – 2 管理公司会计年度为每年的 1 月 1 日至 12 月 31 日。每月底止后 7 个工作日内应编制月度财务报表；每季度终了后 10 个工作日内应编制季度财务报表；每年度终了后 15 个工作日内应编制年度财务报表。财务报表应在上述期限内送甲方一份。

7 – 1 甲方的权利：

7 – 1 – 1 甲方拥有利润所有权和支配权。

7 – 4 乙方的责任：

7 – 4 – 2 保证"月星"字号和品牌合法的使用权，并在本合同有效合作期限内可连续许可给管理公司和经营物业使用，但品牌、店招、标志和标识等无形资产所有权仍属乙方，并有权对非法使用该字号和品牌的行为进行处理。乙方保证在合作期内在温州地区不与其他第三方合作或许可他人使用"月星"品牌。

7－4－3 向管理公司提供家居广场全面经营管理方案，包括前期市调、营销方案、招商策划、财务预算、经营目标、实施方案及管理计划等。

7－4－6 加强对派驻人员的监管，如发现不称职者应及时予以撤换；同时为确保家居广场经营管理的稳定，乙方应保证其派驻主要管理人员的相对稳定。

7－4－7 乙方应配合管理公司管理需要，每年定期安排管理公司员工到乙方集团属下的优秀企业接受实习培训，以提高业务素质。

7－4－8 在签订本合同一个月内，乙方应向甲方提供家居广场全面经营管理方案，包括前期市调、营销方案、招商策划、财务预算、经营目标、实施方案及管理计划等。

7－4－9 乙方须在签订本合同三个月内完成甲方市场的品牌整合及入住率达90%以上。

8－1 合同的终止

8－1－1 一方无论因何种原因未能向另一方支付本合同项下任何到期应支付的款项，并且在收到另一方发出的书面通知后30日内未能得到补救的，另一方有权在任何时候以书面方式通知对方解除合同。

8－1－2 本合同有效期内，任何一方若单方解除本合同，则视为违约，违约方应向守约方承担违约责任并支付违约金，违约金相当于本合同未履行年限的品牌使用费。

8－1－3 若乙方未能履行本合同第4－2条约定，甲方有权解除合同。

10－1 期限：品牌使用经营管理合同期限为8年。

2. 2008年11月25日，温州月星家居广场有限公司成立，投资人为上海月星控股集团有限公司和上海月星投资有限公司。

3. 2009年1月13日，大众公司致函月星公司，称月星公司"没有很好地履行相应的合同义务"，违反了合同第3－4、第3－5、第4－1－3、第7－4－3、第7－4－8、第7－4－9条等条款，表示希望与月星公司在一星期内商讨新的解决方案。月星公司未回函。

4. 2008 年 11 月至 2009 年 6 月，双方合同约定的经营物业的外立面上所用店招一直为"联结福家居购物广场"；同期，经营物业建筑物内多处出现"温州月星家居广场联结福店"、"温州月星家居"、"月星家居"等标识，在温州当地报纸和户外建筑物上，还多次出现"月星家居"、"月星家居联结福"、"温州月星家居广场联结福"的广告。

5. 2009 年 6 月 30 日，大众公司向月星公司发出"律师函"，表示"由于贵公司无法完成合同约定的根本内容，经大众公司多次催告以后仍然未能履行，已严重影响了大众公司的经营收益，如双方继续履行合同，势必会给大众公司带来更大的经济损失"。故大众公司向月星公司主张解除合同，同时要求月星公司退还品牌使用费。

6. 2009 年 7 月 3 日，月星公司致函大众公司，对大众公司主张解除合同并要求退还品牌使用费一事表示遗憾，并希望与大众公司再行协商解决矛盾。

7. 2009 年 7 月 30 日，大众公司致函月星公司，要求月星公司派驻人员于 2009 年 8 月 1 日前完成工作移交，并称 2009 年 8 月 1 日后不再承担月星公司人员的一切费用。

8. 2009 年 7 月 30 日，月星公司复函大众公司，表示将通过法律程序解决双方的争议。

9. 大众公司已向月星公司支付品牌使用费 100 万元。

双方当事人对以下事实存有争议：

1. 在双方签订合同 3 个月时，市场的入驻率是否达到 90%。

大众公司认为，月星公司管理商场达 9 个月之久，但未按约定在 3 个月内整合品牌，并达到 90% 的入驻率，实际入住率只有 70% 多。大众公司为证明其主张，提供了"商场入驻率及租金收入表"一份。大众公司并确认，该表反映的是 2009 年 6 月的出租情况，但 2009 年 2 月的情况也一样。

月星公司认为，履行合同 3 个月后，市场的入驻率已达到 90%。月星公司为此提供了证据"温州月星展位租赁汇总表和附图"。该表显示的统计时间为 2009 年 1 月 15 日，计算得出的展位出租率为 90.91%，面积出租率为 86.95%。月星公司认为，入驻率（出租率）的计算，应以展位为准。月星公司另表示，2009 年 6 月的入驻率较之 2009 年 2 月"只会增加不会减少"。

经质证，月星公司不认可大众公司提供的"商场入驻率及租金收入表"，认为其中标注的"空铺"，有的实际上有商户入驻；大众公司不认可月星公司提供的"温州月星展位租赁汇总表和附图"，认为其系月星公司单方制作，不符合实情。

本院认为，商场入驻率按通常理解应指已出租面积与可出租面积之比，故不认可月星公司所谓"展位出租率"的说法。经查，在大众公司作为证据材料提供的"会议纪要"中，记载的数家商户并未在"商场入驻率及租金收入表"中出现（如2008年11月17日会议纪要记载的"富兰帝斯"，2008年12月29日会议纪要记载的"斯洛迪茨"，2009年1月12日会议纪要记载的"功能空间"，2009年2月9日工作例会记载的"蒙德里安""维也纳""奥利尔"等）。（此处事实查明有误，二审中予以纠正。再次说明，细节是魔鬼）因此，本院确认，大众公司的统计有所遗漏，其所称商场入驻率并不准确。另一方面，月星公司制作的"温州月星展位租赁汇总表和附图"，未经大众公司核对及确认，故本院对其证明效力不予认可。即使按照月星公司自认的"面积出租率"，也不能说明合同履行3个月后商场入驻率达到90%。因月星公司在起诉状中明确提到"招商率达不到合同预定的目的"，故本院确认，在双方签订合同3个月时，市场的入驻率未达到90%。

2. 大众公司欠付月星公司派驻人员工资21.38万元是否属实。

月星公司称，曾垫付钱权等8名管理公司工作人员2008年11月至2009年7月期间的工资，共计21.38万元，并提供了"上海月星垫付温州月星联结福店工作人员工资汇总"以及月星公司与钱权等8人的"劳动合同"。

大众公司承认月星公司曾派驻人员到管理公司工作，但无法确认人员数量和工资标准，故对月星公司主张的垫付数额不予认可，同时也不认可月星公司所提交的证据。

本院认为，大众公司理应知道月星公司派驻管理公司的人员名单，现大众公司并未举出反证证明月星公司所称人员数目有误，故应确认月星公司垫付8名工作人员工资属实。另在大众公司2009年1月13日致月星公司的函中记载了总经理的工资标准，现月星公司垫付的总经理的工资并未超过该标准，垫付的其他人员的工资标准也在合理范围内，故本院确认，月星公司垫付派驻人员工资21.38万元属实。

根据当事人双方的诉辩意见，本案的争议焦点在于：1. 大众公司解除合同的行为是否构成违约，如违约应承担的违约责任是什么；2. 月星公司是否存在违约情形，大众公司主张的损失赔偿有无事实和法律依据。（这类案件审查的要点是合同履约情况以及相应的责任，涉及的知识产权问题其实并不多）

关于第一个争议焦点，月星公司认为，大众公司于2009年6月30日发出单方解除合同的律师函，不符合合同约定的解除条件，已构成违约，故应按合同约定承担违约责任，向月星公司支付合同未履行年限的品牌使用费即1400万元，作为违约金。大众公司认为，其解除合同既符合合同第8-1条"合同的终止"的约定，也符合《合同法》第94条第3项、第4项规定的法定解除权，故不构成违约。

本院认为：首先，大众公司解除合同的行为不符合双方合同的约定。根据合同第8-1-3条的约定，大众公司在月星公司没有实现经营业绩的考核时，有权解除合同。而合同第4-2-1条规定的经营业绩考核标准是"合同生效一年以后招商入驻率不低于95%"，现大众公司于2009年6月30日，即合同履行尚不到8个月时就单方解除合同，显然不符合该条的约定。另合同第7-4-9条约定月星公司须在签订合同3个月内使市场"入驻率达90%以上"，但该内容并未作为"合同的终止"条款出现，大众公司如认为月星公司经营市场3个月后，入驻率未达到90%，可据此追究月星公司的违约责任，而不能要求解除合同。至于合同第8-1-1条的约定，则因合同未约定月星公司应向大众公司支付的款项，故大众公司也不能以此为由行使合同解除权。

其次，大众公司解除合同不符合合同法的相关规定。大众公司主张的月星公司的违约行为包括：未按约定设立管理公司、未按约定进行经营管理、合同履行3个月内市场入驻率未达到90%以上。大众公司行使法定解除权的关键，在于是否存在月星公司迟延履行主要债务，并经催告仍未履行的情形，或者因月星公司的违约行为而导致合同目的不能实现。第一，对于未按约定设立管理公司的问题，月星公司承认投资设立管理公司的并非作为合同乙方的"月星公司",而是其关联公司,客观上,管理公司的设立人并不符合合同的约定,故月星公司已构成违约。但从管理公司设立后的情况来看,确已使用了"月星"品牌,月星公司也派出了管理团队进行经营管理。在合同履行过程中,品牌的来源并未受到任何质疑,大众公司引入月星品牌的目的已经实现,故不能因月星公司的这一违约行为而否定合同的效力并解除合同。第二,对于月星公司在经营管理中的违约问题,本院认定月星公司在负责管理公司的日常经营管理活动中,存在不符合合同约定的情形(具体分析见后),但由月星公司的这些违约行为也不能得出合同目的无法实现的结论。大众公司签订合同的根本目的是要提高市场入驻率,在约定的一年期限未满,且无证据证明届时难以达到约定的入驻率标准的情况下,大众公司不得以月星公司的不当履行合同而要求解除合同。第三,对于合同履行3个月内市场入驻率未达到90%的问题,合同对此的约定应看作月星公司的一项义务,但3个月入驻率未达到90%并不必然意味着一年以后达不到95%的目的,故大众公司同样不能据此作为行使法定解除权的依据。总之,大众公司如认为月星公司在履行合同中有违约行为,首要考虑的救济措施应是要求其继续履行合同或承担违约责任,而不是解除合同。

最后,大众公司违反合同约定和法律规定解除合同,应承担相应的违约责任。大众公司在不符合合同约定和法律规定条件下,单方解除合同的行为,已构成违约。对于违约责任的承担,合同第8-1-2条约定的违约金为"本合同未履行年限的品牌使用费",月星公司据此要求大众公司支付1400万元违约金。大众公司则认为约定的违约金过高,不符合公平原则和诚实信用原则。本院认为,就本案具体情况而言,双方合同仅履行约8个月,而合同期限为8年,以合同未履行年限的品牌使用费为违约金,明显偏高。故本院从本案的实际出发,综合考虑月星公司可能的损失、合同的履行情况、双方的过错程度等因素,酌情确定大众公司应承担的违约金数额。

关于第二个争议焦点。大众公司认为,月星公司未按约定履行合同义务,构成违约并造成大众公司经济损失,应予赔偿。大众公司以合同履行3个月后,入驻率应达到90%来计算应收租金,应收租金与实收租金之差即为损失,由此主张月星公司应赔偿大众公司2009年2月至2009年6月应得收益损失 2584573 元。月星公司则称其已完全履行合同，不存在违约情形，不应赔偿大众公司损失。

本院认为，就月星公司履行合同的情况来看，首先，月星公司未按约定设立管理公司，违反了合同第 3 - 2 条，构成违约，这一点已如前述，不再重复。其次，月星公司未提供证据证明其在负责管理公司的日常经营管理过程中，已按约向大众公司通报相关情况，与大众公司共同制定了有关计划，故违反了合同第 3 - 4、第 3 - 5、第 6 - 2 条等的约定，构成违约。此外，双方合同约定的经营物业的外立面上的店招一直未按合同第 1 - 2 条的约定更改，月星公司作为市场的经营管理者也负有一定的责任。最后，本院已认定合同履行 3 个月时，市场入驻率未达到合同第 7 - 4 - 9 条约定的 90%，月星公司未能实现合同的此项约定，构成违约。因此，月星公司未按约定履行自己的义务，应当承担违约责任。因合同对月星公司的违约行为未约定违约金，且大众公司据以计算租金损失的实际入驻率未被本院认可，租金单价也难以确定，故本院以大众公司的预期收益为基准，综合衡量造成其损失的各种因素，酌情确定月星公司因违约而应赔偿大众公司的损失数额。（合同责任也可酌定）

综上，本院认为，月星公司与大众公司签订的《品牌使用经营管理合同》是双方的真实意思表示，内容合法，具有法律效力，双方应当按照约定全面履行自己的义务，如有违反，则应各自承担相应的违约责任。

大众公司在签订合同后，仅支付了 100 万元的品牌使用费，现月星公司诉请大众公司按约支付第一年品牌使用费余款 100 万元。但月星公司业已认可，合同客观上于 2009 年 6 月 30 日即终止。也就是说，月星公司许可大众公司使用"月星"品牌至 2009 年 6 月 30 日。品牌使用费的性质是使用特许方品牌的对价，与使用期限有关。故本院根据大众公司实际使用"月星"品牌的时间，来确定大众公司应支付月星公司的品牌使用费数额。月星公司派驻管理公司人员的工资，按合同约定应由大众公司支付，本院确认月星公司垫付了 21.38 万元，大众公司应将该笔款项支付给月星公司。大众公司于 2009 年 6 月 30 日单方作出解除合同的行为，构成违约。因双方均认可合同已实际终止，无继续履行的必要，故本院确认合同不再履行，由大众公司承担不当解除的违约责任。该违约责任按合同约定体现为违约金，如前所述，具体数额由本院酌情确定。

月星公司在合同履行中也存在违约情形，并造成了大众公司经济损失。合同约定履行3个月后商场入住率要达到90%，且月星公司也认可，履行期限越长，入驻率应越高。本院确认，直至2009年6月合同实际终止时，商场的入驻率也不到90%，故应认为，自2009年2月至2009年6月，大众公司的预期租金收入应按入驻率90%计算，其与大众公司该期间内的实际租金收入之差，即为大众公司因月星公司违约而招致的经济损失。如前所述，该笔款项同样由本院酌情确定。至于大众公司主张的月星公司赔礼道歉、消除影响的诉请，则因缺乏事实和法律依据，不应予以支持。

据此，依照《中华人民共和国合同法》第60条第1款、第107条、第114条第2款、第120条之规定，判决如下：

1. 被告浙江大众实业有限公司于2009年6月30日作出的解除《品牌使用经营管理合同》的行为构成违约。

2. 被告浙江大众实业有限公司于本判决生效之日起10日内，向原告上海月星家居市场经营管理有限公司支付品牌使用费人民币33万元。

3. 被告浙江大众实业有限公司于本判决生效之日起10日内，向原告上海月星家居市场经营管理有限公司支付派驻人员工资人民币21.38万元。

4. 被告浙江大众实业有限公司于本判决生效之日起10日内，向原告上海月星家居市场经营管理有限公司支付违约金人民币133万元。

5. 驳回原告上海月星家居市场经营管理有限公司的其余诉讼请求。

6. 反诉被告上海月星家居市场经营管理有限公司于本判决生效之日起10日内，赔偿反诉原告浙江大众实业有限公司经济损失人民币60万元。

7. 驳回反诉原告浙江大众实业有限公司的其余诉讼请求。

（本案经二审维持了一审判决。但二审判决的说理和论述颇为精彩，值得一录）

大众公司不服原审判决，提起上诉称[①]：1. 原审法院对上诉人租金损失

---

① 上海市高级人民法院（2011）沪高民三（知）终字第3号民事判决书。

判赔不足。原审法院认定"富兰帝斯""斯洛迪茨""功能空间""蒙德里安""维也纳""奥利尔"几个商户没有在上诉人"商场入驻率及租金收入表"中出现，事实上，"富兰帝斯""蒙德里安""功能空间"三个商户均已记入"商场入驻率及租金收入表"，而"斯洛迪茨""维也纳""奥利尔"三个商户则在四楼经营，由于上诉人本身没有主张四楼的租金损失，因此没有记入"商场入驻率及租金收入表"。原审法院对上述事实的认定错误，导致原审法院认定上诉人制作的"商场入驻率及租金收入表"不准确，由此没有按照上诉人主张的入驻率与租金单价计算租金损失，而是酌定上诉人租金损失为60万元，该酌定数额不足以弥补上诉人租金损失。上诉人在原审中已提交"商场入驻率及租金收入表"、47位租户的证明、"商户工商登记明细表""温州月星展位租赁汇总表和附图"，足以证明上诉人主张的入驻率与租金单价。被上诉人作为商场实际管理者，完全可以提交证据证明入驻率，该证明责任在于被上诉人。2. 原审法院对被上诉人所主张的21.38万元工资予以全部确认，依据不足。被上诉人仅提供其自行制作的几份劳动合同，而未提供工资发放证据、纳税记录及8名工作人员考勤记录，故依据不足。3. 原审法院确认被上诉人违约，但错误判定上诉人无权解除合同。原审法院确认被上诉人未自己投资设立管理公司、未按合同约定在三个月后使商场入驻率达到90%等违约行为，这些违约行为已导致上诉人合同目的不能实现，在上诉人给予被上诉人充分时间仍未能达到合同要求情况下，上诉人依据合同法有权解除合同。原审法院认定上诉人无权解除合同，对上诉人有失公正。4. 原审法院基于被上诉人违约事实不应判令上诉人支付33万元品牌经营管理费及133万元违约金，而应支持上诉人要求返还100万元品牌经营管理费的反诉请求。故此上诉，请求二审法院撤销原审判决，驳回被上诉人原审诉讼请求，支持上诉人原审反诉请求，被上诉人承担本案诉讼费。

二审中上诉人、被上诉人均未提交新的证据。

经查明，上诉人在原审中提交的"商场入驻率及租金收入表"中，"富兰帝斯""蒙德里安""功能空间"三个商户已被记入，上诉人在原审中确实也有不主张四楼租金损失的陈述，"斯洛迪茨""维也纳""奥利尔"三个商户则因在四楼经营故不记入"商场入驻率及租金收入表"之说亦可成立。因此，原审判决中"富兰帝斯""斯洛迪茨""功能空间""蒙德里安""维也纳""奥利尔"几个商户均没有记入上诉人"商场入驻率及租金收入表"的表述不准确，应予纠正。

经审查，原审法院查明的其他事实属实。

本院认为，本案的关键问题，确实如原审法院所认为，在于商场入驻率不足合同约定是否导致上诉人可合法行使解约权，上诉人上诉的关键理由也在于其不同意原审认定其不具有解约权的判断，结合上诉人的其他上诉理由，分述本院意见如下：

1. 商场入驻率不足与上诉人是否具有解约权问题。首先，双方当事人对合同约定商场入驻率有不同的解释，上诉人认为入驻率是指商场出租面积与可出租面积的比率，被上诉人则认为是通过整合品牌、引入商户而达到入驻商户数量与出租店面数量的比率。按前者计算，被上诉人确认其在三个月内没有使商场入驻率达到90%，不符合合同约定；按后者计算，被上诉人则认为其已使入驻率超过90%，完全符合合同约定。可见，对商场入驻率完全不同的解释可能会产生对被上诉人履行合同是否符合合同约定的不同判断，而且对双方当事人产生完全不同的法律后果，前一种解释有利于上诉人，后一种解释有利于被上诉人。本院认为，两种解释都有合理的基础，上诉人的解释符合出租人追求租金收益最大化的目的，被上诉人的解释符合商场经营管理上注重品牌多元化、品牌整合的目的。原审法院依据通常习惯采用了第一种解释，固然也有合理依据，但本院考虑到两种解释均有合理依据，双方在签约时没有明确约定商场入驻率的含义，本院只是认为上诉人解释稍占微弱优势，因此对于原审法院采纳上诉人解释表示审慎的同意。（非常个性化的表达）

至于被上诉人没有能够使商场入驻率按合同约定在三个月内超过90%，上诉人在催告被上诉人之后是否可以行使解约权的问题。一者，双方所订合同对于商场入驻率不足与上诉人解约权有明确约定，虽然被上诉人应使商场入驻率在三个月内达到90%，但只是在一年以后商场入驻率低于95%的情况下上诉人才有权解除合同。因此，仅仅商场入驻率在三个月内未达到90%以上，上诉人并不因此具有解约权。二者，本院同意原审法院意见，商场入驻率在三个月内未达到90%并不意味着一年后不能达到95%，上诉人没有充分理由确定被上诉人不能实现一年后使商场入驻率达到95%的合同约定。换言之，没有依据表明被上诉人在合同约定一年期满时将使上诉人的合同目的落空，或者在一年之内被上诉人就明确表示或者以行为表示其将不再继续履约，故上诉人在本案中不享有《中华人民共和国合同法》第94条、第108条分别规定的解约权。

2. 被上诉人其他违约行为与上诉人是否具有解约权问题。上诉人指控被上诉人违约主要有两个方面，除商场入驻率没有达到合同约定，另外就是被上诉人作为签约一方没有按照合同约定自己投资设立管理公司，而是由其关联公司出资设立管理公司。原审认定被上诉人没有自己设立管理公司构成违约，只是这种违约行为尚不足以导致上诉人具有解约权。这一点上，本院不同意原审法院意见，与实际经营管理公司的行为相比，出资设立管理公司的行为并非身份行为，完全可以由第三人受被上诉人指令或委托履行。（两级法院观点不同）而且，本案中第三人设立管理公司行为的效果丝毫没有影响到之后管理公司的经营管理，因此，本院不认为本案中第三人投资设立管理公司的行为构成违约，上诉人也就不具有以此为基础的解约权了。

3. 入驻租户与租金损失计算问题。上诉人认为原审法院错误认定上诉人在计算入驻租户时遗漏了几个租户，由此错误认定上诉人对入驻率计算过低，导致没有支持上诉人所主张合理租金损失。如前所述，根据本院审查，原审判决中"富兰帝斯""斯洛迪茨""功能空间""蒙德里安""维也纳""奥利尔"几个商户均没有记入上诉人"商场入驻率及租金收入表"的表述不准确，应予纠正。（一审虽事实认定有误，但尚不足以影响结论）但这不足以说明上诉人所提交的商场入驻率及租金收入表即可采信，这份表格由上诉人单方制作，由于商场经营中双方当事人没有对租户入驻与租金收入情况进行共同记录与核对，由上诉人单方制作的"商场入驻率及租金收入表"自然欠缺说服力。原审法院依据双方提交证据，根据当地租金收入水平，以及估算入驻率与合同约定入驻率的差距，酌情确定上诉人租金收入与租金损失，相对而言，比单纯依据上诉人或被上诉人主张的数据计算更有依据。

4. 被上诉人雇员工资问题。上诉人认为被上诉人仅提供劳动合同作为工资计算依据不足。对此，本院认为劳动合同是计算工资的重要依据，另外被上诉人所主张 21.8 万元雇员工资与其派出雇员人数、工作时间及当地工资收入水平基本相当，本院认为可以支持。

5. 品牌经营管理费及违约金问题。上诉人认为其不仅不应支付被上诉人品牌管理费及违约金，被上诉人还应退还其品牌经营管理费，仍是基于其认为被上诉人违约行为已导致上诉人具有解约权，由此可以不支付品牌经营管理费。但是如前所述，本院并不认为由被上诉人关联公司出资设立管理公司的行为构成违约，而三个月内未使商场入驻率达到 90% 也不导致上诉人具有解约权。因此，上诉人拒绝继续履行合同构成违约，不仅应支付其拖欠品牌经营管理费，当然还要支付违约金。特别提出的是，原审法院没有按照合同约定根据合同有效期内剩余尚未支付的品牌管理费计算违约金，而是从计算被上诉人实际损失的角度对合同约定违约金作大幅调整，显然保护了上诉人利益，其裁量公平得当，本院亦赞同之。

综上所述，原审判决事实认定清楚，适用法律正确，上诉人诸上诉理由不能成立，原审判决应予维持。据此，依照《中华人民共和国民事诉讼法》第 153 条第 1 款第 1 项、第 158 条之规定，《中华人民共和国合同法》第 94 条、第 108 条之规定，（一般二审维持的判决仅引用程序条款，本案二审的法律适用较特别）判决如下：

驳回上诉，维持原判。

审理心得

上海月星家居市场经营管理有限公司诉浙江大众实业有限公司特许经营合同纠纷案（以下简称月星案）是选入本书的案例中标的最大的一则。本案是特许经营合同纠纷，在《民事案件案由规定》中，特许经营合同纠纷被划为"知识产权合同纠纷"的类别，故由知识产权庭负责审理。

实践中，知识产权民事案件一般可分为权属、侵权以及合同纠纷，其中侵权纠纷占了绝大多数。在具有知识产权案件一审管辖权的法院中，当前的趋势是实行知识产权民事、行政、刑事案件的"三审合一"机制，即由专门的知识产权审判机构统一审理知识产权民事、行政、刑事案件，但除了北京知识产权法院（因其负责审理专利、商标授权、确权的一审行政案件），其他法院审理的知识产权案件主要都是民事案件，尤其是侵权案件。所以，知识产权合同纠纷从数量上讲并不太多。但知识产权合同纠纷项下还可分为很多具体的合同类别，相对而言，除传统的著作权合同、专利合同、商标合同纠纷外，技术合同纠纷和特许经营合同纠纷也是数量较多的。

合同案件和侵权案件的审理思路有明显的不同。我刚任法官时，审理的是商事案件。彼时老法官就教导说，要注意商事案件和民事案件的区别：商事行为以逐利为目的，只要不违反法律，应充分尊重当事人的意愿，而不宜过问其主观动因；民事案件则在意思自治之外，往往还需考量公序良俗。实际上，合同纠纷和侵权纠纷也大致体现了这样的差异。我个人的经验是，不同于侵权案件先确定权属，再判断侵权与否，进而确定损害赔偿数额的审理思路，合同案件首先是看合同成立与否，再根据不同的合同效力确定不同的法律后果。合同案件的争议，除涉及合同是否成立以外，多数与合同的履行有关，需要对双方约定的权利义务有正确的认识。合同案件中，确实不注重审查当事人的主观状态，因为当事人的合同责任主要在于是否履行了合同义务以及履行的程度，而不问履行时主观上是否有过错。与此形成鲜明对照，民事侵权的责任承担一定要求当事人主观上具有过错。

需要说明的是，知识产权作为一类民事权利，在侵权的构成和责任的承担上，理应遵守民法对此的一般规定，即侵权责任法的相关规定。但一直以来，关于知识产权的侵权有种流传甚广的误识。这种观点认为，知识产权侵权与传统民事侵权有不同的构成要件，知识产权侵权不问行为人的主观状态，过错只是承担赔偿责任的要件。实际上，知识产权"侵权"在不同语境下有不同含义。狭义上的知识产权侵权与其他民事侵权在"侵害"的意义上并无二致，都需以过错为要件，主要都承担损害赔偿的责任；但在广义上，知识产权作为绝对权，还享有对抗他人非法介入的请求权，从性质上讲，这种广义上的"侵权"类似于物权请求权，无须以过错为要件，相对人只需承担

"停止侵害"的责任。① 只是出于表达习惯的缘故，人们常常将知识产权法与侵权责任法的"侵权"相混同，在司法实践中也不加区分，这一点不可不察。

另外，虽然名为知识产权合同纠纷，但很多该类型案件的争议焦点往往并不在于知识产权权利本身。例如，本书前面提到的雷迪案，作为商标转让合同纠纷，当事人对涉案商标的效力及价值并无异议，关键争点在于转让行为是否发生效力，这与其他标的的转让本质上没有区别。而在月星案中，虽然被告（被许可人）在诉讼中提到，原告（许可人）未按约履行双方签订的《品牌使用经营管理合同》，但对原告享有的"月星"品牌及相关知识产权并未提出质疑，所以案件的审查重点仍然是双方的履约情况，与涉案知识产权的关系并不大。知识产权合同案件的这一特点，使得这类案件成为"非典型"的知识产权案件，而与传统的合同案件更接近。相比之下，某些专利合同以及技术合同纠纷解决中常需要对涉案技术有一定了解，似乎更符合通常人们关于知识产权案件的印象。

合同案件需要精细把握合同条款和实际履行情况，在查明事实时，有时还需具备商业和财务的知识，对法官而言，只能是在审理中一边学习、一边积累。以月星案为例，在事实方面，双方的一个争议是对"商场入驻率"的理解，到底是商场出租面积与可出租面积的比率，还是入驻商户数量与出租店面数量的比率。这就涉及对该行业惯例的认识。一审中，合议庭为此还专门走访了行业协会，最终采信了被告的观点，即应理解为面积的比率。但在二审中，法官对此也持一定的保留态度，仅认为"上诉人解释稍占微弱优势，因此对于原审法院采纳上诉人解释表示审慎的同意"。客观地说，二审的评价不无道理。涉及商业行为的评判，确实需要法官做更多的工作，以更符合市场实际。

最后，我还想对本案判决的违约金数额谈一点看法。正如下文"析案释疑"部分所言，本案违约金的确定方式参照了房屋租赁合同的做法，实际上是以合同实际履行期间的品牌使用费为标准。这一结果对合同约定的违约金

数额（同时也是原告诉请）进行了大幅调整，反映了法院对此的裁量权。违约金的调整既有法律依据，① 实践中也颇为常见。这说明，在审理合同案件时，法官可以以实际损失为基础，在一定范围内酌情确定违约金的具体数额。而当事人至少对这种做法也是接受的。然而，在侵权案件确定损害赔偿的场合，普遍采用的在法律规定范围内由法官具体确定数额的"法定赔偿"方法，却受到诸多责难，矛头所向就是法院"拍脑袋"随意定。且不说法官根据"侵权行为的情节"在法定限额内确定赔偿是否真的就是"拍脑袋"，在实际损失难以查明，其他赔偿方法也无法适用的情形下（这在当前是普遍现象），法官享有一定的裁量空间难道不是很正常的事情吗？为什么在合同法领域法官的"酌定"无可非议，而在侵权法领域还是一定范围内的"酌定"就饱受批评？

知识产权的损害赔偿是一个老大难的问题，在很大程度上是由"举证难"所决定的，而举证难又与信用、财务制度不健全，诉讼成本高企等因素直接相关。与其在精确化损失"不可欲"的条件下指责法官"滥用"法定赔偿，不如扎实改善环境，缓解举证难的桎梏。这是笔者由合同案件违约金的调整引出的一番感想，虽与个案无关，但本书主旨所涉，也算不上题外话罢。

析案释疑： 加盟方违约致特许经营合同提前终止的责任认定

加盟方违约致特许经营合同提前终止的责任认定②
——上海高院判决月星公司诉大众公司特许经营合同纠纷案

[裁判要旨]

在不能证明已具备合同约定的解除条件的情况下，当事人不得解除合同。

---

① 《合同法》第114条第2款规定：约定的违约金低于造成的损失的，当事人可以请求人民法院或者仲裁机构予以增加；约定的违约金过分高于造成的损失的，当事人可以请求人民法院或者仲裁机构予以适当减少。《合同法司法解释二》第29条规定：当事人主张约定的违约金过高请求予以适当减少的，人民法院应当以实际损失为基础，兼顾合同的履行情况、当事人的过错程度以及预期利益等综合因素，根据公平原则和诚实信用原则予以衡量，并作出裁决。当事人约定的违约金超过造成损失的百分之三十的，一般可以认定为合同法第114条第2款规定的"过分高于造成的损失"。这里我们注意到，在调整违约金时，当事人的过错程度也是一个考量因素。所以，对"合同案件不审查主观状态"的理解也不能绝对化。

② 原载2011年6月16日《人民法院报》。

因加盟方违约而致特许经营合同提前终止，对于违约责任，应考虑合同的持续性特征，以特许方的损失为基础，酌情予以确定。

[案情]

2008年11月2日，上海月星家居市场经营管理有限公司（以下简称月星公司）与浙江大众实业有限公司（以下简称大众公司）签订《品牌使用经营管理合同》，约定：由月星公司成立管理公司，对大众公司拥有的经营物业进行品牌经营和管理；月星公司须在3个月内完成市场的品牌整合及入驻率达90%以上；月星公司承诺合同生效一年以后招商入驻率不低于95%，如达不到该指标，大众公司有权解除合同；合同期限为8年，大众公司每年向月星公司支付200万元品牌使用费；合同有效期内，任何一方若解除合同，则视为违约，应向对方支付相当于合同未履行年限品牌使用费的违约金。

2009年6月30日，大众公司向月星公司发函要求解除合同。后双方确认合同已于当日实际终止。

月星公司遂起诉请求判令大众公司违约，并支付1400万元违约金等，大众公司反诉月星公司违约，请求判令返还100万元品牌使用费等。

[裁判]

上海市第二中级人民法院经审理认为，大众公司于2009年6月30日，即合同履行尚不到8个月时就单方解除合同，不符合合同的约定。大众公司如认为月星公司经营市场3个月后，入驻率未达到90%，可据此追究月星公司的违约责任，而不能要求解除合同。同时，3个月入驻率未达到90%并不必然意味着一年以后达不到95%的目的，故大众公司不能据此作为行使法定解除权的依据。大众公司违反合同约定和法律规定解除合同，应承担相应的违约责任。因双方合同仅履行约8个月，而合同期限为8年，以合同未履行年限的品牌使用费为违约金，明显偏高。故应综合考虑月星公司可能的损失、合同的履行情况、双方的过错程度等因素，酌情确定大众公司应承担的违约金数额。月星公司在履行合同中，存在未使3个月市场入驻率达到90%等违约行为，也应承担相应的违约责任。法院判决：大众公司支付月星公司违约金133万元，月星公司赔偿大众公司损失60万元。

大众公司不服一审判决，提起上诉。2011年3月28日，上海市高级人民法院经审理判决：驳回上诉，维持原判。

[评析]

本案主要反映了以下两个法律问题：

第一，当合同一方当事人存在违约事实时，另一方可否据此解除合同。本案中，双方实际上约定了大众公司的行使合同解除权的条件，即当合同生效一年后，市场入驻率如达不到95%，大众公司可单方解除合同。但因一年的期间尚未届满，该条件未实际成就。案中查明的事实是，合同生效3个月后，市场入驻率未达到90%。但该条在合同中只是作为违约条款出现，大众公司不能据此享有合同解除权，故大众公司单方解除合同违反了合同的约定。另外，大众公司解除合同也不符合合同法的相关规定。大众公司行使法定解除权的关键，在于是否存在因月星公司的违约行为而导致合同目的不能实现的情形。本案中，对于合同履行3个月内市场入驻率未达到90%的问题，合同对此的约定应看作月星公司的一项义务。但大众公司并未提供证据表明，因月星公司的违约致使一年以后入驻率达到95%的目的难以实现，故大众公司不能以此作为行使法定解除权的依据。总之，在合同已约定解除条件的情况下，对一方行使法定解除权应作严格限定。大众公司如认为月星公司在履行合同中有违约行为，首先考虑的救济措施应是要求其继续履行合同或承担违约责任，而不是解除合同。

第二，对于特许经营合同这样的持续性合同，如何认定合同提前终止的违约责任。本案中，大众公司在不符合合同约定和法律规定的条件下，单方解除合同的行为，已构成违约。对于违约责任的承担，合同中约定的违约金为"合同未履行年限的品牌使用费"，但大众公司指出，该约定违约金明显过高，不符合公平原则和诚实信用原则。法院在裁判时，从实际案情出发，综合考虑诸种因素，最终酌情确定了133万元的违约金数额。具体而言，违约金应与月星公司的损失相符。对于特许经营合同这样的持续性合同，特许方的损失主要表现为合同终止后，应收而未收的品牌使用费。本案中，按约定，月星公司将其品牌许可大众公司在温州地区独占使用，在大众公司表明提前解除合同后，客观上合同已无法实际履行，月星公司可另行授权他人使用。月星公司与下家协商谈判需要一段时间，这段时间内的独占许可使用费可看作月星公司的损失。这种情况类似房屋租赁合同。在房屋租赁合同履行中，如租期未届满，承租人欲提前解除合同，一般需支付出租人一段时间（如3个月至4个月）的租金作为违约金。因特许经营合同一般期限较长，涉及内容较复杂，缔约过程也相应较长，故可在此基础上确定一段合理期限内的品牌使用费作为特许方因加盟方违约而受到的损失，并以此为基础计算违约金。本案中，考虑到合同仅履行了8个月，且月星公司在履约中也有未尽义务之处，最终法院确定的违约金数额约相当于8个月的品牌使用费。

判决解读

本案是本书选入的唯一一个刑事案件，故文书无论从体例还是内容都与其他案件不同。本案的文书（注意是裁定而非判决）篇幅不长，但较为典型，全录如下。

上海市第二中级人民法院

刑事裁定书

（2011）沪二中刑终字第 141 号

原公诉机关上海市静安区人民检察院。

上诉人（原审被告人）张伟星（个人信息略）。因本案于 2010 年 9 月 6 日被上海市公安局静安分局刑事拘留，同年 10 月 12 日被依法逮捕，现羁押于上海市静安区看守所。

辩护人曾琪，上海市捷华律师事务所律师。

辩护人方向，上海市捷华律师事务所律师。

上海市黄浦区人民法院审理的上海市静安区人民检察院指控被告人张伟星犯销售假冒注册商标的商品罪一案，（因知识产权案件实现集中管辖制度，当时上海市仅有黄浦等四家基层法院有管辖权，且知识产权领域实施"三合一"的审理模式，故刑事案件提起公诉的检察院和审理的法院并不一定对应）于 2011 年 1 月 18 日作出（2010）黄刑初字第 27 号刑事判决。原审被告人张伟星不服，提出上诉。本院依法组成合议庭，公开开庭审理了本案。上海市人民检察院第二分院指派检察员李小文出庭履行职务。上诉人张伟星及其辩护人曾琪、方向到庭参加诉讼。本案现已审理终结。

上海市黄浦区人民法院判决认定：

2009 年 11 月，被告人张伟星委托尹 A（另案处理）赴贵州省仁怀市联系购买白酒用于销售。期间，尹 A 通过看货询价，并向被告人寄送了样品酒，确定由在该市开设"台郎酒业"店铺的雷 A（另案处理）负责提供货源。之后，被告人以电汇等方式先后通过尹 A 支付购酒款人民币（以下币种均为人民币）323000 元，自雷 A 处分别以每瓶单价 380 元购得 500ml 瓶装 53% vol"茅台酒"50 箱计 600 瓶，以每瓶单价 75 元购得 500ml 瓶装 53% vol"贵宾接待用酒"100 箱计 1200 瓶，总计货款 318000 元，余款 5000 元作为支付尹 A 的差旅费；上述两种酒均标注有"MOUTAI"（英文文字）、"贵州茅台"（中文文字）、"MOUTAI"（英文文字及图形）商标。被告人收取货物后，分别以每瓶单价 550—600 元、每瓶单价 80—100 元对外销售上述"茅台酒"、"贵宾接待用酒"，截至案发，共计销售"茅台酒"58 瓶（经营数额 31900 元）、"贵宾接待用酒"250 瓶（经营数额 20200 元）。

2010 年 1 月 5 日，公安人员在上海市威海路某号 100 室查获被告人张伟星存放的"茅台酒"538 瓶（价值 295900 元）；同年 6 月 9 日，公安人员自姜 A 处查获被告人转移存放的"贵宾接待用酒"30 瓶（价值 2400 元）。同年 9 月 6 日，被告人因涉案被羁押。

前述查获尚未销售的标明为"MOUTAI"（英文文字）、"贵州茅台"（中文文字）、"MOUTAI"（英文文字及图形）商标的商品均系侵犯相关注册商标专用权的假冒商品。

上海市黄浦区人民法院认定以上事实的证据包括：被告人张伟星的供述；尹 A、雷 A 在另案中的供述；上海市公安局静安分局扣押物品、文件清单；涉案物品、现场照片；中国贵州茅台酒厂有限责任公司企业法人营业执照、有关商标注册证、商标鉴定证明、投诉函；上海市酒类专卖管理局审检报告书、上海市酒类产品质量监督检验站检验报告、贵州茅台酒股份有限公司鉴定表；证人张 A、石 A、赵 A、仇 A、武 A、俞 A、帅 A、姜 A 的证言；上海市公安局静安分局查询存款、汇款通知书、取款、转账凭单、相关银行明细、运单、调拨单；贵州茅台酒股份有限公司知识产权保护部出具的价格证明、上海市静安区酒类专卖管理局出具的证明等。

上海市黄浦区人民法院认为：被告人张伟星销售明知是假冒注册商标的商品，已销售商品金额较大，未销售商品金额巨大，其行为已构成销售假冒注册商标的商品罪，依法应予刑事处罚。被告人为销售假冒注册商标的商品而实施了购买行为，即已着手实施犯罪，部分商品未予销售即被查获，系由于其意志以外的原因而未得逞，属犯罪未遂，可比照既遂犯减轻处罚。被告人自愿认罪，可酌情从轻处罚。鉴于被告人的具体犯罪情节，不宜适用缓刑。据此，依照《中华人民共和国刑法》第214条、第23条、第64条之规定，对被告人张伟星犯销售假冒注册商标的商品罪，判处有期徒刑1年11个月，并处罚金人民币25000元，对查获的涉案假冒注册商标的商品，予以没收。

张伟星上诉提出，以"贵宾接待用酒"并非用于销售，涉案行为的主观恶性不大，社会危害性较小，应当适用缓刑，原审判决量刑偏重。其辩护人认为，张伟星在本案侦查期间，曾有检举揭发、立功的表现。综合考虑本案的情况，应对张伟星适用缓刑。

上海市人民检察院第二分院认为：第一，一审诉讼程序合法有效。第二，一审认定上诉人张伟星犯销售假冒注册商标的商品罪，事实清楚，证据确实、充分。上诉人提出未将查获的"贵宾接待用酒"用于销售的辩解，与查证的事实不符。对于上诉人提出的一审量刑过重，应适用缓刑的上诉理由。张伟星销售假冒注册商标的商品，已销售的数额较大，没有销售的金额已达到巨大，一审法院已经考虑到张伟星有犯罪未遂，并且自愿认罪，对其从轻或减轻处罚，一审法院的量刑并无不当。关于张伟星是否有立功的表现，应根据公安机关查实的情况来定。因此，上诉人的上诉理由和辩护人的辩护意见不能成立，建议驳回上诉，维持原判。

本院经审理查明的事实和证据与原判相同。

本院认为，《中华人民共和国刑法》第214条规定，销售明知是假冒注册商标的商品，销售金额数额较大的，处3年以下有期徒刑或者拘役，并处或者单处罚金；销售金额数额巨大的，处3年以上7年以下有期徒刑，并处罚金。本案中，上诉人张伟星明知其购进的"茅台酒"和"贵宾接待用酒"系假冒注册商标的商品，仍对外进行销售，且已销售金额达到52100元，未销售货值金额达到298300元，分别属于数额较大和数额巨大的情形，其行为已构成销售假冒注册商标的商品罪，应依法予以惩处。原审法院鉴于上诉人张伟星在实施犯罪后，部分商品未予销售即被查获，属犯罪未遂，对其判处有期徒刑1年10个月，并处罚金25000元，已属减轻处罚。辩护人关于张伟星具有立功表现的意见，经查无事实依据，不能成立。一审法院根据其犯罪的事实、性质、情节和对于社会的危害程度，对张伟星所作判决并无不当。上诉人要求再予从轻处罚，适用缓刑的上诉意见不予采纳。（就我个人有限的撰写刑事裁判文书的经验，感觉总体上刑事文书说理相对简要，而且特别强调经验的传承。如之所以采取某些表述，是因为"以往的案子就这样"）

综上，原审法院认定事实清楚，证据确实、充分，审判程序合法。上海市人民检察院第二分院的意见正确。张伟星的上诉理由与查明的事实和相关法律规定不符，不能成立。据此，依照《中华人民共和国刑事诉讼法》第189条第（1）项之规定，裁定如下：

驳回上诉，维持原判。

本裁定为终审裁定。

审判长　芮文彪

审判员　袁秀挺

代理审判员　沈　言

二〇一一年三月二日

书记员　李晶晶

附：相关的法律条文

《中华人民共和国刑事诉讼法》

第一百八十九条　第二审人民法院对不服第一审判决的上诉、抗诉案件，经过审理后，应当按照下列情形分别处理：

（一）原判决认定事实和适用法律正确、量刑适当的，应当裁定驳回上诉或者抗诉，维持原判；

……

审理心得

1. 关于知识产权案件"三合一"审理的思考

张伟星犯销售假冒注册商标的商品罪（以下简称茅台案）一案是本书唯

一收录的知识产权刑事案件，也是我审理过的为数不多刑事案件中较具代表性的一例。我国法院自20世纪90年代中开始建立专门审理知识产权案件的审判组织，其后不久就由全国首家在基层法院成立的知识产权庭——浦东新区人民法院知识产权庭试行统一审理知识产权民事、行政、刑事案件的"三审合一"审判模式。其后，这一做法不断得到推广，渐成常态。最高人民法院于2016年7月发布最高人民法院《关于在全国法院推进知识产权民事、行政和刑事案件审判"三合一"工作的意见》，截至其时，全国法院共有6个高级人民法院、95个中级法院和104个基层法院先后开展了知识产权审判"三合一"试点工作。① 我当年所在的上海市第二中级人民法院是自2009年起实施知识产权"三合一"审判。因为是中级法院，当时我们审理的主要是二审刑事案件。② 而辖区内各基层法院的知识产权刑事案件也是由知识产权庭审理，所以"三合一"对两级法院知识产权庭都是一个新的课题。

知识产权审判的"三合一"属于审判机制的改革探索，对其必要性、可行性以及运行的优势等，本书不予展开。简单地说，支持"三合一"的核心理由是：各类知识产权案件并不因为诉讼程序的不同而有本质的区别，在考虑案件审理分工时，对这类案件同质性的考虑要重于程序性的选择。③ 另外，因知识产权刑事、行政（非授权、确权类）案件的数量远远低于知识产权民事案件，实施"三合一"也有审判资源配置方面的现实考量。就具体案件的审理而言，知识产权法官与刑事法官在思路和认识上有时确有明显的区别，个中表现，值得品味。

在"三合一"背景下，为应对知识产权刑事案件，除了让知识产权法官加强学习、提升素质以外，实践中常采取两种更为直接的办法，一是从刑庭

---

① 参见"我国法院将全面推行知识产权审判'三合一'"，载中国法院网（新华社），2016年6月16日。

② 根据刑事诉讼法的规定，可能判处无期徒刑、死刑的案件由中级法院一审，而知识产权犯罪的最高刑期（不考虑竞合及数罪并罚情形）是7年有期徒刑，故均由基层法院一审。上海市第二中级人民法院还根据当时的刑事诉讼法（1996年修正）规定，一审受理外国人犯罪的案件，但这种情况在实践中极少。

③ 陈惠珍、徐俊："论我国知识产权立体审判模式的构建"，载《法律适用》2006年第4期，第11页。

调入法官，作为承办法官负责审理该类案件，二是实行跨庭审理，由刑事法官加入到合议庭中来共同审理。无论采取哪一种做法，都会使专业法官跨出自己的"专业槽"而面对新的领域。

　　较之刑事法官，知识产权法官在实体方面应该更为谙熟，但对刑事程序则明显生疏。因此，合议庭中有刑事法官参与进来共同审理（本案即属这种情况），将极大地保障程序合法进行。另一方面，通常知识产权刑事案件的审理，除了诉讼程序有别，审理的重点、范围不同外，都应当首先对权利的类型、主体、内容、期限以及侵权构成、侵权损害等事实进行审理，表现出在实体方面的专业性特征非常明显，这就需要有正确的知识产权法的认识。但恰恰是在这方面，不可讳言存在刑事思维和知识产权思维的分野。

　　例如，《刑法》第217条规定的侵犯著作权罪中一种情形针对的是未经著作权人许可，"复制发行"其作品的行为，对这里的"复制发行"应作何理解？如果在著作权法上，复制发行一定指的是既复制又发行。首先从文义上作此解读很自然；其次从体系上讲，《刑法》第218条已明确规定销售侵权复制品的行为可能构成销售侵权复制品罪，而著作权法意义上的"发行"主要指的是销售和赠与行为，[①]故该条规制的就是单纯的发行行为。然而，在最高人民法院和最高人民检察院共同通过的司法解释中，却将《刑法》第217条侵犯著作权罪中的"复制发行"解释为"包括复制、发行或者既复制又发行的行为"。[②]这样一来，因为第217条规定的入罪条件和量刑幅度均与第218条不同，将导致法律条文之间的矛盾冲突。实践中，对于单纯的销售行为入罪，基本都适用《刑法》第218条，司法解释的规定被虚置，这也表明该解释体现的刑事思维不符合实际状况。

　　此外，上述司法解释将"信息网络传播"解释为"复制发行"[③]，严格说

[①] 《著作权法》第10条第6项规定：发行权，即以出售或者赠与方式向公众提供作品的原件或者复制件的权利。

[②] 最高人民法院、最高人民检察院《关于办理侵犯知识产权刑事案件具体应用法律若干问题的解释（二）》（法释〔2007〕6号）第2条。

[③] 最高人民法院、最高人民检察院《关于办理侵犯知识产权刑事案件具体应用法律若干问题的解释（二）》（法释〔2007〕6号）第11条第3款规定：通过信息网络向公众传播他人文字作品、音乐、电影、电视、录像作品、计算机软件及其他作品的行为，应当视为刑法第217条规定的"复制发行"。

来也是错误的。因为在著作权法上，已明确规定了"信息网络传播权"，其与复制权、发行权相并列，都是著作权人享有的著作财产权。如果认为严重侵犯著作权人信息网络传播权行为的社会危害性已达到犯罪的程度，那也应通过修改刑法，将该类行为明确入罪而加以解决。目前通过司法解释扩大刑法适用范围的做法，虽然不无现实需要，但在知识产权法上是站不住脚的，只能是权宜之计。

类似的表现还有很多，都反映出以单纯刑事审判的眼光来看待知识产权问题，可能造成的误识。如自 1997 年《刑法》规定假冒专利罪以来，早期的司法实践实际上是将严重的侵权（非法实施他人专利）行为作为假冒专利罪来处理的，[①] 这与专利法上的假冒专利行为大相径庭。随着知识产权法官介入刑事审判，这样的案例越来越少，假冒专利罪多惩处既侵权又假冒的行为，逐渐回到正确的轨道上来。当然，对假冒专利罪是否必须符合既假冒又侵权的要件，还有一定争议，但这属于法政策层面的话题。在实定法上以及在执行法律时，"假冒"的含义应该是很清楚的。

再如，通常知识产权犯罪的实质都是严重的侵权行为，从传统的刑事审判角度，审理的重心多在侵权是否成立以及造成的损害是否达到入罪标准上。对涉案的知识产权本身，一般不做过多审查，而以径行采信公安侦查的结论为主。然而，对于习惯知识产权民事（多为侵权纠纷）案件从查明权属到确认侵权到认定损害的"三步法"审理步骤的知识产权法官而言，忽略对权利本身状况的审查是难以想象的。在刑事案件中，虽然知识产权权利人多未参与诉讼，但法官对于权利的效力、归属等情况还是有义务查明。这方面，知识产权法官较之普通刑事法官无疑具有更强的意识和更多的经验。

实践中，在有的侵犯著作权罪案件中，法院对作品是否已过保护期的问题未予审查，可能不恰当地扩大了保护范围。我当年所在的上海市第二中级人民法院知识产权庭，还曾在审理一起涉及销售假冒外国卷烟的刑事上诉案件时发现，原审法院刑事审判庭判决认定被告人的行为侵权并构成犯罪，但

---

① 被称为"中国假冒专利罪第一案"的周小波假冒专利案其实就是将未经专利权人许可的实施专利行为作为假冒专利行为并入罪的错案，参见（2000）聊刑经终字第 7 号刑事判决书。

在审理中，并没有对该外国卷烟的商标是否已在中国进行注册的事实进行审查，忽视了注册商标保护的地域性问题。

总之，在我国法院分庭审理的架构下，知识产权刑事案件（当然也包括行政案件）凸显出一定的特殊性，实施知识产权案件"三合一"的审理机制是有必要的。随着案件数量的增多和审理经验的积累，相信知识产权民事审判和刑事审判思维的差异也会逐渐得到弥合。

2. 本案的简要分析

就个案而言，本案的案情并不复杂，事实方面的争议也不大，值得说明的是本案的量刑。一审判决和二审裁定对量刑并没有展开论述，这似乎是刑事裁判文书的通常做法，但实际上本案在二审时对量刑还是进行了较多的考量。

针对本案所涉销售假冒注册商标的商品罪，《刑法》第214条规定的量刑有两档，销售金额数额较大的，处3年以下有期徒刑或者拘役，并处或者单处罚金；销售金额数额巨大的，处3年以上7年以下有期徒刑，并处罚金。而关于销售金额的标准，则规定在最高人民法院、最高人民检察院《关于办理侵犯知识产权刑事案件具体应用法律若干问题的解释（一）》中，根据该司法解释第2条的规定，销售金额在5万元以上的，属于《刑法》第214条规定的"数额较大"，销售金额在25万元以上的，属于"数额巨大"。另一方面，根据该司法解释第9条的规定，销售金额是指"销售假冒注册商标的商品后所得和应得的全部违法收入"。

本案中，被告人张某已销售的假冒注册商标的商品是：假冒"茅台酒"58瓶，销售数额31900元；假冒"贵宾接待用酒"250瓶，销售数额20200元。以上违法收入共计52100元。另外，尚查处未予销售的"茅台酒"538瓶，按已销售的最低价格计算，价值295900元；"贵宾接待用酒"30瓶，按已销售的最低价格计算，价值2400元，两者共计298300元。

显然，本案中张某已销售的数额就达到了5万元的标准，可以处以3年以下有期徒刑或者拘役，并处或者单处罚金。同时，被查处的未销售的假冒商品的价值也应被计为销售金额。实践中有的假冒商品价格与真品差别较大，实际销售的价格不一，这就为未销售商品价值的计算带来困扰。而本案假冒商品的价格相对固定，法院采用有利于被告人的已销售的最低价格来确定未销售商品的价格，应该说是符合刑法的谦抑原则的。本案认定张某未销售的假冒商品价格已达到 25 万元以上，符合司法解释规定的"数额巨大"，对这部分犯罪金额，可以处以 3 年以上 7 年以下有期徒刑，并处罚金。

问题在于，未及销售假冒注册商标的商品，虽然构成犯罪，但属于犯罪的未遂形态，对此的量刑根据《刑法》第 23 条的规定，"可以比照既遂犯从轻或者减轻处罚"。因此，本案中对张某的量刑应该考虑两种情节，一是已销售部分，属于"数额较大"，二是未销售部分，属于"数额巨大"，但可从轻或减轻处罚。但两者具体应如何综合，法律和司法解释并没有明确规定，应属法官根据案情可以裁量的范畴。

在本案审理过程中，作为司法机关的"两高一部"共同发布了最高人民法院、最高人民检察院、公安部《关于办理侵犯知识产权刑事案件适用法律若干问题的意见》（法发〔2011〕3 号），其中规定，关于销售假冒注册商标的商品犯罪案件中，销售金额和未销售货值金额分别达到不同的法定刑幅度或者均达到同一法定刑幅度的，在处罚较重的法定刑或者同一法定刑幅度内酌情从重处罚。这就为本案的量刑提供了指引。[①] 所以本案首先是对未销售部分，按照"数额巨大"，但减轻处罚处理（即与已销售金额"数额较大"同一档量刑），同时因为本案已销售的部分也达到了"数额较大"，两相结合，遂在《刑法》第 214 条规定的"数额较大"一档酌情从重量刑。

---

① 必须指出的是，"两高一部"的"意见"并非司法解释，在审理中不能直接作为法律适用依据，而只能予以参考。

附 录

一个非典型法官的工作日志

我在法院的工作时间总共将近9年，其中被任命为法官（助理审判员、审判员）后几乎整7年。但我真正在一线办案的时间大概还不到一半，其他时间主要是在研究室或业务庭的情况组从事调研工作。从这个意义上讲，我这个法官确实谈不上有丰富的审判经验（虽然接触的案子确实很多），顶多算是个"资深"却"非典型"的法官。我自进法院起，就有记录工作日志的习惯（中间有中断）。此处选择我到法院后的第一个月、离开法院前的最后一个月，以及在知识产权庭办案的某一个月的工作日志。原汁原味呈现，并无任何修饰，供感兴趣的读者了解虽不那么典型，却绝对真实的法官生态。

　　2003 年

　　2003 - 7 - 9：

　　上午到上海浦东机场，干部科陈科长接站，直接到单位；下午去看了梦湖苑的房子，暂时安排在恒业路集体宿舍。

　　2003 - 7 - 10：

　　上午告知分到民五庭（知产及涉外），但对上所报关系在研究室；下午到庭里报到，庭长分配工作为跟一个审判员，并承担部分调研工作。

　　2003 - 7 - 11：

　　上午适应办公室环境；下午托运行李到，前往搬运，陆庭长和郭强及一实习生帮忙。

　　2003 - 7 - 14：

　　正式上班，配置办公用品，看案卷。

　　2003 - 7 - 15：

　　办理若干手续（出入证、工资）；看案卷、听庭（监控）。

　　2003 - 7 - 16：

　　寄发亿利达案答辩状两份；接待克莉丝汀案当事人（庭前证据交换），作笔录。

　　2003 - 7 - 17：

　　寄发华生（2）案起诉材料（漏证据！所幸后果不严重，下周要接待原告，被告地址本不清楚）；听庭（克莉丝汀案第一次）。

2003 - 7 - 18：

寄发周谦案缴纳上诉费通知书（有关材料应寄被告，因复印机坏，未寄）；参与讨论读题与做题教辅系列不正当竞争案；配好电脑和电话（无直拨）。

2003 - 7 - 21：

上午从北京赶回，因 T21 晚点（8 点 34 分才到），到单位已 9 点 6 分；下午接待亿利达案被告代理，担任笔录。参与讨论读题与做题案，主管吕副院长参加。因复印机坏，未能寄发有关材料。

2003 - 7 - 22：

上午司法考试报名，因未带毕业证，未果；下午寄发华凌案答辩状，通知当事人接待（8 月 5 日 9 点 15 分，6 调）。寄发山海包装案证据材料。另正东案和周谦案有关材料需盖章、整理后寄发。

2003 - 7 - 23：

上午寄发正东案证据交换通知书（8 月 6 日 9 点 15 分，6 调），寄发周谦案管辖异议上诉状；下午召开全庭会议，布置有关司法大检查和岗位培训事宜，与自己关系不大。

2003 - 7 - 24：

上午寄发山海包装案延长举证期限通知书（被告）；下午司法考试报名，杨煜开车送。

2003 - 7 - 25：

上午办理户口迁转，干部科陈科长开车送，范黎红、张璇同往。还需拍了身份证照后再次去派出所办理；下午政治部董主任找我谈话，了解目前工作、生活状况，询问有无要求。

2003 - 7 - 28：

上午寄发周谦案查单共五份（18 日、23 日所寄缴纳上诉费通知、答辩状副本仅返回周谦缴费回执）；下午主要复习司法考试。

2003 - 7 - 29：

上午转组织关系（将介绍信直接交院党委），报销有关费用（车票、机票、托运费）；下午听法官学者论坛（七）贺卫方讲座（法官职业化的意义与难题）

2003 - 7 - 30：

因要培训，近期未有新工作。下午去电信办理装电话手续，韩天岚担保。

2003 - 7 - 31：

上午参加立案大厅浮雕设计的讨论；下午听华生案公开庭。

2003 - 8 - 1：

上午寄发03知初148、149案准许延长举证期限通知书，编写知初101（周谦）案材料交接目录。

2010 年

2010 - 8 - 2

上午：庭务会。

下午：新案阅卷（韩伟军系列），处理案件杂事。

2010 - 8 - 3

上午：处理案件杂事，庭里讨论案件，与庭领导谈话。

下午：处理案件杂事，写上半年二审改判情况分析，做高院审判员考试试题。

2010 - 8 - 4

上午：阅卷（月星），安排案件事宜，写上半年二审改判情况分析。

下午：修改网络著作权情况分析（小荣初稿）。

2010 - 8 - 5

上午：整理网络著作权统计分析数据。

下午：开始写月星案判决。清理案件。

2010 - 8 - 6

上午：完成网络著作权调研。

下午：阅卷、写判决（月星）。

2010 - 8 - 9

上午：庭务会，月星案阅卷。

下午：合议庭评议（月星），阅卷（月星）。

2010 – 8 – 10

上午：阅读（企业名称保护），讨论案件。

下午：月星接待，讨论案件。

2010 – 8 – 11

上午：科协鉴定中心外调（圣莱科特），修改专利信息。

下午：联系鉴定事宜（天伟），参加工会活动。

2010 – 8 – 12

上午：阅读、修改调研文章。

下午：天伟案鉴定听证会。

2010 – 8 – 13

上午：请假到瑞士领事馆替一苇办理出国事宜。

下午：准备联翔案庭审提纲（报审委会），休息。

2010 – 8 – 16

上午：庭务会。

下午：写月星案判决，修改知产审判精要书稿。

2010 – 8 – 17

上午：高婉清案接待，知产审判精要书修改。

下午：联翔案接待。

2010 – 8 – 18

上午：联翔案接待。

下午：阅卷（韩伟军案），整理知产法官著作（书）。

2010 – 8 – 19

上午：接待（韩伟军）。

下午：开庭（联翔）。

2010 – 8 – 20

上午：修改知产审判精要书稿。

下午：去杨浦法院。

2010 – 8 – 23

上午：修改知产审判精要书稿，庭讨论案子（韩伟军）。

下午：写信息（杨浦法院调研），继续修改审判精要书稿。

2010 - 8 - 24

上午：合议庭评议（Jonnie Walker 案）。

下午：接待（伟隆案）。

2010 - 8 - 25

上午：修改知产审判精要书稿，调解（月星）。

下午：黄浦法院来讨论案子。

2010 - 8 - 26

上午：开庭（何渊华盖案）。

下午：写接待美国议员材料。

2010 - 8 - 27

上午：开庭（何渊儿童医院案），当庭发现原告作伪证，予以训诫，并责令具结悔过。

下午：准备接待美国议员问题。

2010 - 8 - 30

上午：准备接待美国议员问题，齐斌过来。

下午：庭务会，写月星判决，合议庭评议（月星）。

2010 - 8 - 31

上午：合议庭评议（联翔），审判长例会。

下午：准备明天会议，处理杂事。

2010 - 9 - 1

上午：到上海大学参加海峡两岸经贸法律研讨会。

下午：确认商业秘密不侵权研讨会。

2010 - 9 - 2

上午：开庭（何渊衣念案）。

下午：准备明天庭审（伟隆）、处理案件杂事。

2010 - 9 - 3

上午：开庭（伟隆案）。

下午：出信息，向庭里汇报联翔案，写涉美案件信息。

2012 年

2012 – 3 – 26

上午：改工程硕士试卷，打印上海哲社标书。

下午：去同济交标书，英特尔案外调。

2012 – 3 – 27

上午：准备讲课 PPT（驰名商标）。

下午：参加全国法院电视电话会议（刑诉法修改）。

2012 – 3 – 28

上午：改葫芦娃判决，处理杂事。

下午：改定葫芦娃判决。

2012 – 3 – 29

上午：校对葫芦娃判决。

下午：改英特尔判决，处理杂事。

2012 – 3 – 30

上午：改英特尔案判决，处理杂事。

下午：准备法律电影讲座 PPT，4 点半提前走（接待专利复审委人员）。

2012 – 3 – 31

上午：晚到单位，准备下午讲座 PPT。

下午：法律影视鉴赏讲座，庭里包场看电影《加勒比海盗 4》。

2012 – 4 – 1

上午：处理杂事，合议庭评议（英特尔）。

下午：提前走，去安吉。

2012 – 4 – 5

上午：修改英特尔判决。

下午：改定英特尔判决，处理杂事。

2012 – 4 – 6

上午：处理杂事（报销旅游费、理发），中午接受法治频道记者采访（评著作权法修改草案第 46 条）。

下午：校对英特尔案判决，写英特尔案信息。

2012 – 4 – 9 ~ 10

周一、周二代表同济到清华开会。

2012 – 4 – 11

开始办理离院手续，下午去同济听《法学研究》编辑讲座。

2012 – 4 – 12

下载承办案件诉讼案卷，中午去同济开会（基地建设），下午参加围棋比赛分先负老高。

2012 – 4 – 13

处理杂事（电脑备份等），中午小姜请客（同济小项、小袁）。

2012 – 4 – 16 ~ 20

整理、收拾东西，办理离院手续。

后　记

　　本书的源起大概在 4 年多以前。一个偶然的机会，我结识了责任编辑李学军先生，他建议我将实务工作的体会整理成书出版，我也确有打算，想为自己的法官生涯留一些纪念，因而开始了本书的创作。初期我对全书的主旨、架构等有较多设想，但迟迟未正式落笔。后来又因为出国、家庭事务等原因（当然主要还是因为自己身上的惰性），进展迟缓。一册小书，本有一定基础，却延宕至今才完成，想来不胜惭愧。唯一可告慰的是，虽不敢说精益求精，却绝对没有敷衍塞责之意。

　　正如要推出一道大餐，首先要有好的食材。本书的"食材"就是 12 个案件，为此要感谢和我一起审理这些案件的合议庭成员，他们是：芮文彪、李国泉、唐玉珉、寿仲良、何渊、胡宓、沈言、毕晓莹（人民陪审员）。同时也要感谢二审或一审的法官，他们是：丁文联、钱光文、张晓都、李澜、王静、马剑峰、金民珍、凌崧、戚继敏、金滢、方产、孙巾淋、严峻、徐晨平、凌宗亮。当初曾并肩作战的同仁如今虽已星散，但工作中结下的情谊却不会褪色。希望伙伴们在各自的岗位上珍重前行！

　　本书在某种程度上可以说是合作作品，除了判决书是合议庭集体署名外，更因为汇编的案例分析文章多数都有合作作者。当时他们都是法院的新锐（现在则多是法院的中坚骨干），有的曾做过我的助理或书记员，因此平时切磋较多，相关成果因此得以积累。谢谢孙巾淋、杨馥宇、荣学磊、袁博！另外，尤其要感谢上海高院民三庭的王静法官，她既是我审理的若干案件的二审法官，更为本书慷慨授权一篇大作，唯一的条件就是不要以其为"靶子"。事实上，这篇文章令我受益匪浅，何敢妄议！

　　我在法院能顺利从事知识产权审判工作，之后能顺利转型到法学院从事知识产权法教学科研工作，显然离不开大的环境和相关领导的支持。无论他们是否能看到，在此我都要向曾关心帮助过我的沈志先、王信芳、吕国强、陈亚娟、芮文彪、单晓光、朱雪忠等领导表达感激之情。今后有机会我也会将提携后进、关爱青年的好作风传递下去。

感谢责任编辑学军！本书的问世可谓"写作拖延症"的一个典型案例。是学军温和的监督和陪伴使我坚持了下来，希望并相信我们有下一次的合作！

感谢王迁教授、袁博法官为本书作序！王迁与我，师出同门，在专业方面，我从他身上一直受益良多，谓之亦师亦友，也不过分。而袁博与我更有奇妙的缘分，当年在上海法院系统，就有知名名称与姓名权的大小"袁博"之分。这几年他进步很快，频频产出作品，遂有好事者提出上海知识产权圈"三袁"的说法（另一位是上海大学的袁真富）。有他们在一起，吾道不孤，祈愿学术情谊长存。

最后，必须的，我要向家人表达谢意。我的妻子也是师妹郭芬虽然常常和我斗嘴，但我知道在大是大非问题上她和我是坚定地站在一起的。在本书创作以及我的其他科研工作方面，她也是积极支持并分担了大量家庭事务。我的岳母郭先枝女士，一直以来无私地为我们付出，使我深刻感受到"家有一老，胜似一宝"。还有我的两个可爱的孩子，大儿蛮头和小女悠悠，你们不仅是我解乏的神器，也是我奋斗的动力。虽然世俗的成功能给人带来满足，但我常想，像我这样典型的巨蟹座宅男，还有什么比待在家里陪伴小儿更快乐的事呢。

谨以本书献给一段时光！

袁秀挺

2018年1月31日初稿

2018年2月5日改定